GESTÃO DEMOCRÁTICA
DA EDUCAÇÃO

Dados Internacionais de Catalogação na Publicação (CIP)
(Câmara Brasileira do Livro, SP, Brasil)

Gestão democrática da educação : desafios contemporâneos / Dalila Andrade Oliveira (org.) 11. ed. – Petrópolis, RJ : Vozes, 2015.

Vários autores.

3ª reimpressão, 2020.

ISBN 978-85-326-1837-5

1. Educação – Argentina 2. Educação – Avaliação 3. Educação – Brasil 4. Política educacional I. Oliveira, Dalila Andrade.

97-1548   CDD-379

Índices para catálogo sistemático:

1. Educação popular: Política educacional   379
2. Política educacional   379

Dalila Andrade Oliveira (Org.)

Autores:
Alícia Merodo, Carlos Roberto Jamil Cury,
Celso Rui Beisiegel, Dalila Andrade Oliveira,
Javier José Simón, Lúcia Bruno, Maria de Fátima Félix Rosar,
Marília Fonseca, Maria Ribeiro Teixeira Duarte,
Romualdo Portela de Oliveira,
Sandra Maria Zákia Lian de Souza

GESTÃO DEMOCRÁTICA DA EDUCAÇÃO

Desafios contemporâneos

Petrópolis

© 1997, Editora Vozes Ltda.
Rua Frei Luís, 100
25689-900 Petrópolis, RJ
www.vozes.com.br
Brasil

Todos os direitos reservados. Nenhuma parte desta obra poderá
ser reproduzida ou transmitida por qualquer forma e/ou
quaisquer meios (eletrônico ou mecânico, incluindo fotocópia e
gravação) ou arquivada em qualquer sistema ou banco de dados
sem permissão escrita da editora.

CONSELHO EDITORIAL

Diretor
Gilberto Gonçalves Garcia

Editores
Aline dos Santos Carneiro
Edrian Josué Pasini
Marilac Loraine Oleniki
Welder Lancieri Marchini

Conselheiros
Francisco Morás
Ludovico Garmus
Teobaldo Heidemann
Volney J. Berkenbrock

Secretário executivo
João Batista Kreuch

Capa: Marcelo Pimentel

ISBN 978-85-326-1837-5

Editado conforme o novo acordo ortográfico.

Este livro foi composto e impresso pela Editora Vozes Ltda.

SUMÁRIO

Apresentação..9

1. Poder e administração no capitalismo contemporâneo 15
   Lúcia Bruno

   As teorias administrativas como teorias políticas do estado amplo 29

   A gestão da educação..39

   Referências bibliográficas 44

2. O Banco Mundial e a gestão da educação brasileira 46
   Marília Fonseca

   Educação e desenvolvimento....................................49

   A ênfase no ensino primário.......................................51

   Educação em época de ajuste econômico 55

   Concluindo..60

   Referências bibliográficas..62

3. Educação e planejamento: A escola como núcleo da gestão...64
   Dalila Andrade Oliveira

   Origem e desdobramentos da CEPAL: de agência ideológica a órgão técnico da ONU.......................68

As reformas sociais no âmbito da CEPAL: educação e desenvolvimento 75

A ênfase no planejamento 85

A escola como núcleo da gestão 90

Referências bibliográficas 100

4. A municipalização como estratégia de descentralização e de desconstrução do sistema educacional brasileiro 105

Maria de Fátima Félix Rosar

O binômio descentralização – globalização como parte da estratégia do neoliberalismo 105

A descentralização pela via da municipalização do ensino no Brasil 114

Considerações finais...136

Referências bibliográficas 139

5. Apuntes sobre el proceso de (des)centralización educacional en la Argentina. Del estado prestador de servicios al estado regulador 141

Javier Jose Simón y Alicia Merodo

Introducción 141

Algunos conceptos para el análisis 143

Las orígenes del estado principalista y del sistema educativo nacional (sen) centralizado..................145

Déficit fiscal y cuestionamiento al modelo de estado principalista centralizado 151

Etapas del proceso de transferencia (1955 – 1996)..152

Problemas recurrentes 158

El estado regulador. Un "ministerio sin escuelas"...165

Para finalizar...170

Referências bibliográficas 171

6. A municipalização do ensino no Brasil 174
Romualdo Portela de Oliveira

Duas matrizes ideológicas da municipalização do ensino..175

A distribuição de competências na Constituição Federal...182

Referências bibliográficas 195

7. O Conselho Nacional de Educação e a gestão democrática 199
Carlos Roberto Jamil Cury

Referências bibliográficas 206

8. A política de educação de jovens e adultos analfabetos no Brasil 207
Celso de Rui Beisiegel

Antecedentes..207

A campanha de educação de adultos 211

Outros movimentos...215

A campanha nacional de educação rural 216

A campanha nacional de erradicação do analfabetismo...218

Política e educação de adultos 220

A educação de jovens e adultos analfabetos após 1964...232

A Constituição de 1988...238

Referências bibliográficas 244

9. Reforma do estado e administração de pessoal: Reflexões sobre a história da política de gestão dos trabalhadores em educação 246
Marisa Ribeiro Teixeira Duarte

Políticas sociais no Brasil: A emergência do novo por sobre a velha ordem...247

Tecnocracia e clientelismo: A pressão por empregos públicos e a formação de quadros componentes......250

Reforma do estado e administração pública 256

Referências bibliográficas 262

10. Avaliação do rendimento escolar como instrumento de gestão educacional 264

Sandra M. Zákia L. de Sousa

Avaliação educacional: Da razão "objetivista" à razão "plural e dialógica" 267

Sobre avaliação da aprendizagem: Marcos interpretativos 271

Para que um sistema nacional de avaliação?..........275

Referências bibliográficas 281

APRESENTAÇÃO

O cenário atual tem sido marcado por profundas mudanças na configuração dos Estados nacionais, particularmente
no que tange as políticas sociais. São mudanças oriundas
dos processos de reestruturação capitalista e de internacionalização e globalização da economia. O aparecimento do neoliberalismo como o modelo a ser perseguido, pri-
vilegiando as relações de mercado como reguladoras da vida social, despossuindo o Estado de suas funções assisten-
ciais, vem elegendo as políticas sociais como seu alvo pre-
dileto. Por essas e outras razões, os desafios que se colo-
cam para a gestão da educação pública no atual contexto
não são poucos.

No Brasil, embora a gestão democrática da educação
figure como norma jurídica desde a Constituição Federal de
1988, sua regulamentação tem sugerido uma diversidade
de interpretações que variam segundo o lugar e os agentes envolvidos. A década de 90 tem se apresentado como
um momento ímpar nas formulações de propostas no campo educacional, mais especificamente, da gestão da educação. Antigas tensões que em outros momentos marca-
ram a história da educação brasileira vêm sendo resgatadas e, em certa medida, recuperadas e (re)significadas com
o mesmo vigor do passado.

São propostas que comportam preocupações em torno dos objetivos, meios e fins aos quais a educação pública deve atender. Essas discussões abarcam um grande con-

junto de problemas e questões da gestão da educação que não se restringe aos aspectos e características do ensino formal e regular, mas extrapolam esses limites, contemplando também o ensino informal e aqueles considerados não regulares.

Neste sentido, temos assistido a uma movimentação intensa em torno de reformas administrativas no setor educacional. A maioria das propostas em âmbito federal, estadual e municipal apresentam aspectos convergentes com o conjunto de princípios acordados na Conferência Mundial de Educação para Todos, realizada em março de 1990, em Jontiem, na Tailândia e na Declaração de Nova Delhi de dezembro de 1993.

Por esses motivos, o debate atual em torno da gestão da educação tem assumido uma centralidade. A necessidade de conhecer os problemas e reconhecer as críticas em tempo hábil, dada a velocidade com que as mudanças se processam, coloca como primeiro e maior desafio abarcar os grandes temas e procurar desvendar seus aspectos mais nebulosos.

É este o maior objetivo desta coletânea. O trabalho que ora apresentamos não é coletivo no sentido de que não produzimos todos o mesmo texto, nem comungamos todos das mesmas opiniões ou críticas, mas é um trabalho desenvolvido de certa maneira por um grupo de pessoas, cuja maior identidade está no fato de sermos todos profissionais da educação e, principalmente, sujeitos envolvidos e comprometidos com uma gestão pública e democrática da mesma.

O artigo "Poder e administração no capitalismo contemporâneo" da Professora Doutora Lúcia Bruno analisa o Estado no capitalismo em seu estágio atual, a partir de uma redefinição deste aparelho de poder que amplia sua noção corrente, buscando compreender o surgimento de centros de poder transnacionais, que configuram uma nova estrutura política pluricentrada. Esta nova estrutura, localizada acima das fronteiras nacionais, tem desagregado e corroído o poder dos estados, apresentando consequências de longo alcance no que diz respeito aos mecanismos de controle e nas políticas públicas em geral. No caso específico da educação, este novo rearranjo de poder tem interferido e redimensionado a gestão dos sistemas de ensino.

A Professora Doutora Marília Fonseca, em seu artigo intitulado "O Banco Mundial e a gestão da educação brasileira", explicita ainda mais essa ingerência externa na gestão das políticas nacionais, quando traz à tona a discussão acerca do papel que o BIRD vem desempenhando por meio dos contratos de cooperação técnica no setor educacional. Esta interferência se dá através dos empréstimos para projetos específicos. Demonstra como o Banco vem incorporando uma atuação cada vez mais política ao seu processo de financiamento, traduzindo em expressiva influência no desenho da agenda educacional brasileira, definindo as prioridades no atendimento do setor público.

O artigo "Educação e Planejamento: a escola como núcleo da gestão", escrito por mim, procura analisar as mudanças ocorridas na administração do sistema de ensino, expressas nas recentes reformas educativas que apresentam a escola como o centro da gestão. Parte da análise do desenvolvimento de metodologias de gestão, calcadas no planejamento global, tendendo nos últimos anos para formas mais flexíveis de administração, sugeridas por organismos externos e centros de elaboração de estudos sociopolíticos. Para tanto, privilegia a análise de dois documentos da CEPAL de 1962 e 1992, com o objetivo de compreender a ingerência política deste organismo subjacente nas suas orientações metodológicas para o setor educacional.

A contribuição da Professora Doutora Maria de Fátima Felix Rosar está na abordagem que faz em seu artigo "A municipalização como estratégia de descentralização e desconstrução do sistema educacional brasileiro" lançando a hipótese de que a descentralização, grande marca dos novos processos de gestão, está articulada ao processo de globalização que ocorre tanto na economia, quanto na difusão da ideologia neoliberal. A análise demonstra como estas mudanças têm contribuído na desconstrução dos estados nacionais e de seus sistemas educativos.

Neste sentido, buscando ampliar os horizontes de nossas análises, a presente coletânea traz um estudo sobre a realidade argentina, na sua experiência de descentralização da educação. Esta interpretação corrobora, ainda mais, a abordagem aqui empreendida de que as transformações na gestão dos sistemas educativos no Brasil estão em estreita vinculação com as políticas globais, em especial para a América Latina. O artigo "Apuntes sobre el proceso de (des) centralización educacional en la Argentina: del estado prestador al estado regulador", dos Professores Alicia Merodo e Javier Jose Simon, interpreta as mudanças ocorridas no sistema educativo argentino dentro de um corolário mais amplo, onde as políticas nacionais tendem mais à regulação que à prestação dos serviços sociais, com especial destaque para a educação.

Esta relação pode ser observada no Brasil a partir das políticas em torno da municipalização do ensino, particularmente após a última Constituição Federal. É o que demonstra o Professor Doutor Romualdo Portela de Oliveira no seu artigo "A municipalização do ensino no Brasil", quando discute esta proposta a partir de duas vertentes:

• como foi equacionada pela Carta Magna de 1988 a distribuição de competências entre as diferentes esferas da administração pública;

• como aparece nas formulações dos dois principais setores a defendê-la atualmente no Brasil: a Igreja Católica e os neoliberais.

Para melhor compreender como estas propostas aparecem, ou são resgatadas ao debate nacional do momento, é importante conhecer as alterações que a nova Carta Constitucional estabelece acerca da gestão democrática da educação. Neste sentido, a contribuição do Professor Doutor Carlos Roberto Jamil Cury, no artigo "O Conselho Nacional de Educação e a gestão democrática", reporta-nos ao tema da gestão democrática na sua relação com o Conselho Nacional de Educação, no qual atua como presidente da Câmara de Ensino Básico.

No entanto, se a gestão democrática da educação deve se pautar pela universalização do ensino básico a toda população, não poderia fazê-lo, desconsiderando a numerosa soma de adultos analfabetos alijados do ensino regular. São jovens trabalhadores que por razões socioeconômicas não puderam realizar sua escolarização no tempo considerado regular ou desejável. As últimas alterações na política de financiamento do ensino básico, vide a Emenda Constitucional nº 14 ainda em fase de regulamentação, tem se constituído em ameaça à viabilização de políticas de atendimento a esse setor. É sobre o desenvolvimento da política de educação de jovens e adultos trabalhadores no Brasil de 1940 até os dias atuais que trata o artigo do Professor Doutor Celso de Rui Beisiegel, intitulado "A política de educação de jovens e adultos analfabetos no Brasil".

Uma dimensão da gestão democrática, que não poderia deixar de ser aqui contemplada, repousa na relação que estas mudanças estabelecem com os trabalhadores da educação. Novas formas de organização e controle do sistema de ensino vem resultando em mudanças nas relações de trabalho na escola. Conjugado a esses elementos, a reforma administrativa do Estado vem procurando enxugar empregos e eliminar certos gastos públicos, o que repercute na regulamentação de direitos e deveres do funcionalismo. Estas questões são tratadas no artigo "Reforma do Estado e administração de pessoal: reflexões sobre a história da política de gestão dos trabalhadores em educação" da Professora Marisa Ribeiro Teixeira Duarte.

Finalmente, discutir os desafios da gestão democrática da educação implica, necessariamente, a discussão da avaliação do sistema. O artigo da Professora Doutora Sandra Maria Zákia Lian de Souza, "Avaliação do rendimento escolar como instrumento de gestão educacional", encerra de forma magistral o debate aqui empreendido. Procurando analisar as propostas voltadas para o controle de qualidade do ensino que tomam como um dos indicadores o desempenho dos alunos em testes de rendimento escolar, explicita as concepções de avaliação que vem sendo fortalecidas nestas propostas. O artigo ainda demonstra em que princípios se assentam estas propostas avaliativas, apontando as consequências educacionais e sociais que podem decorrer de sua implantação.

Reitero mais uma vez que a intenção desta coletânea de artigos é contribuir no debate necessário, que já vem ocorrendo, esperando que as reflexões aqui contidas possam enriquecer as discussões, apresentando novas informações, opiniões e análises – sem, contudo, pretender selar verdades absolutas – que possam elucidar ainda mais as áreas obscuras e tensas deste debate eminentemente político.

Por fim, gostaria de agradecer aos autores desta coletânea pela confiança e presteza que demonstraram no desenvolvimento deste trabalho. Aproveito também para expressar minha gratidão à Cristiane Aparecida Sálvio pela preciosa colaboração na organização do material.

Dalila Andrade Oliveira

1.
PODER E ADMINISTRAÇÃO NO CAPITALISMO CONTEMPORÂNEO

Lúcia Bruno*

O objetivo deste artigo é apresentar um quadro referencial de análise que nos permita discutir as formas contemporâneas de organização e de exercício do poder, no interior das organizações, tendo como referência as teorias administrativas. Neste sentido, serão abordados e inter-relacionados três aspectos da reorganização capitalista que vêm se desenvolvendo desde meados dos anos sessenta, embora só tenham se tornado claramente perceptíveis nos últimos anos, a saber: a globalização da economia, a transnacionalização das estruturas de poder e a reestruturação produtiva.

Como já foi dito, nenhum desses fenômenos é realmente novo. O original é o ritmo acelerado que adquirem a partir dos anos setenta, assim como a sua articulação recíproca, configurando um processo de reorganização profunda do sistema capitalista, com consequências de grande alcance. Vejamos, ainda que em suas linhas gerais, cada um desses processos.

---

* Professora Doutora do Departamento de Administração Escolar e Economia da Educação da Faculdade de Educação da USP.

A globalização da economia decorre do processo de internacionalização do capital que se desenvolve desde o início do capitalismo, já que este modo de produção nunca foi um sistema com características nacionais. Ao contrário, ele implicou, desde a sua origem, na articulação de processos produtivos situados no interior de fronteiras nacionais com outros implantados e desenvolvidos no exterior, embora esta articulação não tenha acarretado de imediato a industrialização de todos os países e regiões nela envolvidos.

No entanto, embora o processo de internacionalização do capital seja inerente a este modo de produção, as suas formas de realização não foram sempre as mesmas, assim como o ritmo em que se processou tem variado no decorrer da história.

Foi a partir da Segunda Guerra Mundial, com a maior integração entre os processos econômicos particulares e com a expansão das empresas multinacionais, que a internacionalização do capital acelerou-se. A atuação das grandes empresas de capital predominantemente norte-americano neste período é decisiva, pois foram elas que primeiramente começaram a estreitar todo o mundo numa nova teia de relações.

Neste período, estas empresas se beneficiaram do papel preponderante dos Estados Unidos na reconstrução das economias europeias e japonesa devastadas pela guerra, assim como da divisão do mundo em dois grandes blocos, pois isto lhes permitiu fácil acesso aos vários territórios nacionais sob influência norte-americana, em nome da segurança contra o "comunismo". Ao mesmo tempo, atuaram como agentes de desenvolvimento local, legitimando a supremacia política dos Estados Unidos.

É importante ressaltar que, neste período que se estende do pós-guerra até os anos setenta, a forma de concentração de capital que constituía a base desta internacionalização aglutinava fronteiras e inter-relacionava governos e instituições deles decorrentes. Dentro desta dinâmica, foram criados diversos organismos internacionais, tais como a ONU, o FMI, o GATT, o BIRD, etc., pois esperava-se que os interesses das diferentes nações fossem negociados em instâncias mais amplas, capazes de promover acordos entre diferentes e múltiplos atores: os Estados-Nações. Ao mesmo tempo, estas organizações serviriam de quadro institucional para o bloqueio econômico-científico que o capitalismo ocidental, sob a esfera de influência dos Estados Unidos, impôs ao capitalismo centralmente planificado da URSS.

A forma de internacionalização do capital portanto, prevalecente neste período, relacionava sistemas econômicos cuja ordenação pressupunha a existência de poderes políticos nacionais ou plurinacionais, que tinham a capacidade de exercer ações de regulação macroeconômica.

Entretanto, em fins dos anos sessenta, outra forma de concentração de capital começa a prevalecer, embora tenha se tornado mundialmente perceptível apenas nas décadas seguintes. Esta nova forma, ao contrário da anterior, já não se fundamenta na intervenção econômica dos governos e no seu inter-relacionamento. Ao contrário, ela não só os ignora como os ultrapassa em suas ações, começando a corroer o poder dos Estados-Nações.

Chegou-se a esta nova forma porque a aceleração da concentração de capital permitiu às maiores empresas relacionarem-se diretamente, secundarizando o papel do Estado como coordenador da vida econômica, assumindo elas próprias, cada vez mais, funções econômicas e políticas de abrangência supranacional. Aqui cabe diferenciar os termos multinacional, internacional e transnacional.

O termo multinacional indica a consideração de uma multiplicidade de nacionalidades em inter-relação. Quando dizíamos que uma dada empresa era multinacional, queríamos assinalar a sua atuação em várias economias nacionais simultaneamente, a partir de sua sede, cuja localização era de fundamental importância, pois isto implicava em ações de intervenção correlatas de seus governos de origem nos países receptores desses investimentos. Isto alimentou durante décadas as lutas anti-imperialistas em grande parte do mundo.

Embora as negociações entre empresas multinacionais e governos não fossem no geral realizadas em condições de igualdade, elas pressupunham, ao menos para os fins da demagogia política, a soberania do Estado nacional. E não creio que a necessidade dessa demagogia fosse desprovida de sentido. Ao contrário, nesta altura, era fundamental que a soberania do Estado fosse afirmada, não só para tranquilizar as burguesias locais, já preocupadas com a possibilidade da concorrência internacional, mas também para manter a classe trabalhadora dividida pelas fronteiras dos países, prevenindo-se o capitalismo, do retorno das lutas internacionalistas desencadeadas no interior da Primeira Guerra Mundial e que prosseguiram durante toda a década de 20, tendo sido muito mais vastas e radicais do que mostra a historiografia oficial, seja esta de direita ou supostamente de esquerda.

O termo internacional, por sua vez, era e continua a ser empregado para designar o inter-relacionamento entre várias nações. Uma organização internacional busca produzir acordos entre grupos de várias nacionalidades, constituindo-se no palco em que atos nacionais são realizados. Tanto o termo multinacional quanto o internacional pressupõem, portanto, a existência de nações e, pelo menos no plano formal dos princípios, a existência de soberanias políticas consubstanciadas no aparelho de Estado Nacional.

O termo transnacional recobre uma situação inteiramente distinta das anteriores. Uma organização transnacional não inter-relaciona nações. Enquanto as organizações internacionais corporificam o princípio da nacionalidade, as organizações transnacionais o ignoram e o ultrapassam. Neste sentido, o surgimento de organizações transnacionais no cenário mundial envolve um padrão de divisões e cortes transversais e de associações inteiramente novos. Por isso, penso ser mais exato na atualidade trabalharmos com o termo transnacional para designarmos as grandes empresas até recentemente denominadas multinacionais, assim como os novos centros de poder político, que hoje se desenvolvem.

Como diz Rattner (1978:93), referindo-se a estas empresas, o aspecto mais importante que elas apresentam não é propriamente a dimensão ou o volume de negócios, mas a sua ação e visão globalizantes. A transnacional é uma estrutura sistêmica, em que cada parte deve servir ao conjunto.

> "Sua busca e reivindicação por eficiência crescente é baseada na conceituação do planeta como uma unidade econômica única, cujas partes são necessariamente interdependentes; o que lhes permite a transferência de dinheiro e recursos materiais e humanos, de um continente para outro, transcendendo as fronteiras e transformando profundamente as características dos Estados Nacionais".

Fator fundamental nesse processo é constituído pelas tecnologias de informação e de telecomunicações, que permitem aos grandes conglomerados econômicos, através de sistemas de processamento e bancos de dados, operar ininterruptamente durante 24 horas por dia e cobrir o espaço econômico global.

Controlando metade da economia e do comércio mundiais, algumas centenas de conglomerados e corporações transnacionais ampliaram decisivamente a área de suas operações, mediante a globalização do *design*, da produção, distribuição e consumo de bens e serviços, criando redes de empresas e operações interdependentes, para onde se desloca a tomada de decisões e a gestão da economia mundial.

Neste sentido, a novidade do atual processo de internacionalização da economia, comumente designado globalização, reside exatamente no fato de ser um processo de integração mundial, que já não integra nações nem sistemas econômicos nacionais, mas conjuga a ação dos grandes grupos econômicos entre si e no interior de cada um deles. A internacionalização do capital alcançou um estágio superior e transformou-se em transnacionalização.

Esta nova forma põe em causa a possibilidade de qualquer governo conduzir uma política monetária própria, dada a capacidade de acumulação e de transferência financeira que possuem as grandes empresas. Como produtoras, ultrapassam as barreiras comerciais protecionistas, deslocando suas plantas para países cujos mercados são por elas disputados. Como credoras, conseguem controlar os governos que queiram opor-se à sua penetração. Assim, podem desenvolver uma estratégia própria, independente dos governos eleitos, tanto nos países onde estabelecem as filiais, quanto naqueles onde têm suas sedes.

São estas empresas operando em redes as únicas instituições capazes de coordenarem um processo econômico que se mundializou, enquanto os Estados Nacionais "locais" encontram dificuldades crescentes para manter certos mecanismos de controle de suas economias e para garantir aos seus cidadãos estabilidade econômica, políticas de emprego, poder aquisitivo, proteção contra riscos ambientais, questões estas que dependem cada vez mais de fatores e decisões externas, que escapam de sua área de competência. Este é um dos aspectos centrais da crise do Estado do Bem-Estar e que tem sido menos referido nas análises sobre o tema.

Antes de prosseguir, é importante assinalar que hoje não é possível haver desenvolvimento fora deste quadro de economia internacionalizada. Entretanto, a integração das várias economias numa estrutura global não implica em homogeneização das condições econômicas e sociais existentes em cada uma delas. Antes, o que ocorre é a reprodução generalizada das desigualdades em escala mundial. Isto porque a divisão internacional do trabalho foi profundamente alterada e o que se observa é que esta integração não se dá em termos de nações, mas de setores da economia. Isto é, existem níveis distintos de produtividade, de capacidade de inovação, de formas de exploração do trabalho, estabelecidos mundialmente, nos quais os diferentes setores de uma mesma economia nacional se integram. Em termos de países, o que se observa é que em alguns deles predominam os setores mais dinâmicos e produtivos, enquanto em outros predominam os mais tradicionais, menos produtivos e com baixa capacitação tecnológica, prevalecendo as formas de exploração do trabalho calcadas nos mecanismos da mais-valia absoluta, em suas formas mais cruéis.

Isto significa que as diferenças já não são mais estabelecidas entre países, mas entre setores econômicos. Daí vermos as formas de exploração típicas dos países de Terceiro Mundo sendo reproduzidas e recriadas no interior do Primeiro Mundo, com todas as consequências sociais que daí advêm.

A tão falada competitividade não se estabelece mais entre nações, a não ser para efeitos puramente demagógicos, tendo em vista legitimar todas as medidas antissociais, instituídas pelos governos. As fronteiras que hoje efetivamente contam são as fronteiras sociais.

Por isso, com maior frequência, os investimentos mais inovadores e produtivos são canalizados para as regiões onde a força de trabalho é mais qualificada e as infra-estruturas melhor desenvolvidas do ponto de vista técnico e social.

Quando no Brasil se diz que é muito alto o custo-trabalho, os padrões de comparação não são os setores mais produtivos e inovadores da economia mundial, mas exatamente aqueles decorrentes das formas mais arcaicas de exploração da mais-valia absoluta. Isto nos dá a dimensão da nossa integração na economia globalizada. Nos indica de que ordem é esta integração.

Todas estas transformações na esfera econômica vêm sendo acompanhadas de alterações substantivas nas estruturas de poder. Primeiramente entram em crise vários organismos internacionais, criados no pós-guerra, por iniciativa dos governos e que permanecem como palco de atos nacionais, tal como a ONU, por exemplo. Enquanto delegações e representantes dos países membros desenvolvem debates intermináveis nas conferências e conselhos das Nações Unidas, os agentes das empresas transnacionais atuando em todos os continentes, tecem as redes que integram todo o mundo, à revelia dos governos eleitos e dos organismos internacionais. Entre estes os que permanecem ativos, tais como o Fundo Monetário Internacional e o Banco Mundial, já há muito deixaram de relacionar-se primordialmente com os governos e elegeram como seus interlocutores privilegiados exatamente as grandes empresas transnacionais.

Aos Estados Nacionais resta disputarem entre si os investimentos das grandes empresas, esforçando-se para lhes oferecer o maior número possível de benefícios, numa posição inteiramente subordinada.

No âmbito da coordenação política desta economia integrada mundialmente desenvolve-se uma estrutura de poder de abrangência supranacional, embora não juridicamente reconhecida, que se constitui a partir da articulação de vários polos:

• os centros de decisão dos maiores grupos econômicos;

• os organismos internacionais, que, embora tenham surgido de iniciativas dos Estados, já não encontram mais correspondência direta nos governos, tendo há muito tempo estabelecido como seus interlocutores as grandes empresas;

- os organismos políticos e administrativos oriundos da esfera governamental, que, apesar de se apresentarem formalmente como tais, já foram inteiramente cooptados pela esfera de interesses das grandes empresas;
- as grandes centrais sindicais burocratizadas, que atuam como gestores da compra e venda da força de trabalho e procuram garantir a disciplina dos trabalhadores, integrando suas lutas e reivindicações no quadro estrito da legalidade capitalista. Estas centrais já há muito tempo reduziram suas atividades à participação em órgãos tripartites e às negociações com o patronato.

Esta nova estrutura de poder constituída de múltiplos polos, esvazia o Estado Central de seus poderes e atribuições, limitando, de um lado, sua capacidade de ação, e, de outro, provocando sua desagregação mediante as privatizações e a cooptação de seus órgãos. A esta nova estrutura de poder político, Bernardo (1987;1991;1992) denomina Estado Amplo, em contraposição ao Estado Nacional, por ele definido como Estado Restrito. O sistema político que daí emerge, segundo o autor, é o neocorporativismo informal.

Neo, porque no corporativismo, em sua forma clássica, as relações triangulares entre governo, empresas e sindicatos processava-se a partir do Estado Nacional. Era este que ocupava o vértice do triângulo. Na fase atual, porém, este triângulo apresenta uma hierarquia invertida com as grandes empresas ocupando o seu vértice. Informal, porque esta estrutura de poder, embora atuante e decisiva, não está juridicamente estabelecida.

Esta informalidade entretanto não significa que esta estrutura de poder seja frágil. Ao contrário, à medida que lhe confere relativa invisibilidade, preserva-a de ações contestatórias. Além disso, permite-lhe atuar politicamente, sem, no entanto, obrigá-la a assumir responsabilidades políticas. Este ocultamento dos reais centros de poder é reforçado pela ação da mídia, ela própria integrante do Estado Amplo, que insiste em apresentar a esfera do político, como constituída apenas pelos três poderes classicamente definidos: o legislativo, o executivo e o judiciário.

Neste novo corporativismo, o que mudou efetivamente não foram os seus agentes, mas a hierarquia em que se relacionam. Embora esta seja uma mudança da maior importância pelas consequências que provoca em toda a sociedade, ela raramente é analisada, aliás, sequer é referida, na maior parte das análises sobre a esfera do político.

Outro aspecto importante dessas transformações é que, embora o aparelho de Estado tenha sido desde a sua origem um aparelho de poder instrumentalizado pela classe capitalista, ele o foi de diferentes formas. Até há poucas décadas atrás, o nível de concentração de capital não havia ainda permitido às maiores empresas assumirem diretamente funções políticas. O aparelho de Estado Central, portanto, ocupava um lugar de destaque tanto na coordenação da economia, quanto no que diz respeito à produção e manutenção das condições gerais de produção e de controle social. O Estado era, então, o local onde as decisões eram tomadas. Hoje, as grandes decisões são tomadas fora de suas estruturas formais. O processo decisório decorre diretamente dos centros de poder do Estado Amplo, e o Estado Nacional só é acionado a posteriori para operacionalizar e para implementar estas decisões e legitimá-las do ponto de vista jurídico.

Mas, esta redução da importância do Estado não decorre apenas da concentração do capital e da atuação dos grandes grupos econômicos. Também os sindicatos burocratizados a aceleram e a agravam na prática, quando os seus gestores não só procuram afastar o Estado das negociações com o patronato, como definem acordos com as empresas, que ignoram completamente a legislação trabalhista garantida pelo chamado poder público. Hoje, são os próprios dirigentes sindicais que aceleram o fim do Welfare State, onde ele efetivamente existiu, contribuindo para a inversão das relações triangulares do corporativismo clássico.

No que diz respeito às formas de controle social, antes sob a responsabilidade do Estado, são as próprias empresas que as assumem cada vez mais. É interessante assinalar que, já nos anos trinta, Elton Mayo (1880-1948), o principal teórico da Escola de Relações Humanas, preocupado com o radicalismo dos conflitos sociais, suscitados pela sociedade industrial, propunha que as empresas atuassem no sentido de promover a integração, o controle, a coesão e a cooperação social, uma vez que o Estado e a sociedade em geral mostravam-se incapazes de fazê-lo.

Atualmente, além de se terem sofisticado os mecanismos de controle no interior das organizações, os tempos livres dos trabalhadores são, de forma crescente, vivenciados no interior de instituições estruturadas consoante a lógica estrita das empresas. A indústria do entretenimento abarca praticamente a totalidade do lazer dos trabalhadores, veiculando-se por aí não apenas valores culturais e éticos, mas formas disciplinares que moldam comportamentos e atitudes, a partir da lógica das grandes empresas.

Trata-se de mudanças que se verificam em âmbito global, relativizando, senão eliminando, as enormes diferenças até há pouco existentes entre os regimes políticos dos países da OCDE, do COMECON e do Terceiro Mundo.

Mais uma vez, os agentes mais dinâmicos neste processo foram as empresas transnacionais, que ultrapassaram as barreiras entre esses três grupos de países, confirmando que só pode haver desenvolvimento econômico nos marcos do capitalismo, em termos transnacionais. A desagregação do bloco soviético, as transformações que estão ocorrendo na China e a chamada democratização do Terceiro Mundo, decorrem deste processo de superação das diferenças em que se busca eliminar toda e qualquer interferência de caráter regional ou nacional.

Fala-se muito hoje na volta do nacionalismo, tendo em vista as lutas sangrentas que estão esfacelando nações. Entretanto, é preciso considerar que estes movimentos separatistas são completamente distintos do nacionalismo do século XIX. Ao contrário deste, não são movimentos agregativos, pois visam a separação de regiões diante de um Estado centralizado. Além disso, o objetivo das diversas facções em luta é integrar-se de forma direta, sem mediação, nos polos mais dinâmicos de acumulação de capital (Bernardo, 1994). No geral, o que se vê são regiões economicamente mais desenvolvidas, ou com aspirações a vir a ser, objetivando separar-se das mais pobres, para relacionar-se diretamente com os centros mais desenvolvidos do capitalismo mundial. A grande mobilidade do capital hoje permite a muitas destas regiões prescindir de um exército industrial de reserva próprio, constituído de trabalhadores com qualificações simples e pouco produtivos. Esta força de trabalho, com a reestruturação produtiva, transformou-se num grande ônus que nenhum país ou região quer assumir diretamente. Na realidade, querem livrar-se dela, já que têm a possibilidade de explorá-la em país alheio, sem nenhum tipo de encargo social. Como diz Bernardo (1991:122), referindo-se a outra questão (as políticas de contenção populacional), "trata-se de desvencilhar-se de populações com estômagos suficientemente vivos para se alimentar, embora demasiadamente fracas para produzirem". Estes movimentos separatistas, ao invés de reforçar o poder dos Estados Nacionais, facilita sobremaneira a penetração das empresas transnacionais nos territórios em processo de desagregação, reforçando o poder do Estado Amplo. Aliás, a estrutura da política mundial hoje, constituída de polos múltiplos e de Estados Nacionais desprovidos de poder real, favorece claramente a pulverização do controle sobre as grandes empresas (Huntington, 1982).

Assim sendo, não se pode falar de retorno do nacionalismo. Trata-se antes de um regionalismo (Bernardo, 1994).

Por outro lado, se tem insistido muito no surto de pequenas e médias empresas, especialmente nos setores em expansão, como a informática e a microeletrônica, pretendendo-se com isto negar a tendência à integração da economia em alguns poucos e gigantescos polos. Na realidade, o que ocorre é que as empresas de pequeno e médio porte surgem e se desenvolvem orientadas nos seus planos e diretrizes, em função das necessidades das grandes corporações e conglomerados. O surgimento de uma multiplicidade de pequenas empresas na atualidade decorre do processo de reestruturação das grandes, que se encaminha para a criação de redes constituídas por pequenas unidades descentralizadas, com autonomia local, conectadas por laços mais ou menos frouxos ao núcleo central. Este exerce o controle sobre toda a rede, através da definição dos canais de comunicação e informação e da distribuição de recursos.

Trata-se de uma nova forma de organização do poder que, operando em sistemas de unidades interconectadas, configuram um sistema que pode parecer muito difuso, exatamente porque possui os canais que possibilitam uma elevada concentração de poder.

Como os mecanismos de poder desta nova estrutura são relativamente invisíveis e as hierarquias perdem a forma piramidal e monocrática de antes, a aparência por ela assumida é a de uma democracia participativa. A ideia de participação perpassa as novas formas de controle social tanto dentro quanto fora dos locais de trabalho.

No âmbito da sociedade, a ideia de democracia participativa é divulgada especialmente pelos ideólogos do Estado Amplo, alguns deles denominados neoliberais. À democracia representativa, prevalecente durante o período em que o Estado Nacional era o polo hegemônico de poder, opõem a democracia participativa, onde os grupos de pressão e os *lobbies* substituem os partidos políticos.

Esta democracia participativa se constitui na conjugação dos mecanismos políticos do neocorporativismo; os organismos tripartites, os sistemas de votação direta e de projetos originados nas comunidades, os plebiscitos de leis normais, com as formas de participação popular nas tarefas e nos escalões mais baixos da administração estatal, a partir da sua descentralização funcional. Isto contribui diretamente para reduzir os gastos do Estado com os serviços destinados às populações de baixa renda. Conjuga ainda estruturas comunitárias de assistência social, em parceria ou com subsídios do setor privado. A grande ênfase é dada ao papel da comunidade na formulação de propostas para serem votadas e regulamentadas pelo Estado (Naisbitt, 1982). Entretanto, não se pode esquecer que a comunidade é constituída por múltiplos agentes sociais, entre eles, as empresas, cujo poder econômico influencia decisivamente os resultados destas votações, assim como influencia outras disputas políticas. Nos Estados Unidos, por exemplo, em 1978, a Corte Suprema decidiu que as empresas podem investir quanto dinheiro desejarem para influenciar o resultado de propostas em votação, alegando que esta medida garantia o direito de expressão das empresas.

Esta democracia participativa além de funcionar como uma nova forma de controle social e de recuperação de iniciativas autônomas da população trabalhadora, pelos mecanismos de poder do Estado Amplo, opera no sentido de legitimá-lo. O aspecto mais visível deste processo é a atuação das grandes empresas que, conscientes do poder político que detêm e exercem, buscam legitimar-se através do mecenato cultural e artístico, além de diferentes formas de intervenção nas áreas sociais, seja através de Organizações Não Governamentais (ONGs), seja através dos sistemas de parceria com o Estado Central.

No âmbito das teorias administrativas, na realidade, teorias políticas do Estado Amplo, estas transformações nas estruturas de poder, assim como nas suas formas de atuação, começam a ser sistematizadas a partir dos anos 60.

AS TEORIAS ADMINISTRATIVAS COMO TEORIAS POLÍTICAS DO ESTADO AMPLO

O que passa a caracterizar as teorias modernas da administração não são mais a coerção e a manipulação características da Teoria Clássica e de Relações Humanas, mas o dirigismo calcado nas práticas da motivação, cooperação e integração.

Diante de uma realidade essencialmente dinâmica e conflitual, a preocupação das teorias administrativas passa a ser, sobretudo, com a integração num contexto altamente diferenciado e com o controle da ação coletiva.

Até os anos 40, a administração era pensada a partir da realidade interna da empresa, concebida enquanto sistema fechado. A ênfase era dada à hierarquia, à imposição de regras e disciplinas rígidas. Procurava-se a padronização do desempenho humano e a rotinização das tarefas, para evitar a variabilidade das decisões e dos comportamentos individuais. Este enfoque vai ser alterado em função das mudanças pelas quais passam as sociedades no pós-Segunda Guerra Mundial.

As décadas de 50 e 60 marcam o processo de internacionalização da economia, através das empresas transnacionais. Ao mesmo tempo, a inter-relação das organizações de todos os tipos se estreita, exigindo estudos mais específicos e aprofundados dos diferentes tipos de estrutura organizacional.

A prática da gestão torna-se mais complexa e é preciso administrar não só o conflito entre as classes (fundado em antagonismos), mas também as disputas intraclasses capitalistas, que surgem da diversificação das formas de propriedade, do aparecimento de novos polos de poder político e do avanço decisivo dos gestores tecnocratas no controle do capital e do processo econômico global.

Atento a estas questões, Etzioni (1967) vai destacar em suas análises a tensão entre a autoridade administrativa e a autoridade profissional, para afirmar a necessidade de se formarem hoje não só burocratas, mas administradores dotados de autoridade profissional. Isto é, trata-se de um momento em que as classes capitalistas passam por um processo interno de renovação e de reestruturação, marcado pela ascensão dos gestores e pelo declínio da burguesia que passa a estar circunscrita ao âmbito das pequenas e médias empresas. Ao mesmo tempo, as estruturas de poder começam a se transformar, encaminhando-se para formas pluricentradas.

Assim, Blau e Scott (1970) tratam dos dilemas com que se defrontam as organizações: o dilema entre coordenação e comunicação livre, entre disciplina burocrática e especialização profissional, entre a necessidade de um planejamento centralizado e a necessidade de iniciativas individuais. Este tipo de análise, que visa conhecer os determinantes do conflito, tem como objetivo central fornecer instrumentos para administrá-lo e, se possível, antecipar-se a ele.

Como lembra Sheppard (1962:33), a administração deveria ter como objetivo criar condições ou situações em que o conflito pudesse ser controlado e dirigido para canais úteis e produtivos.

A teoria estruturalista vai inaugurar, nos anos sessenta, os estudos sobre os "ambientes", a partir do pressuposto de que as organizações são sistemas abertos em constante interação com o meio ambiente. A interdependência das organizações leva os autores estruturalistas, entre eles Etzioni, a estenderem suas análises para outras instituições distintas da fábrica: as universidades, os hospitais, as empresas de assessoria, os centros de pesquisa, os sindicatos, os partidos políticos, as escolas. Agora, administrar é, sobretudo, administrar as inter-relações estabelecidas entre as organizações, sendo fundamental conhecer os condicionamentos recíprocos decorrentes dessas inter-relações.

Ao mesmo tempo, o ambiente externo é altamente instável, daí a valorização da mudança pelas teorias administrativas modernas, que procuram pensar as possibilidades adaptativas da organização em tal contexto. Na teoria sistêmica, a organização é vista em contínua mudança, na medida em que só sobrevive e se desenvolve quem se adapta a um ambiente em constante mutação. Como diz Motta (1985), esta valorização da mudança oculta a manutenção do sistema, e a valorização da estabilidade oculta a sua reprodução ampliada.

Todos os estudos feitos tentando estabelecer correlações entre estrutura organizacional e ambiente e/ou opções tecnológicas (teoria da contingência), visam instrumentalizar os dirigentes das organizações diante de uma realidade extremamente diferenciada e dinâmica, o que, por sua vez, decorre da globalização do sistema capitalista de produção. Este processo implica que o sistema articule e combine formas organizacionais e produtivas bastante diversificadas dentro de uma mesma estratégia global. Daí a importância conferida à capacidade adaptativa das organizações e aos processos de integração, mudança, conflito e consenso.

A busca da integração, tanto da organização com o "ambiente externo", isto é, com o conjunto de instituições com as quais ela se relaciona, quanto entre os diversos departamentos e níveis funcionais, classes e segmentos de classes que se inter-relacionam no "ambiente interno", leva ao reforço e à diversificação dos mecanismos de controle, através dos quais se desenvolvem as políticas de prevenção de conflitos e a construção do consenso. O controle social se expressa nas noções de sistemas de papéis, normas e valores, cultura e clima organizacional.

As noções de cultura e clima organizacional surgiram nos Estados Unidos na década de 60, no bojo de uma linha do pensamento administrativo denominada Desenvolvi-mento Organizacional. Segundo Richard Beckard (1972:2-7), essa foi a "década da explosão". Explosão da economia, das comunicações, do conhecimento, da tecnologia. O ambiente empresarial apresenta-se inteiramente diferente do que foi no passado, diante da internacionalização dos mercados, da vida mais curta dos produtos, da crescente importância do marketing, das complexas relações entre linha e staff, das múltiplas participações dos indivíduos em diferentes grupos sociais e organizações, da natureza mutável do trabalho, colocando uma série de exigências inteiramente novas para o administrador. Diante disto, impõe-se, segundo este autor,

> "a necessidade de estratégias coordenadas e de mais longo prazo com o objetivo de desenvolver climas dentro da organização, maneiras de trabalhar, relações, sistemas de comunicações e sistemas de informações que sejam congruentes com as exigências prognosticáveis e não prognosticáveis dos anos futuros. Foi a partir dessas necessidades que surgiram os esforços sistemáticos de mutação planejada, o desenvolvimento organizacional".

Esta vertente do pensamento administrativo procura fundir o estudo da estrutura com o estudo do comportamento humano nas organizações, integrando-os através de um tratamento sistêmico.

Nesta perspectiva, cultura organizacional significa um dado "modo de vida", um sistema de crenças e valores, uma forma aceita de interação e de relacionamento característicos de determinada organização. Para que as organizações sobrevivam num mundo em permanente mudança é necessário que a cultura organizacional se revitalize e se renove permanentemente (Beckard, 1972:19).

O clima organizacional constitui o ambiente psicológico de uma dada organização, envolvendo diferentes aspectos que se sobrepõem em graus diversos, como o tipo de organização, os tipos de técnicas empregadas, as políticas de recursos humanos, as metas formais, os regulamentos internos, além de atitudes, sistemas de valores e formas de comportamento social que são encorajados no interior das organizações.

Estes dois conceitos expressam a hegemonia dos centros de poder das grandes empresas na sociedade contemporânea. Tanto a noção de cultura, quanto a de clima organizacional, recobrem os novos campos integradores que se desenvolvem no interior das grandes organizações, tendo em vista a obtenção do consenso a partir da fusão de aspectos da prática dos trabalhadores com a prática capitalista. Os métodos são os mais diversos e vão desde aqueles dirigidos às atividades diretamente ligadas ao processo de trabalho, em que se difundem as práticas participativas (trabalho em célula, círculos de controle de qualidade, etc.) até atividades impregnadas de poder simbólico, como as sessões de revitalização da lealdade, onde os trabalhadores são encorajados a prestar testemunhos pessoais dos motivos da sua adesão aos objetivos da empresa.

Assim, desenvolve-se uma infinidade de práticas e formas de obediência dentro da grande empresa, de caráter integrador, como a ginástica coletiva realizada antes do início da jornada de trabalho, os concursos internos, as festas coletivas e as atividades esportivas, devidamente compartilhadas por chefes e funcionários.

A cultura organizacional, hoje, substitui a cultura cívica, que tão importante foi no período em que o Estado Nacional se constituía no centro hegemônico de poder. O culto à bandeira, aos símbolos da nação, foi substituído pelo culto aos símbolos das grandes corporações e que se encontram nos times esportivos, nas festas populares e até mesmo em objetos de uso pessoal. Os hinos entoados coletivamente não são mais aqueles que revivificam os tempos "heróicos" da formação dos Estados Nacionais, mas aqueles que exaltam a empresa e seus produtos.

No que diz respeito às estruturas de poder no interior das organizações, estas passam a se caracterizar por uma pluralidade de chefias e suas articulações recíprocas, substituindo o modelo tradicional monocrático em que o poder era personalizado e a tomada de decisões se dava via hierárquica bem definida, em que as diretrizes emanavam de pessoas singulares e identificáveis e eram dirigidas aos indivíduos em particular. Esta estrutura vigorou enquanto a burguesia foi hegemônica e a existência de um chefe no topo da organização, que a tudo controlava, coincidia com a figura do burguês proprietário, o qual exercia diretamente esta função ou a delegava a um gestor que, por sua vez, a ele se subordinava, tanto ideológica quanto hierarquicamente.

Na sociedade das grandes empresas transnacionais, dos grandes sindicatos burocratizados, o poder já não se encontra fixo numa cadeia de relações hierárquicas interpessoais, mas localiza-se na articulação de centros múltiplos de poder, de onde emanam não só as diretrizes da ação, como também um sistema abstrato de regras que se aplica a todos os membros da organização.

O poder de decisão pessoal tende a desaparecer diante do poder de uma estrutura abstrata de regras de funcionamento. Embora o poder permaneça vertical, processando-se de cima para baixo, ele perde a forma piramidal e assume a conformação de esferas articuladas que se sobrepõem. É o conjunto dos responsáveis por um nível que controla a atividade do pessoal do nível inferior, e eles próprios são controlados pelo conjunto dos responsáveis do nível superior. Esta perda de autoridade pessoal reforça o poder do conjunto dos gestores. Seus membros, enquanto indivíduos, perdem a autoridade implícita no modelo tradicional, mas reforçam-se a estabilidade interna das classes capitalistas (gestores e burgueses) e o seu poder sobre os trabalhadores.

Atualmente, as hierarquias de poder serão mais solidamente estabelecidas quanto menos monocráticas elas se apresentarem. Trata-se de estabelecer uma estrutura de poder onde ninguém controle individualmente o conjunto, obedecendo todos a um sistema impessoal de regras que funciona como elemento regulador da autoridade. Esta forma implica romper com toda apropriação de poder no nível local, impedindo a constituição de "impérios" e "feudos" no interior das organizações (Pagés et al, 1987:67).

Este processo de despersonalização do poder e de abstração da forma de dominação é potencializada com a utilização da informática, e corresponde à forma gestorial (tecnocrática) de exercício do poder, garantindo estabilidade e coesão política ao grupo dominante.

A passagem de uma forma de estrutura de poder para outra é marcada pelo conflito, pela incerteza e pelas disputas intercapitalistas. À medida que a legitimidade baseada na propriedade privada individual perdeu substância, com a profissionalização da gestão e a separação entre propriedade e controle dos centros decisórios, as organizações recorrem a procedimentos diversos para manter o equilíbrio institucional.

Assim, desenvolveram-se nos Estados Unidos as técnicas de controle e alterações comportamentais direcionadas para os quadros gestoriais, como o desenvolvimento de equipes de trabalho, análise transacional, reuniões de confrontação, tratamento de conflito intergrupal, laboratórios de sensitividade (Desenvolvimento Organizacional). Com a mesma preocupação surgiram as análises sobre os estilos gerenciais, visando o treinamento de "habilidades" no relacionamento interpessoal. O objetivo é, sobretudo, integrar as necessidades e expectativas dos gestores individualmente considerados, com os objetivos da organização, adaptando-os às necessidades de mudança, aumentando a sua eficiência e identificação/lealdade à empresa.

A necessidade de transformação nas estruturas de poder das organizações já era abordada por Thompson (1957), quando analisou o desequilíbrio existente entre o direito de decidir (autoridade burocrática) e o poder de realizar (habilidade e especialização). Em função desse desequilíbrio, desenvolve-se, segundo o autor, um conflito permanente entre especialização e competência e a autoridade burocrática, ou seja, entre conhecimento (inovação) e a hierarquia (conservação). Neste conflito, conclui Thompson, a hierarquia monocrática apresenta-se em decadência diante do crescente poder dos especialistas, uma vez que estes detêm maior competência técnica. Este conflito gera tensão e insegurança no sistema de autoridade das organizações, enfraquecendo a capacidade dos dirigentes de controlar a situação. Analisando as deficiências da hierarquia presente no modelo tradicional de estrutura de poder (monocrática e rotineira), conclui que esta hierarquia burocrática constitui um entrave para o desenvolvimento das organizações, pois dificulta os processos de inovação; cria "feudos" de poder locais, muitas vezes utilizados pelo dirigente para alcançar objetivos pessoais em detrimento dos interesses da organização; dificulta os processos de comunicação na medida que permite ao dirigente monopolizar informações, podendo-a bloquear tanto para cima quanto para baixo.

Além disso, prossegue o autor, a sociedade contemporânea caminha para instituições pluralistas, constituídas por diversos centros de autoridade que se equilibram mutuamente e se autorregulam.

A organização burocrática convencional reflete uma estrutura monística, com um só centro de autoridade, que reprime o conflito, pois o considera ameaçador do status quo. Estas burocracias, segundo Thompson, surgiram e se adequaram a uma época de escassez de informações e de morosidade nos processos de inovação e, por isso, não se ajustam a uma era de abundância de informações e de rapidez nas mudanças e inovações, que requerem a utilização adequada da inteligência, da criatividade e adaptabilidade rápida e constante dos dirigentes.

A reengenharia pela qual vem passando as empresas desde o início dos anos oitenta e a reforma do aparelho de Estado constituem respostas a estas questões já colocadas no pós-Segunda Guerra Mundial.

A reformulação das organizações encaminha-se para a criação de pequenas unidades descentralizadas, com autonomia local, conectadas por laços mais ou menos frouxos ao núcleo central da organização, que exerce o controle global através da definição dos canais de comunicação e informação e da distribuição de recursos.

Esta é a forma geral de organização das estruturas de poder hoje; operando em sistemas de redes constituídas por unidades interconectadas, configurando sistemas que podem parecer muito difusos, mas que, na realidade, possuem os canais que possibilitam elevada concentração de poder em alguns poucos polos.

A expressão ideológica mais sistematizada dessa forma de organização das estruturas de poder é, no campo da teoria das organizações, a "análise das redes organizacionais" NETWORKS, de origem funcionalista, que vem sendo aplicada para analisar diversos níveis da realidade social.

A rede constitui-se de unidades organizacionais e das ligações existentes entre elas. O estudo dessas redes é o estudo das conexões que entre as organizações se estabelecem, sob o controle de uma organização focal. Assim, torna-se possível a observação da frequência com que elas se comunicam, bem como da influência exercida pela organização focal sobre as demais e das várias correlações entre as variáveis de interesse. Este tipo de análise nos permite perceber os mecanismos sociais através dos quais se dá a distribuição diferencial do poder no interior da rede, onde algumas organizações exercem o seu domínio sobre as demais. É exatamente através da coordenação da rede que o poder é exercido. Esta coordenação pode ser horizontal, vertical, diagonal ou multidirecional, dependendo do tipo de rede em questão (rede de organizações educacionais, financeiras, comerciais, industriais, redes multivariadas, etc.). Este parece-me ser o recurso metodológico mais apropriado para se analisar o fenômeno da terceirização e da subcontratação no atual momento.

As organizações dominantes numa dada rede são aquelas que controlam as informações, definem os canais de comunicação, transferem recursos e estabelecem padrões de ação para outras unidades constitutivas da rede (Motta, 1987).

Como estes mecanismos de controle são relativamente invisíveis e as hierarquias perdem a forma piramidal e monocrática características das formas convencionais de organização e exercício do poder, a aparência assumida por esse novo sistema é da participação e da autonomia. Trata-se, entretanto, de uma participação controlada e de uma autonomia meramente operacional, aliás, necessária, pois é o que garante o atendimento às condições locais sem ameaçar a estabilidade de toda a rede, sob o controle da organização focal. Não se pode esquecer que participar de um dado processo social não significa controlar suas instâncias decisórias.

No que diz respeito à relação entre as classes no interior das organizações, a participação proposta aos trabalhadores resulta da compreensão do patronato de que as novas gerações de trabalhadores apresentam um outro elemento a ser explorado: a sua capacidade de raciocínio.

Especialmente após as grandes lutas ocorridas no final dos anos 60 e durante toda a década de 70, em vários países – onde os trabalhadores criaram as suas próprias organizações de luta e iniciaram processos de autogestão da produção, dos bairros, etc. – o patronato compreendeu que as formas convencionais de organização do trabalho (princípios da teoria clássica), sendo extremamente rígidas, não permitiam a utilização produtiva da capacidade de pensar dos trabalhadores, tampouco suas capacidades de trabalhar cooperativamente.

Com a reestruturação do trabalho em curso, a partir da introdução das formas sistêmicas de organização do trabalho, das novas técnicas de produção (microeletrônica, informática), é cada vez mais a capacidade de pensar do trabalhador que se busca explorar. E não é qualquer forma de pensar, por isso, trata-se de disciplinar a estrutura psíquica dos trabalhadores, para que seu raciocínio desenvolva-se primordialmente, consoante a "cultura organizacional" da empresa, e sua subjetividade opere no sentido de envolvê-lo com os objetivos da organização.

A GESTÃO DA EDUCAÇÃO

Nesta perspectiva, a escola tem um papel fundamental. Ao lado da família e do meio social mais amplo, a escola é uma das esferas de produção de capacidade de trabalho. Por isso, é ela hoje objeto de tantas discussões e, mais, de propostas de reestruturação. Numa sociedade rasgada por contradições cada vez mais agudas, a esfera ideológica assume grande importância enquanto elemento de coesão social. A escola, portanto, não pode mais permanecer nas franjas dos mecanismos de controle social e econômico do sistema capitalista. Além disso, o custo dessa produção de capacidade de trabalho tem que ser racionalizado, já que para o capital trata-se da produção de uma mercadoria tal como qualquer outra.

É esta uma das razões pelas quais os sistemas educacionais em todo o mundo entraram em crise e começam a ser reestruturados mais ou menos rapidamente.

Diante da complexidade crescente do funcionamento dos sistemas educacionais, em razão da diversidade de situações com que se defrontam e das diferenciações quanto aos perfis sociais de alunos e profissionais, a estrutura burocrática e altamente centralizada existente torna-se inoperante.

Faz-se necessária a descentralização administrativa, inclusive dos recursos financeiros, o que confere maior autonomia às unidades escolares, permitindo a elas maior capacidade de adaptação às condições locais, sem riscos de alterações substantivas ou perturbações indesejadas em todo o sistema.

Ao mesmo tempo, é necessário uma participação maior dos sujeitos envolvidos no processo educacional no interior da escola, na exata medida em que suas responsabilidades aumentam com a descentralização operacional.

O controle exercido pela organização focal (Ministério da Educação, por exemplo, ou Secretarias, ou ainda por empresas, no caso de parcerias), passa a realizar-se basicamente através da distribuição de recursos, da definição e do controle dos meios de acompanhamento e avaliação dos resultados, do estabelecimento dos canais de distribuição das informações, da definição dos padrões gerais de funcionamento das unidades escolares, que estabelecem os limites em que elas devem operar e promover as adaptações necessárias para o bom funcionamento do sistema educacional como um todo.

No âmbito interno das escolas, é fundamental promover formas consensuais de tomada de decisões, o que implica a participação dos sujeitos envolvidos, como medida de prevenção de conflitos e resistências que possam obstruir a implementação das medidas consideradas necessárias.

É neste quadro de reestruturação das formas de organização do poder em âmbito geral que as propostas de reformulação do sistema educacional no Brasil vêm sendo formuladas pelos órgãos governamentais e por vários setores do que aqui estou denominando Estado Amplo. Refiro-me a associações empresariais diversas, como o Instituto Liberal, a Câmara Americana do Comércio Brasil-Estados Unidos e o PNBE, e etc., para ficarmos com os exemplos mais conhecidos, além de outros organismos que atuam transnacionalmente, tal como o Banco Mundial, por exemplo.

Pelo que nos mostram todas as evidências empíricas até o momento, o que está sendo pensado e implementado na rede pública são adequações às tendências gerais do capitalismo contemporâneo, com especial ênfase na reorganização das funções administrativas e de gestão da escola, assim como do processo de trabalho dos educadores, envolvidos com a formação das futuras gerações da classe trabalhadora, tendo em vista a redução de custos e de tempo. Trata-se de garantir o que nas empresas denomina-se qualidade total. Entretanto, esta qualidade refere-se primordialmente à qualidade do processo, não do produto, já que, com relação a este, a qualidade é sempre referida ao segmento de mercado ao qual se destina. Qualidade do processo produtivo diz respeito à redução de desperdícios, de tempo de trabalho, de custos, de força de trabalho.

Em termos do processo de trabalho dos educadores, trata-se de eliminar o que nas empresas classifica-se como refugo e retrabalho, isto é, peças, produtos ou serviços produzidos fora das especificações, que devem ser desprezados ou refeitos, com seus custos acrescidos, implicando em produtividade declinante. Neste caso, o refugo é o aluno que abandona a escola (investimento perdido) e o retrabalho é o repetente.

Trata-se também de potencializar a utilização dos meios físicos que integram o processo de trabalho dos educadores (instalações, livros, material didático, equipamentos, etc.), de intensificar suas atividades, sem investir efetivamente em capacitação de professores. Nestas questões, aliás, o Brasil não faz mais do que seguir as recomendações do Banco Mundial, que propõe que os investimentos em educação privilegiem sobretudo os meios físicos e os equipamentos, em detrimento do professor. A justificativa é que investir em Recursos Humanos, no caso, professores da rede pública, em termos de capacitação, condições de trabalho, provocaria uma valorização social destes profissionais do setor público, tornando-os muito reivindicativos, o que certamente, segundo o Banco, desencadearia novo processo inflacionário. Resta saber, como é possível melhorar a qualidade do ensino público, sem investimentos na qualificação permanente de professores e demais profissionais da educação.

Quando se verificam esforços efetivos para a melhoria do ensino, estes são bastante localizados e pontuais, já que a demanda por força de trabalho com qualificações mais complexas não advém de todos os setores da economia brasileira, mas apenas daqueles setores que competem com os segmentos mais inovadores e produtivos da economia mundial. Mais uma vez, o sistema educacional há de se adequar à heterogeneidade das demandas do sistema econômico. A diferença é que agora a diversidade de demanda quanto a qualificação da força de trabalho não é mais entendida e tampouco respondida em termos estritamente nacionais, mas mundiais. Com a crescente mobilidade do capital, a educação deixou de ser uma questão nacional. Daí a interferência cada vez mais incisiva dos organismos transnacionais.

Hoje, os investimentos diretos dos setores de ponta da economia dirigem-se majoritariamente para aquelas regiões onde a classe trabalhadora é capaz de realizar trabalho mais complexo, isto é, onde ela é potencialmente mais produtiva. As demais regiões vão recebendo os investimentos consoante a sua inserção na hierarquia em que se constitui hoje a economia globalizada. Esta hierarquia pressupõe uma nova segmentação da classe trabalhadora em âmbito mundial, dividindo-a em qualificados/não qualificados/estáveis/precários/autônomos/desempregados (Bruno, 1996).

Estas diferenciações tendem a se reproduzir no interior dos processos formativos das novas gerações, na medida em que a situação social das famílias trabalhadoras condicionam o acesso dos filhos a estes processos, especialmente se considerarmos o fim das políticas compensatórias do Estado Central, não só no campo educacional, mas também da saúde, dos transportes coletivos e da habitação. Ao se confirmar as tendências atuais, inclusive a do aumento da exclusão social em todo o mundo, as consequências serão gravíssimas para as futuras gerações da classe trabalhadora, pois os bolsões de miséria social hoje existentes podem vir a transformar-se em verdadeiras prisões sociais.

Esta situação poderá se agravar se forem efetivadas as indicações do Banco Mundial para o Terceiro Mundo, se canalizar os investimentos em educação, primordialmente para as quatro primeiras séries do ensino básico, secundarizando os investimentos no segundo e terceiro graus, assim como na formação de pesquisadores. Segundo o Banco, é o investimento nas quatro primeiras séries que trazem retorno financeiro mais rápido, já que permite a estes segmentos sociais inserirem-se direta e rapidamente na economia informal. Isto talvez nos indique que, na nova divisão internacional do trabalho, o Brasil vem sendo pensado como um país de economia predominantemente informal, especializada na produção de bens e serviços, pouco complexos e de baixo valor agregado.

Diante deste quadro de transformações tão amplas e profundas, em que as fronteiras não servem mais para demarcar espaços econômicos nem soberanias políticas plenas, como pensar a questão das políticas educacionais?

Como desenvolver ações coletivas contra uma estrutura de poder transnacional, cuja dinâmica de funcionamento ainda não compreendemos com clareza e frente à qual as formas de lutas tradicionais têm tão pouca ou nenhuma eficácia? Como se contrapor às novas formas de exercício do poder no interior das organizações onde a própria forma de organização técnica do trabalho já inclui em si mesma formas de controle que são acionadas pelo próprio trabalhador? Refiro-me não apenas aos novos instrumentos de trabalho computadorizados, em que são registrados cada gesto ou atividade mental do trabalhador, ritmo e frequência, mas também às formas participativas de trabalho, onde os trabalhadores passam a controlar uns aos outros?

Melhorar a qualidade da educação vai muito além da promoção de reformas curriculares, implica, antes de tudo, criar novas formas de organização do trabalho na escola, que não apenas se contraponham às formas contemporâneas de organização e exercício do poder, mas que constituam alternativas práticas possíveis de se desenvolverem e de se generalizarem, pautadas não pelas hierarquias de comando, mas por laços de solidariedade, que consubstanciam formas coletivas de trabalho, instituindo uma lógica inovadora no âmbito das relações sociais.

REFERÊNCIAS BIBLIOGRÁFICAS

BERNARDO, J. *Capital, Sindicatos e Gestores*. São Paulo: Vértice, 1987.

_____. *Depois do marxismo, o dilúvio?* Revista Educação e Sociedade, ano 13, nº 43, dez/92, Campinas: Papirus.

_____. *Economia dos conflitos sociais*. São Paulo: Cortez, 1991.

_____. *Globalização, Nacionalização e Xenofobia*. Palestra. Curso de Pós-Graduação. FEUSP, 1994.

BLAU, P. & SCOTT, R.W. *Organizações Formais*. São Paulo. Atlas,1970.

BRUNO, L. Educação, qualificação e desenvolvimento econômico. In: BRUNO, L. (org.) *Educação e Trabalho no capitalismo contemporâneo*. São Paulo: Atlas, 1996.

ETZIONI, A. *Organizações modernas*. São Paulo: Pioneira, 1967.

MOTTA, F. C. P. *Organização e poder: empresa, estado e escola*. Tese de Livre-Docência. Fac. Ed. USO, 1985.

_____. *Redes organizacionais e estado amplo*. Revista de Administração de Empresas. São Paulo, v. 27, abr/jun, 1987.

PAGÈS, M. et al. *O poder das organizações: a dominação das multinacionais sobre os indivíduos*. São Paulo: Atlas, 1987.

RATTNER, H. Comércio internacional e desenvolvimento. In: *A crise da Ordem Mundial*. São Paulo: Símbolo, 1978.

SHEPPARD, H. A. Responses to situations of competition and conflict. In *Conflict management in organizations*. Michigan: Foundation for Research on Human Behavior, 1962.

THOMPSON, V. A. *Bureaucracy and innovation*. Alabama: University of Alabama Press, 1969.

_____. *Moderna organização*. Rio de Janeiro: USAID. Aliança para o progresso, 1967.

ZARIFIAN, P. As novas abordagens da produtividade. In: *Gestão da empresa – automação e competitividade*. IPEA/IPLAN, 1990.

2.
O BANCO MUNDIAL E A GESTÃO DA EDUCAÇÃO BRASILEIRA

Marília Fonseca*

A partir dos anos 1990, o Banco Mundial (BIRD) vem adquirindo expressiva importância no âmbito das políticas públicas brasileiras. Esta evolução pode ser explicada pelo papel que o Banco desempenha junto aos países mais pobres, como estrategista do modelo neoliberal de desenvolvimento e também como articulador da interação econômica entre as nações, inclusive, para a negociação de sua dívida externa.

Em função da sua estrutura de agência financeira multilateral, comportando cerca de 180 países sócios, o Banco afirma sua presença mundial como financiador de projetos para o setor público e privado. Em relação ao setor público brasileiro, os créditos oriundos do BIRD constituem pouco mais de 10% da dívida externa do país. Porém, a importância como agência internacional justifica-se, também, pela sua atuação para além da chamada assistência econômica, a qual é concretizada pela concessão de créditos a projetos de infraestrutura, como energia, transportes, saneamento, urbanização.

---

* Pesquisadora Associada da Faculdade de Educação da Universidade de Brasília.

Assim, a explicação para esta crescente importância reside no fato de que, a partir dos anos 70, o Banco passou a constituir uma das mais relevantes fontes de financiamento para o setor social, senão a maior delas. A guinada para o lado social tem a ver, igualmente, com a reestruturação organizacional do Banco, realizada no início dos anos 80, a qual permitiu uma atuação mais política, especialmente no que se refere ao monitoramento do processo de ajustes estruturais junto aos países-membros, como base para a implantação do globalismo econômico e comercial.

É interessante notar que esta atuação política cabia historicamente ao FMI. Criados conjuntamente nos anos 40, para realizar a reestruturação pós-guerra dos países europeus, ao FMI foi confiado o papel de órgão normativo e político, enquanto o Banco Internacional de Reconstrução e Desenvolvimento (BIRD), ou Banco Mundial, atuava mais como órgão técnico e financiador de projetos específicos[1].

Esta guinada para o lado político-social foi determinante para que o Banco suplantasse, em termos de articulador político entre os países, o prestígio de outras agências internacionais (como aquelas ligadas à ONU, por exemplo), as quais detiveram grande poder no diálogo mundial até os anos 70.

Visto a partir deste novo ângulo político, o Banco produz um discurso de caráter humanitário, o qual corresponde às aspirações de justiça social das nações mais pobres, ou, mesmo, daquelas chamadas eufemisticamente de nações "em desenvolvimento". Neste sentido, o com-

---

1. Ainda hoje, esta dualidade de papéis existe formalmente: ao FMI cabe estabelecer os códigos de conduta político-econômicos, como precondição para os créditos aos países, bem como os empréstimos a curto prazo para questões macroeconômicas, como o equilíbrio da balança de pagamentos, por exemplo. Ao BIRD cabe o financiamento a longo prazo para projetos específicos, nos diferentes setores econômicos e sociais.

bate à situação de pobreza passou a ser o carro-chefe da atuação do Banco a partir dos anos 70. Por definição teórica, este ideal fundamentava-se nos princípios de igualdade e eficiência, significando que a justa distribuição dos benefícios econômicos seria alcançada mediante a atuação eficiente dos setores públicos. Para tanto, requeria-se a incorporação de modelos gerenciais modernos e o estabelecimento de metas realistas para o incremento da produtividade entre as nações.

O financiamento ao setor social fazia parte da estratégia do Banco para efetuar o novo modelo de desenvolvimento que se desenhava àquela época e que iria substituir a tradicional visão de progresso herdada do século anterior. Segundo essa concepção, o simples crescimento linear, de- corrente do aumento da produção dos países, especialmente nos setores modernos da economia, poderia automaticamente garantir a igualdade entre as nações, em termos de desenvolvimento e de bem-estar.

A partir do período pós-guerra, uma nova visão de progresso iria fundamentar a política do Banco: passou-se a considerar o aumento da produtividade das populações mais pobres como a principal estratégia para garantir a sua participação nos benefícios do desenvolvimento.

A ênfase recaía na preparação das populações pobres para o seu ingresso em setores tradicionais do mercado, situados em zonas rurais e em periferias de grandes centros urbanos. Partia-se do princípio de que estes setores eram mais apropriados para a absorção dessa mão de obra, em virtude de oferecerem oportunidades profissionais mais flexíveis como, por exemplo, o trabalho informal ou por conta própria. A ênfase conferida ao setor social a partir da década de 60, tem a ver diretamente com esta nova diretriz: educação e saúde seriam condições prévias para a produtividade dessas populações, especialmente em trabalhos por conta própria.

A partir de 1971, o Banco Mundial produziu vários documentos políticos, onde são explicitados os princípios, as diretrizes e as prioridades educativas para a concessão de seus créditos, os quais guardam estreita vinculação com as políticas gerais de desenvolvimento que o Banco vem incentivando junto aos países[2].

Ao lado das diretrizes políticas, o Banco vem produzindo uma série de estudos e pesquisas sobre os diferentes setores da área social, cujo produto constitui uma massa considerável de informações que são utilizadas no momento da negociação de acordos. Por esta razão, são capazes de influenciar o desenho dos projetos e até mesmo a agenda do setor financiado. No que se refere à educação, por exemplo, o Banco conta com informações sistematizadas sobre os fatores determinantes do desempenho educacional, assim como sobre os resultados de experiências na área da gestão, entre outros. A evolução dos projetos do Banco para o setor educacional brasileiro, no período 70-90, pode ser observada neste sentido.

EDUCAÇÃO E DESENVOLVIMENTO

Os dois primeiros empréstimos concedidos ao Ministério da Educação, no início da década de 70, adequavam-se ao modelo desenvolvimentista do Banco, no qual a educação era considerada na ótica do capital humano, isto é, como fator direto para o crescimento industrial intensivo. Por isso, privilegiavam o ensino profissionalizante, especialmente o de nível médio.

---

2. Os documentos mais representativos são os seguintes: BIRD, 1971, BIRD, 1974; BIRD, 1980; BIRD, 1990 a; BIRD 1995. Com respeito às diretrizes brasileiras, veja-se o Plano Decenal de Desenvolvimento 1967-1976.

A referência a esta modalidade de ensino encontra-se em documento de política educacional do BIRD e também nos planos brasileiros de educação, onde se assinalava a importância do ensino profissional voltado diretamente para a formação de mão de obra qualificada (na linha do manpower approach), capaz de gerar efeitos mais duradouros sobre a economia.

O primeiro projeto foi executado no período de 1971 a 1978, sob a inspiração direta desse enfoque, para assegurar a melhoria e a expansão do ensino técnico de 2º grau, industrial e agrícola. Um dos objetivos previa para o ensino industrial a formação de engenheiros em cursos de curta duração. Para o setor agrícola, visava-se ao desenvolvimento de metodologias de ensino segundo o modelo escola-fazenda, dando continuidade à cooperação técnica de natureza bilateral, desenvolvida pela Comissão Brasil-Americana (CBAI), desde os anos 60.

O segundo projeto, desenvolvido entre 1974 e 1979, teve como finalidade a cooperação técnica às Secretarias Estaduais de Educação do Norte e do Nordeste, visando ao desenvolvimento de sistema de planejamento e de gestão para implantação da reforma educacional brasileira de 1971. A execução deste projeto deu continuidade à cooperação da USAID, iniciada nos anos 60.

Na metade da década de 70, sob a nova visão política que passou a ser a marca da gestão McNamara na presidência, o BIRD deslocou a prioridade da educação formal para outras modalidades menos custosas de ensino, como programas de educação à distância, por rádio e televisão.

Enfatizava-se, nos documentos provenientes do próprio BIRD, a necessidade de adequar a educação tanto aos setores mais modernos da economia quanto aos mais tradicionais, este último comportando pequenas e médias empresas rurais e de periferias de centros urbanos. Por esta razão, já se acenava com modalidades de ensino de baixo custo, ainda que fossem ministrados à distância e por vias informais.

Percebe-se, assim, uma mudança de orientação do Banco: a relação causal educação/crescimento/igualdade foi substituída pelo enfoque adaptativo de educação para a pobreza no contexto da segmentação do mercado de trabalho e pela diretriz de barateamento dos custos do ensino público. Para tanto, foram previstas ações educativas em zonas rurais e em periferias urbanas, conhecidas como educação para a pobreza e para geração imediata de renda.

Embora os dados desta pesquisa não permitam afirmações conclusivas sobre uma influência direta do Banco, merece ser lembrado que a gestão da educação brasileira, no final dos anos 70, sinalizava neste sentido: a definição de políticas para o plano educacional brasileiro, implantado em 1980, enfatizava a prioridade nos níveis educacionais iniciais, em zonas de concentração de pobreza, como as periferias de grandes centros urbanos e de zonas rurais[3].

Para a concretização destas políticas, foram definidos programas especiais, que relacionavam a educação com o trabalho produtivo, buscando oferecer ensino profissionalizante ao aluno carente e a ensinar-lhe a transformar o produto de seu trabalho em renda para si e para suas famílias. Como segunda linha política, esses programas afirmavam o apoio às experiências locais que pudessem ser enquadradas como ações educativas de conteúdo não formal.

A ÊNFASE NO ENSINO PRIMÁRIO

A nova orientação do Banco, voltada para o controle da pobreza e do reforço ao setor social, pode ser explica-

---

3. Referimo-nos aqui aos programas especiais PRONASEC E PRODASEC, financiados pelo Ministério da Educação no início da década de 80. Os dois programas destinavam-se, reciprocamente, ao atendimento de populações carentes do meio rural e de periferias urbanas.

da como uma reação aos movimentos sociais que eclodiram nos anos 60, especificamente na América Latina, gerados pela orientação geopolítica do governo Nixon e agravados pela subsequente crise energética do início da década de 70. Segundo o então presidente do Banco, as medidas voltadas para a distribuição mais justa da riqueza não constituíam apenas "um objetivo moral, mas, antes de tudo, um imperativo político" (McNamara, 1972: 1070). Esta declaração indicava, mais que a preocupação com a igualdade quanto aos direitos de todos, a necessidade de resguardar a estabilidade do bloco ocidental, em face das crises regionais e de outros fatores próprios da guerra fria.

A preocupação com a pobreza fez com que o Banco intensificasse os investimentos no setor social na década de 80. A educação primária passou a ser considerada como a mais adequada para regiões de concentração de pobreza e que apresentassem crescimento populacional acelerado. Esta última questão foi considerada como fator de desestabilização das economias centrais e locais, pela possibilidade de gerar pressões massivas por benefícios sociais e econômicos. Embora, no Brasil, os projetos de educação primária só tenham sido desenvolvidos nos anos 80, os estudos MEC/BIRD para a implantação desta nova política iniciaram-se em 1975.

Estudos populacionais realizados internamente pelo Banco ou sob seus auspícios atribuíam ao nível primário maior capacidade de preparação da população feminina para a aceitação das políticas de planejamento familiar e também para o estímulo à intensificação de sua participação na vida produtiva, especialmente no setor agrícola[4].

---

4. Um desses estudos afirmava que "a experiência dos projetos mostra que o esforço de contenção demográfica deverá ser intensificado por meio de outros setores além da Saúde, entre eles a Educação, introduzindo-se o tema nos currículos da educação primária ou de outros programas de treinamento vocacional da mulher" (Kanagaratnam, 1980:10).

No decorrer da década de 80, o Banco passou a articular a sua política de ajustes econômicos, como base para o projeto global de desenvolvimento. Nesta ótica, o financiamento para projetos sociais adquiriu maior importância, enquanto medida compensatória para "proteger os pobres" durante períodos de ajustamento econômico, ou seja, para aliviar as possíveis tensões sociais decorrentes[5].

A educação primária continuou merecendo a prioridade nos financiamentos do Banco, inclusive pela sua capacidade de fomentar a diminuição do número de filhos, imprescindível para a noção de "sustentabilidade" que o Banco incorporou na sua política dos anos 80. Esta noção adquiriu importância central, tendo merecido comentários reiterados por parte da presidência do órgão. O argumento utilizado por Clausen ilustra a preocupação do Banco: o aumento populacional enquanto gerador de pressões por benefícios sociais, consideradas como "geradoras de desestabilização econômica e social entre os países mais pobres e de pressões inflacionárias nos países centrais" (Clausen, 1981: 19).

Numa de suas falas, outro presidente referiu-se, especificamente, às questões populacional e da mulher, como os dois principais pilares do desenvolvimento sustentável. Afirmava ele que o crescimento demográfico agride a integridade dos recursos naturais e, portanto, interfere na qualidade de vida do mundo ocidental. Por outro lado, a diminuição de taxas de natalidade constitui o principal fator para a melhoria da saúde feminina e da situação econômica familiar. Por último, referiu-se à necessidade de preparar a mulher para sua inserção no mundo produtivo, como uma das exigências para a sustentabilidade mundial (Conable, 1986).

---

5. A questão da Educação como medida compensatória é tratada nos documentos: "Protecting the poor during periods of adjustment", 1988; Focus on poverty, 1983.

De acordo com o documento educacional do BIRD dos anos 80, a distribuição dos recursos do Banco para os diversos níveis de ensino confirma a importância do ensino primário: se até a metade dos anos 70 a educação básica contava com a participação ínfima de 1% dos créditos do Banco, na década de 80 esta participação cresceu para 43% (BANQUE MONDIALE, 1980).

A sequência dos projetos educacionais financiados pelo BIRD ao Ministério da Educação, no período 80-95, mostra a sua consonância com a evolução das políticas do Banco: dos quatro projetos executados, três foram destinados ao ensino primário. Há de se notar, também, que a escolha dos municípios beneficiários dos empréstimos pautou-se por critérios demográficos, isto é, foram selecionados aqueles municípios cuja taxa de crescimento populacional ultrapassasse 4% a.a.

A negociação dos acordos para o ensino primário durante os anos 80 não ocorreu de forma consensual no âmbito do Ministério e das Secretarias Estaduais de Educação. Ao contrário, os conflitos internos gerados nas fases de identificação e preparação dos projetos, especialmente em face da orientação técnico-política do Banco, alongaram o período de negociações entre o BIRD e o MEC. O primeiro acordo para a educação primária, desenvolvido na região rural do Nordeste, levou cerca de seis anos para ser assinado; o segundo, direcionado para as periferias urbanas das regiões Norte e Centro-Oeste, gastou uma dezena de anos para a sua assinatura. O mesmo se pode dizer do último empréstimo para o desenvolvimento da educação fundamental do Nordeste: assinado em 1993, o processo de negociação estendeu-se para mais de dez[6].

---

6. Na ordem cronológica, os projetos para o ensino primário são os seguintes: EDURURAL (1980-1987); MONHANGARA (1983-1992); NORDESTE (em andamento).

Além das questões de cunho político, questionava-se a pertinência do modelo de financiamento do BIRD para esse nível de ensino. Primeiro, no que diz respeito às condições institucionais e financeiras do setor educacional para responder às exigências do Banco; segundo, considerava-se a inadequação do nível primário para esse tipo de financiamento. Isto porque os financiamentos do BIRD para o setor social seguem o mesmo modelo dos créditos comerciais, caracterizados pela rigidez dos prazos e das condições financeiras. Não obstante, três acordos para o ensino elementar foram assinados no período 80-95.

EDUCAÇÃO EM ÉPOCA DE AJUSTE ECONÔMICO

No bojo da reestruturação organizacional nos anos 80, o Banco incorporou um modelo de financiamento denominado crédito de base política (Policy Based Loans), destinado a promover políticas de ajuste estrutural entre os países mais afetados pelo desequilíbrio econômico. Estas políticas, ainda em vigência, incluem a redução do papel do Estado, via diminuição do investimento do setor público e maior participação do setor privado; a realização de reformas administrativas; a estabilização fiscal e monetária; a redução do crédito interno e das barreiras de mercado[7].

Além dessas exigências na base econômica, o novo modelo supõe a definição de condicionalidades políticas para os diversos setores a serem financiados. Assim, os critérios para a concessão de créditos têm permitido que o Banco influencie as agendas setoriais dos diferentes paí-

---

7. A este respeito ver BIRD, *Lending for Adjustment*, 1988; BIRD, *Sector Lending for Education*, 1981.

ses. Como um dos pontos principais, o banco vem sugerindo a realização de reformas educacionais nos diferentes níveis de ensino, onde se percebem duas estratégias fundamentais que serão comentadas a seguir.

A primeira, que o Banco denomina cost recovery (recuperação de custos), implica diminuir os encargos financeiros do Estado na área da educação, em consonância com as políticas de ajuste. Para tanto, recomendam-se medidas voltadas para a privatização dos níveis mais elevados de ensino, especialmente o superior. A prioridade dos recursos públicos deverá voltar-se para o ensino primário, garantindo-se, dentro deste limite inicial, a universalização do acesso à educação.

A segunda estratégia direciona a prioridade dos empréstimos para uma cesta de insumos educacionais que se mostraram determinantes para o desempenho escolar dos alunos em países de baixa e média renda, segundo estudos internos do Banco. Assim, bibliotecas, material instrucional e livros-texto são privilegiados em detrimento de fatores humanos, como formação, experiência e salário do professor. No âmbito docente, o que ainda conta é um certo nível de conhecimento, entendido como capacidade verbal e escrita dos mestres. Por esta razão, os projetos do Banco deverão privilegiar a distribuição de livros e de outros pacotes instrucionais, assim como o treinamento dos professores para a sua adequada utilização (BIRD, 1995:50-51).

Outras variáveis, como número de alunos por professor ou tempo dedicado ao ensino, são desconsideradas como fatores diretos de aprendizagem, mas são enfatizadas como importantes meios de "recuperação de custos". Recomenda-se, pois, o uso mais racional destes insumos no âmbito do ensino público, com vistas à diminuição de despesas.

É sabido que a inserção da cooperação técnica de organismos bilaterais e multilaterais no setor público, ainda que se justifiquem pelo seu aspecto técnico, implica uma gama de condicionalidades políticas. Embora estas sejam em princípio mais econômicas que setoriais, não se pode perder de vista que o desenvolvimento de um certo setor (como a educação ou a saúde) está organicamente vinculado às estratégias gerais de desenvolvimento de cada país, especialmente em época de ajuste.

A inserção do BIRD na administração pública brasileira deve ser analisada sob esta ótica, a qual, aliás, já predominava em acordos de cooperação técnica com a USAID nos anos 60. Embora no início a cooperação dessa agência se limitasse ao desenvolvimento de alguns tópicos, logo ela será mais "compreensiva", segundo a própria equipe de direção dos projetos. Desse modo, os projetos financiados pela USAID (porque se tratava de empréstimo, ainda que fosse a custos mais baratos do que os do BID ou do BIRD), abrangeriam aspectos mais políticos da educação, como qualidade, currículo, reforma educacional, entre outros. Isto quer dizer que a USAID se inseria organicamente no sistema educacional brasileiro[8].

No caso do Banco Mundial, verifica-se que a sua importância política junto ao setor educacional cresceu mais expressivamente nos anos 90, pela atuação central na organização da Conferência Mundial de Educação para Todos, realizada na Tailândia em 1990. Sob os auspícios de organismos transnacionais, como BIRD, PNUD, UNICEF, UNESCO, a magnitude do evento evidenciou-se pela participação de 155 nações e 150 entidades não governamentais. A despeito da massiva presença mundial e

---

8. É preciso ter em conta que a natureza bilateral dos acordos MEC/USAID supunha condicionalidades políticas. Este tipo de cooperação ao setor educacional passou a ser desenvolvido a partir dos anos 50, no âmbito de acordos comerciais entre os governos brasileiro e norte-americano, como, por exemplo, o "Acordo para Assistência ao Comércio Agrícola" que destinava 15% dos recursos para as atividades de cooperação técnica junto aos países que adquirissem excedentes agrícolas dos EUA.

da participação de importantes organismos internacionais, o Banco declarou-se como o principal *sponsor* da Conferência de Educação para Todos, além de ter-se colocado como atual coordenador da cooperação técnica internacional e educação (BIRD, 1990a).

A Conferência de Nova Delhi, realizada em 1993, deu continuidade ao debate sobre a proposta internacional iniciada em 1990, desta vez, congregando os nove países mais populosos do mundo: Brasil, México, China, Índia, Paquistão, Bangladesh, Egito, Nigéria, Indonésia. Os documentos resultantes da conferência, a par da fixação de metas humanitárias, como a universalização, com qualidade e equidade de oportunidades para crianças, jovens e adultos, revela duas diretrizes nas quais se reconhece a concepção do Banco: a primeira enfatiza o nível primário de ensino; a segunda indica a importância da escolaridade da mulher para a sua participação crescente no mercado de trabalho (BIRD, 1990b; BIRD/PNUD/UNESCO/UNICEF, 1990).

As recomendações provenientes das conferências internacionais foram incorporadas no Plano Decenal Brasileiro para a Educação. A adesão do país expressa-se no documento: "Neste horizonte, Nova Delhi configura-se como um compromisso, internacional por um lado, (...) de oferecer a todos, sem discriminação e com ética e equidade, uma educação básica de qualidade" (Brasil, 1993; Brasil, 1994).

Em que pese a tônica de educação para todos, reiteradamente afirmada nos documentos internacionais, cumpre lembrar que a justificativa para a prioridade e educação inicial já fora expressa em documentos do Banco da década de 80, nos quais fica claro o papel do ensino de nível primário para a sustentabilidade mundial e a "saúde familiar", compreendida como a diminuição do número de filhos e a inserção da mulher no mercado de trabalho.

Ao que se pode perceber da análise documental, a preocupação com a população feminina resume-se na sua inserção nas atividades produtivas, via preparação escolar rápida e de baixo custo. Tal condição não permitirá à mulher aspirar mais que trabalhos no setor informal e em zonas rurais, tendo em vista a crise de empregos durante os processos de ajuste aos quais o Banco tem submetido os países.

A preferência pelo ensino primário vem ainda reforçada no documento político do Banco, de 1995, onde se percebe uma outra evidência empírica: estudos do tipo custo-benefício atribuem ao nível primário maior taxa de retorno econômico, tendo como referência a renda dos indivíduos[9]. Ainda na ótica do Banco, o retorno econômico constitui o principal indicador da qualidade da educação.

Assim, a universalização da oferta educacional foi reduzida ao nível primário de ensino, o qual deverá ter prioridade na destinação de recursos públicos. Os níveis subsequentes deverão ser dimensionados seletivamente, sendo recomendável a utilização de várias formas de pagamento no setor público, como também a transferência gradativa de seus serviços para o setor privado, especialmente no nível superior de ensino.

O que chama a atenção nesta proposta é a possibilidade de convivência de dois princípios antagônicos de "educação para todos" e seletividade. A observação de documento do Banco no início de 80 já mostra a "importância crucial" do enfoque seletivo para o nível superior de ensino. Outros documentos políticos da década de 90 são reiterativos quanto a esta diretriz. O Banco se propõe, inclusive, a oferecer apoio técnico aos países no que tange à escolha de mecanismos para a racionalização da oferta do ensino superior.

---

9. Esta taxa seria inversamente proporcional ao nível de desenvolvimento dos países: assim, o retorno individual da educação primária seria maior nos países de renda baixa e média, do que os níveis educacionais subsequentes. Esta interpretação fundamenta-se em estudos realizados por teóricos do Capital Humano, referidos pelo Banco desde os anos 60.

CONCLUINDO

A análise dos resultados educacionais, institucionais e financeiros, decorrentes da cooperação técnica do BIRD à educação brasileira, mostra que a experiência desenvolvida durante duas décadas no âmbito do setor público, na forma de cofinanciamento, foi um processo bastante complicado do ponto de vista administrativo e ineficaz quanto aos resultados educacionais.

Embora os acordos internacionais fossem justificados pela sua capacidade de gerar mudanças estruturais no âmbito da educação, o que se percebe é que as ações de cooperação técnica limitaram-se ao desenvolvimento de alguns fatores convencionais e constituíram mais um reforço ao funcionamento rotineiro do processo escolar, do que propriamente uma mudança qualitativa da estrutura educacional.

Um dos fatores mais explicativos para o baixo desempenho dos financiamentos do BIRD foi o fato de que o modelo de créditos do Banco, desenhados para a área econômica, não sofreu adaptações necessárias para atender às especificidades do setor social, seja quanto aos modelos gerenciais e de financiamento, e, também, quanto ao desenho dos projetos.

Por outro lado, a observação dos créditos concedidos pelo BIRD à educação brasileira no período de 20 anos mostra um aporte fraco de recursos, proporcionalmente à magnitude dos gastos do setor. Neste período, o Banco desembolsou pouco mais de cem milhões de dólares. Esta quantia, se não contribuiu para mudanças no quadro dos problemas estruturais da educação, permitiu que o BIRD participasse da definição da agenda educacional do país, em consonância com as condicionalidades impostas no processo de financiamento externo.

É preciso ter em conta que, para receber esta quantia, o Brasil concorreu com pelo menos o dobro desses recursos, a título de contrapartida ao empréstimo. Fica evidente, pois, que o BIRD impôs suas condicionalidades sobre o próprio dinheiro nacional. Esta constatação leva a concluir que, em lugar de promover a autonomia setorial, declarada como um dos princípios da cooperação do BIRD, o cofinanciamento tem aumentado a dependência do setor educacional, uma vez que vem constituindo uma camisa de força sobre os próprios recursos nacionais.

Esta situação é agravada pelo fato de que a cooperação do BIRD vem se tornando um processo contínuo, no qual a decisão sobre futuros acordos é assegurada no interior dos próprios projetos, mediante os estudos de pré-investimento. Estes estudos constituem um dos itens financiáveis (ou componentes) dos projetos de financiamento. Isto significa que, no desenho de um determinado projeto, são incluídos estudos capazes de detectar a possibilidade de um futuro acordo com o Banco. Esta, sem dúvida, constitui uma forma de automatizar a continuidade dos financiamentos.

Levando-se também em conta que os empréstimos internacionais implicam a imposição de condicionalidades políticas ao setor financiado, pode-se questioná-los como uma forma interveniente na condução da política local.

Finalmente, creio oportuno abordar algumas diretrizes que o Banco vem defendendo em seus últimos documentos políticos. Primeiro, situa-se a necessidade de realização de reformas no setor social, reiteradamente enfatizadas pelo Banco. Nesta proposta, os princípios de equidade e de justiça social, no que tange ao acesso aos benefícios públicos, são submetidos à moldura da recuperação de custos. Esta exigência justifica, inclusive, a parcimônia na definição do limite de educação e de saúde para os pobres, a qual vem camuflada por princípios humanitários, como a "Declaração de Educação para Todos", por exemplo.

Uma outra questão diz respeito à limitação das propostas internacionais por critérios gerenciais e de eficiência. Submete-se, assim, o desafio educacional brasileiro a uma racionalidade exógena, na qual busca-se medir os benefícios individuais e sociais da educação de acordo com a visão economicista de bancos internacionais.

Nesta ótica, a quantidade e a qualidade da educação para os diferentes países são definidas na justa medida do modelo global, isto é, na qual a participação da sociedade local não se faz presente. Assim delimitado, o setor educacional intensifica a sua dependência, em nome de uma cooperação técnica e financeira que se anuncia como redentora da pobreza e como guardiã da autonomia das nações em desenvolvimento.

REFERÊNCIAS BIBLIOGRÁFICAS

BIRD. *Education, politique sectorielle*, 3ème édition. Washington: Banque Mondiale, 1980.

_____. *Education, politique sectorielle*. Washington: Banque Mondiale, 1974.

_____. *Education, étude sectorielle*. Washington: Banque Mondiale, 1971.

_____. *Focus on poverty: a report*. Washington: The World Bank, 1983.

_____. *Improving Primary Education in Developping Countries. A review of Policy Options*. Prepared by Marlaine E. Lockead and Adrian M. Vespoor for the participants at the Conference on Education for All, in Bangkok, march, 1990. Washington: The World Bank, 1990 (a).

_____. "Lending for adjustment: An Update." *World Bank News*. Washington: abril, 1988.

_____. *The dividends of Learning*. Washington: The World Bank, 1990 (b).

_____. *Priorities and Strategies for Education*. Washington, BIRD, 1995.

_____. "Protecting the poor during periods of adjustment". World Bank News VII (36), sept/1988.

_____. *Sector Lending for Education*. Education Department. Washington: World Bank, 1981.

BIRD/PNUD/UNESCO/UNICEF. *World Declaration on Education for All and Framework for Action to Meet Basic Learning Needs*. N. York: UNICEF House, 1990.

BRASIL/MEC. *Plano Decenal de Educação para Todos*. Brasília, MEC, 1993.

_____. MEC. Educação para Todos: *A Conferência de Nova Delhi*. Brasília: MEC, 1994.

CLAUSEN, A.W. "Discurso pronunciado en la reunion de gobernadores del Banco Mondial". *Revista del Banco de la Republica* , Sept/1981, 54 (647): 16-23.

CONABLE, Barbie. *Adress to the board of governors of the world Bank and FMI*. Washington: 1986.

JOHANSON, Richard K. *Sector lending in education*. Education and Training Series. Education Financery Division. Washington: World Bank, 1985.

KANAGARATNAM, Kandiah. *Population policy and Family Planning Programs: Trends in policy and administration*. World Bank staff working paper. World Bank Population, Health and Nutrition Department. Wasghington: World Bank, 1980.

McNAMARA, ROBERT'S. *Discours prononcé au Conseil de Gouverneurs à Nairobi*. Washington: Banque Mondiale, 1972.

3.
EDUCAÇÃO E PLANEJAMENTO: A ESCOLA COMO NÚCLEO DA GESTÃO

Dalila Andrade Oliveira*

As relações entre planejamento social e educação podem ser compreendidas nos vínculos entre desenvolvimento e educação. Esta articulação sempre esteve presente nos processos de planejamento como aspectos interligados e interdependentes, refletindo uma noção de ciclo, de necessidade e complementaridade. O desenvolvimento – entendido como progresso técnico demandando o incremento das capacidades humanas, da qualificação da força de trabalho – levou a que a educação fosse pautada como elemento central nos planos de desenvolvimento concebidos em todo o mundo.

A emergência do planejamento global na realidade brasileira tem sua origem na década de 30 quando, na tentativa de regular o processo de desenvolvimento econômico em curso, o governo começa a elaborar diversos

---

* Professora do Departamento de Administração Escolar da Faculdade de Educação da UFMG e doutoranda do Programa de Pós-graduação da Faculdade de Educação da USP.

planos e programas, buscando abranger a sociedade de modo global e "deduzir deste nível analítico o conjunto de estratégias que se deverá traduzir em diversas formas de intervenção" (Kowarick, 1973:6).

Embora desenvolvimento econômico e desenvolvi-mento social não impliquem, necessariamente, em um mesmo processo, é interessante perceber como são apresentados em estreita relação. Nos planos de desenvolvimento brasileiros, prevalecem uma abordagem dos aspectos sociais como coadjuvantes no processo econômico. Isto é, a educação e outros setores sociais não são pensados em função dos benefícios ou do bem-estar da população, mas o que se percebe é o predomínio do econômico nas "razões" do Estado. Na verdade, as questões sociais são tomadas como instrumentos dos imperativos econômicos nos planos, o que pode ser verificado nas formas como os recursos são alocados nos mesmos.[1]

Kowarick observa que os aspectos sociais sempre foram residuais nos Planos brasileiros. A centralidade nos objetivos da industrialização, entendida neste período e, principalmente, nas duas décadas seguintes como a principal via para o progresso técnico, resultou em que se relegassem a segundo plano as políticas distributivas. Esta abordagem fez com que durante muito tempo se pensasse o econômico em oposição ao social, o que traduziu uma concepção específica de planejamento, dificultando seu entendimento como um processo integral. A necessidade de investimento nas políticas sociais neste contexto aparece como consequência desta primeira ordem, ou seja, da tentativa de evitar que questões sociais freassem o desenvolvimento econômico pretendido.

---

1. A este respeito ver: Kowarick (1971) e sobre os financiamentos atuais do BIRD para a educação no Brasil ver Fonseca (1996).

Assim, as medidas de políticas sociais aparecem como "meras ajustadoras do sistema econômico", instrumentalizadas apenas em termos de sua eficácia econômica, já que o progresso seria plenamente realizado quando os recursos econômicos fossem corretamente aplicados. Segundo Kowarick, este parecia ser o modelo implícito adotado nos planos brasileiros, ou seja, o desenvolvimento social como reflexo do crescimento econômico.

As décadas de 40 e 50 foram marcadas pela grande euforia da ideologia do desenvolvimentismo. Neste contexto, onde o subdesenvolvimento era identificado com pobreza e o desenvolvimento com prosperidade, a necessidade de planificação econômica foi ainda mais reforçada através dos planos globais[2]. A educação, neste cenário plenamente dominado pelo economicismo, aparece como um instrumento para promover o crescimento e reduzir a pobreza. A miséria, entendida como ameaça constante à democracia, exigia atitudes no sentido de eliminá-la. A educação é assim concebida como um instrumento econômico indispensável ao desenvolvimento, ao progresso. Investir em educação equivale a investir em "capital humano"[3], já que o planejamento educacional considera o analfabetismo como responsável pelo atraso, pelo subdesenvolvimento.

O planejamento passa a ser visto como necessário e indispensável ao desenvolvimento social. Era preciso planejar, definir objetivos, traçar metas, sem o que não seria possível desenvolver-se. Este período resultou em políticas que fortaleceram estruturas públicas de bem-estar so-

---

2. Sobre a euforia da ideologia do desenvolvimento no Brasil no período ver: Cardoso (1978).

3. Sobre o conceito de Capital Humano nas análises macro e microeconômicas, ver: Frigotto (1993:38).

cial, legitimando uma maior intervenção do Estado na economia dos países latino-americanos.

Os anos 60 podem ser identificados como um marco no tocante às reformas sociais que começam, a partir de então, a ser pautadas nas agendas dos países da América Latina. Só a partir desta década no Brasil é possível falar em planejamento educacional propriamente dito, com a Lei de Diretrizes e Bases da Educação Nacional n° 4024 de 1961.[4]

As produções da Comissão Econômica para América Latina e Caribe – CEPAL –, nesta década, serão marcadas por uma forte presença do planejamento estatal. As razões desta influência podem ser explicadas por vários fatores que naquele momento obtinham papel de destaque, entre eles, a experiência da economia soviética, que até então demonstrava uma relativa eficiência no controle das políticas sociais; e a predominância dos Estados de bem-estar social nos países europeus, além do New-Deal americano.

O presente trabalho busca resgatar algumas das contribuições que a CEPAL trouxe para o debate em torno da educação na região, procurando compreender, nas orientações desta Comissão, sua ingerência nas políticas públicas no Brasil, através das orientações metodológicas e políticas para os planejamentos setoriais. Para isso, foram selecionados como texto-referência dois documentos especialmente: "Conclusões e Recomendações da Conferência sobre Educação e Desenvolvimento Econômico e Social na América Latina" de 1962 e "Educación y Conocimiento: eje de la transformación productiva con equidad" publicado pela CEPAL/OREALC em 1992. A seleção destes documentos se deu em razão da importância dos mesmos para a compreensão do papel que esta Comissão desempenhou ao longo das últimas três décadas,

---

4. Para um histórico sintético do Planejamento Nacional da Educação no Brasil, consultar: Calazans (1990).

produzindo estudos e formulando propostas para os governos latino-americanos.

Observando o contexto no qual originou e desenvolveu a CEPAL, e ainda mais especificamente, os aspectos condizentes à sua relação com a educação, nas questões atinentes à gestão educacional, é possível notar a forte influência que teve, através do Instituto Latino-americano de Planificação Econômica e Social – ILPES – na administração dos sistemas de ensino na América Latina, principalmente nas décadas de 60 e 70, como centro de formação de planejadores educacionais.

ORIGEM E DESDOBRAMENTOS DA CEPAL: DE AGÊNCIA IDEOLÓGICA A ÓRGÃO TÉCNICO DA ONU

Em fins dos anos 40, o tema do desenvolvimento começa a aparecer como um problema mundial, uma das preocupações centrais na economia internacional. Apresenta-se como o resultado dos processos de descolonização que se seguiram à segunda grande guerra e a incorporação ao mercado mundial de uma série de nações pobres e atrasadas. Neste período é que, sob a cobertura da Organização das Nações Unidas (ONU), surgem as comissões econômicas para a Europa e Ásia (1946), e, em 1948, cria-se a CEPAL.

O surgimento destas Comissões pode ser explicado pela necessidade, por parte da ONU, de conter qualquer desagregação social diante da ameaça crescente, ocasionada pela aceitação dos partidos comunistas nas economias recentemente saídas de processos de independência. A CEPAL surge provisoriamente como um comitê das Nações Unidas, com o objetivo de resgatar as economias americanas por demais fustigadas durante a guerra. Seu maior expoente e fundador, Raul Prebish, de influência Keynesiana, recusa a divisão internacional do trabalho como um conceito universal e equitativo, uma vez que só pode estar em condições de igualdade nesta os países desenvolvidos. Ele faz essas críticas a partir da constatação da deterioração dos preços dos produtos primários que se dá através de ciclos.[5]

A CEPAL constitui-se numa agência de difusão da teoria do desenvolvimento, que tem sua origem nos EUA e Europa no pós-Segunda Guerra Mundial. Segundo Marini (1994), esta teoria tinha o propósito definido de responder à inquietude e inconformidade manifestada pelas novas nações que emergiam à vida independente, produto dos processos de descolonização, ao dar-se conta das enormes desigualdades que caracterizavam as relações econômicas internacionais. Para este autor, os países capitalistas centrais se preocuparam em explicar e justificar as disparidades que os beneficiavam, ao mesmo tempo que buscavam convencer os novos Estados de que a eles também se abriam possibilidades de progresso e bem-estar. Sob a denominação genérica de teoria do desenvolvimento, tomando como referência os países centrais, sustentando que a posição que os mesmos ocupam no contexto internacional corresponde ao estágio superior de um *continuum* evolutivo, suas teses nascem em órgãos governamentais, difundem-se nas universidades e centros de investigação e ultrapassam as agências internacionais. Assim, a Comissão nasce em um momento particular da América Latina: quando começa a ganhar forma e força um novo projeto de desenvolvimento, a industrialização, nas mãos de uma burguesia industrial, todavia débil, mas com forte apoio do Estado.

A contribuição mais importante da CEPAL é sua crítica à teoria clássica do comércio internacional, baseada nas vantagens comparativas. Demonstrará empiricamente que,

---

5. Prebisch, R. La industrialización de América Latina, 1994.

a partir de 1870, observa-se no comércio internacional uma tendência permanente a queda dos termos de intercâmbio em detrimento dos países exportadores de produtos primários. E ainda afirmará que esta tendência propicia transferências de valor dos países periféricos para os centrais, submetendo os primeiros a descapitalização. Pelo fato de não desenvolverem seu setor industrial, ou manufatureiro, estes países não estariam habilitados a produzir tecnologias e meios de capital capazes de elevar a produtividade do trabalho. Começa, desta maneira, a fazer uma crítica à teoria das vantagens comparativas, demonstrando que as riquezas de alguns estão relacionadas à pobreza de outros[6].

Para esta Comissão, as distintas economias que integram o sistema internacional se localizam em fases inferiores do mesmo processo, posicionadas dentro de um esquema dual: desenvolvimento e subdesenvolvimento. O subdesenvolvimento seria um estágio prévio ao desenvolvimento pleno, quando a economia em questão reuniria todas as condições para o desenvolvimento autosustentado. A ideia-chave é a industrialização porque demandaria maior emprego de mão de obra, induzindo o desenvolvimento tecnológico, aumentando a capacidade do mercado interno. Este processo de modernização trazia consigo a possibilidade de tensões e crises, manifestando-se durante certo tempo, numa situação de dualidade estrutural, que colocava em oposição um setor moderno contra um setor tradicional da sociedade em questão.

A CEPAL terá então, como uma de suas teses centrais, a constatação de que a economia mundial está organizada como um sistema centro-periferia, no qual adquire papel

---

6. Marini (1994) chama atenção para o fato de que a CEPAL desenvolve essas críticas sem, no entanto, referir-se às teses do imperialismo de Lenin. Cf. MARINI (1994), " Las crisis del desarrollismo".

diferenciado a distribuição de benefícios entre economias que se encontram inter-relacionadas. Segundo Osório (1994), esta formulação constitui um verdadeiro rompimento com as colocações prevalecentes no campo acadêmico e nos organismos internacionais, demonstrando a crescente autonomia teórica que começa a ganhar.

No entanto, Marini (1994) chama a atenção para o fato de que desenvolvimento e subdesenvolvimento, nas teses cepalinas, representam a mesma coisa – vale dizer, momentos constitutivos de uma mesma realidade: a economia capitalista industrializada – só podendo ser diferenciados mediante critérios quantitativos, os únicos adequados para localizar esta ou aquela economia, neste ou naquele grau da escala evolutiva. Desta forma, o subdesenvolvimento seria definido através de uma série de indicadores: produto real, grau de industrialização, renda per capita, índices de alfabetização e escolaridade, taxas de mortalidade e expectativa de vida, etc., destinados a classificar as economias do sistema mundial e a registrar seu avanço na cena do desenvolvimento. Para o autor, este modelo teórico – por ser essencialmente descritivo – não possui qualquer capacidade explicativa.

Foi da teoria do desenvolvimento que partiu a CEPAL. Seu objetivo era estudar os problemas regionais e propor políticas de desenvolvimento, por isso, assume o papel de verdadeira criadora de ideologia, uma vez que trata de captar e explicar as especificidades da América Latina. Apesar de sua precoce independência política, os países latinoamericanos contavam então com um século de capitalismo que os levaram à formação de complexas estruturas de classes e Estados nacionais consolidados. O que diferencia a CEPAL de outras agências similares, segundo Marini (1994), é que esta Comissão, ao constituir-se, vincula-se à realidade interna da região e expressa as contradições de classe que a caracterizam, inclusive as contradições interburguesas. Mais que isso, ela será instrumentalizada pela burguesia industrial, tanto em função das lutas sociais e políticas internas, como dos conflitos estabelecidos no âmbito da economia mundial. Por tudo isso fará do desenvolvimentismo latino-americano um produto que não será uma simples cópia da teoria do desenvolvimento.

As limitações do pensamento cepalino, segundo Marini (1994), localizam-se no seu vínculo umbilical com a teoria do desenvolvimento e a posição de classe que assume: o desenvolvimentismo foi a ideologia da burguesia industrial latino-americana. Por não considerar o desenvolvimento e o subdesenvolvimento como fenômenos qualitativamente distintos, mas, sim, como expressões quantitativamente diferentes do processo histórico de acumulação de capital, acreditava que, somente a partir de medidas corretivas, aplicadas ao comércio internacional e à implementação de uma adequada política econômica, os países subdesenvolvidos teriam acesso ao desenvolvimento capitalista pleno, eliminando a dependência na qual se encontravam.

Deste modo, Marini (1994) concluirá que as teorias desenvolvidas pela CEPAL apresentam um caráter classista, pois servem de subsídio e sustentação de uma hegemonia construída nos países da América Latina pela burguesia industrial emergente, submetendo as oligarquias rurais, sem, no entanto, romper com a estrutura fundiária existente. Razão pela qual ficou conhecida como portadora de uma teoria desenvolvimentista, onde o Estado apresentava-se como seu sujeito, mesmo que muitas vezes oculto. Porém, era este mesmo Estado que deveria assumir as rédeas do desenvolvimento em lugar da burguesia industrial, enquanto esta ainda era frágil.

A preocupação com uma política econômica que objetivasse a superação do subdesenvolvimento no pensamento cepalino irá repousar numa concepção de Estado como uma instituição situada acima da sociedade, ou seja, das relações de classe e dotado de uma racionalidade própria. Esta política econômica deveria basear-se na industrialização mediante o modelo de substituição de importação. Esta abordagem no pensamento cepalino atribuirá à industrialização uma centralidade quase absoluta, como se esta fosse capaz de corrigir todas as desigualdades sociais. Alguns estudos consideram que esta relevância fez com que a CEPAL subvalorizasse medidas distributivas, bem como outras questões sociais de peso.

Os anos 50 foram uma década onde tanto a burguesia industrial cresceu, quanto o desenvolvimentismo foi a ideologia dominante, devido ao acelerado crescimento industrial dos países latino-americanos. Na década seguinte, porém, depois de um ciclo de expansão, a América Latina desemboca numa crise sociopolítica sem precedentes, caracterizada pela estagnação econômica. Esta crise vem desnudar os aspectos perversos que tinha assumido a industrialização, o que repercutiu em uma crise teórica no interior da CEPAL.[7]

Esta crise econômica que, no começo da década de 60, golpeia a maioria dos países latino-americanos, é uma crise de acumulação e realização da produção, manifestada, por um lado, na incapacidade para importar os elementos materiais necessários ao desenvolvimento do processo de produção e, por outro, nas restrições encontradas para realizar essa produção. As dificuldades que se apresentam são produtos do processo de industrialização em marcha na América Latina, desde a década anterior, sem que se procedesse às reformas estruturais indispensáveis à criação de um espaço econômico adequado ao crescimento industrial. Ao contrário, a industrialização

---

7. Cardoso (1979) considera que o desafio, naquele momento, era construir uma análise capaz de definir uma problemática alternativa e quebrar com o economicismo prevalecente nas análises sobre o desenvolvimento e o apoliticismo das análises sociológicas.

teve que conviver com a preservação da velha estrutura fundiária. A inexistência de condições indispensáveis à plena realização da produção, adequadas ao modelo de desenvolvimento, podem ter contribuído para frear o progresso técnico esperado. Além disso, apresentou grandes entraves à dinamização e expansão do mercado interno, já que não estavam dadas as possibilidades, entre outras, de formação e qualificação da força de trabalho (os requisitos necessários à transformação do trabalhador rural em urbano-industrial), o que afetou diretamente sua valorização e, indiretamente, sua capacidade de consumo.

Sensível a essa situação, a CEPAL modifica, desde o começo dos anos 60, suas colocações e, retificando seu enfoque desenvolvimentista, passa a dar mais ênfase às reformas estruturais e à distribuição de renda. Porém, quando se abre o ciclo das ditaduras militares, o desenvolvimentismo cepalino entra definitivamente em crise, o que significou a perda de posição privilegiada que esta Comissão alcançara na sua primeira década de funcionamento, quando chegara a ser a agência ideológica por excelência da América Latina.[8]

São dois os fatores que, segundo Marini (1994), contribuíram primordialmente para enfraquecer a CEPAL: seu caráter retrógrado em relação à questão agrária e a penetração do capital estrangeiro, direta ou indiretamente, através dos investimentos em forma de empréstimos. As dificuldades de importação de bens de capital, de tecnologia, contribuíram para que essas nações não conseguissem produzir em condições competitivas no mercado externo, além disso, a questão da centralização fundiária veio interferir significativamente na situação de dependência destas economias. O que vem demonstrar que muitas das dificuldades encontradas nas tentativas de in-

---

8. Cf. Marini (1994).

dustrialização no contexto latino-americano são resultados diretos da manutenção da velha estrutura social.

A crise que assolou a América Latina nos anos 60, atravessando os 70, marcada pelas ditaduras militares, provocou uma crise não menos séria no interior da CEPAL. Desde a criação do ILPES, sua posição inicial começa a ser afetada, culminando, com o passar dos tempos, numa postura mais recuada de auxílio e suporte aos governos nacionais na implementação das políticas recomendadas pelos Organismos Internacionais, como um órgão técnico da ONU.

AS REFORMAS SOCIAIS NO ÂMBITO DA CEPAL: EDUCAÇÃO E DESENVOLVIMENTO

A CEPAL inicia os anos 60 constatando os principais problemas de crescimento que o desenvolvimento da América Latina enfrentava: baixo nível de vida (problemas de emprego e reduzida produtividade) e enunciava alguns dos principais obstáculos que impediam os países da região de sair da estagnação e empreender um ritmo mais acelerado de progresso.[9]

São problemas de capacidade de produção, extrema desigualdade na distribuição da renda, atraso da economia rural, defasagem tecnológica, entre outros, que interferem numa realidade de reduzido nível educacional e instituições políticas e econômicas que representam poderosos empecilhos à resolução dos mesmos. A ênfase no planejamento global, capaz de captar todas as dimensões da vida econômica e social, é notável nos documentos da CEPAL deste momento.

---

9. Boletin Econômico de América Latina, vol. VII, nº 2, out. 1962.

A teoria do desenvolvimentismo entrava assim num período de crise, onde muitas das assertivas anteriores, agora, pareciam desacreditadas. É importante perceber a relevância que as questões sociais começam a ganhar no pensamento cepalino. Diante do quadro desalentador, após uma década de exercício de forte influência intelectual e política no cenário latino-americano, a CEPAL apela para que se adote "um enérgico plano de ação em todos os aspectos da vida econômica e social" (Pereira, 1974:64).

Contrariando as orientações cepalinas de crescimento, baseado numa proposta de capitalismo industrial nacional voltado para o mercado interno, cresceu na região uma economia exportadora de base industrial dirigida ao mercado externo, que aprofundou as distâncias sociais, aumentando a marginalidade, o que evidenciou as dificuldades de se obter fórmulas mais equilibradas de desenvolvimento. É que o modelo de industrialização, calcado na substituição de importação, cede lugar ao capitalismo financeiro, e as políticas nacionalistas conflitam com as orientações do capital transnacionalizado.

Concomitante a este processo de "desencantamento" da CEPAL e de sua inserção nas preocupações com as reformas sociais, fruto das constatações de que a ausência de políticas distributivas afetaram significativamente o pleno desenvolvimento econômico, em 1962 é criado o ILPES, como organismo dependente da CEPAL[10].

---

10. Nesta mesma década, em 1969, é publicado o trabalho de Fernando Henrique Cardoso e Enzo Faletto, "Dependência e desenvolvimento na América Latina", tendo já circulado desde 1966 como material interno do ILPES. Este trabalho tem por objetivo a busca de explicações sobre as particularidades do capitalismo latino-americano e seu atraso. A partir deste momento, inicia-se um debate em torno da noção de dependência e desenvolvimento que trazem à tona uma nova interpretação da realidade latino-americana, à luz das teses de Marx. Conferir em: Osório (1994) "Fuentes y tendencias de la dependencia".

É notória a centralidade atribuída a partir daí às reformas sociais como meio para obtenção do ambiente propício ao desenvolvimento econômico: "nesta tarefa haverá que eliminar instituições arcaicas e propiciar a criação de um ambiente social que facilite a realização de todas aquelas mudanças que um processo de desenvolvimento traz consigo" (Pereira, 1974: 66). São observações que incidem sobre a forma de gerir as políticas econômicas e sociais. Os problemas são apresentados dentro de uma abordagem de gerenciamento específica: um planejamento global e centralizado.

A crise não é da América Latina em particular, e, consequentemente, da CEPAL, mas é sim uma crise do modelo de exercício do poder em termos mundiais. Por isso, verifica-se neste momento uma tentativa de readequação do pensamento cepalino, demonstrando a incompatibilidade de suas posições anteriores, norteadoras de governos nacionalistas na América Latina, face o novo contexto. Desta maneira, percebe-se grande veemência no planejamento global nos documentos da CEPAL nesta ocasião.

O principal fator motivador da criação de uma comissão de estudos socioeconômicos para uma região é, provavelmente, a crença de que as ideias precedem a prática e, portanto, podem prevê-la ou interferir nos seus desígnios. É desta crença e necessidade de previsão que surge a administração, enquanto uma disciplina acadêmica, e o planejamento como uma metodologia indispensável aos processos sociais. O reforço à administração planificada não é algo que se verifica apenas nas economias capitalistas, mas também nos programas dos partidos comunistas (leninistas) e no socialismo científico de Marx. Talvez, por esta razão, é que a tecnoburocracia será fortalecida não só na economia americana, como também nos países do Leste Europeu no decorrer desse século.

Da tecnoburocracia, ou seja, dos planejadores é exigido, sobretudo, que tenham o poder de convencimento de que conhecem e, por isso, podem prever os processos econômicos e sociais. Diante desta constatação é possível inferir que a criação do ILPES, como organismo dependente da CEPAL, por esta época, vêm justamente corroborar a "grande" tarefa de formação de técnicos planejadores para atuarem no contexto nacional dos países latino-americanos, que passa a ter esta Comissão a partir de então.

Nos documentos publicados pela CEPAL no início dos anos 60 observa-se, então, um nítido reforço à noção de planejamento econômico e social centralizado. O caminho para o crescimento da América Latina dependia essencialmente de uma

> "inteligente e acertada planificação de medidas de política econômica e social que fixa objetivos concretos a serem alcançados no menor prazo possível (...) mediante a planificação haverá que mobilizar de modo eficiente todos os recursos nacionais para obter quanto antes com a cooperação técnica e financeira exterior um incremento da renda que permita elevar a formação de capital, aumentar a capacidade produtiva e tornar possível o firme desenvolvimento ulterior com uma distribuição mais equitativa da renda nacional" (Pereira, 1974:66).

Será ressaltada a necessidade de aliar planejamento e educação para obter-se uma gestão eficiente: "salta à vista que já na etapa de elaboração e início de execução dos planos será necessário introduzir amplas reformas nos mecanismos da administração pública e incorporar profissionais e técnicos de que hoje se carece ou só se dispõe em quantidade insuficiente" (Pereira, 1974:67).

Maior relevância é atribuída à educação pelo papel fundamental que exerce na formação e qualificação de pessoal técnico para as atividades mais dinâmicas com processos tecnológicos mais complexos. Além da importância dos sistemas educativos na organização econômica e social da produção agrária, à incorporação de novas técnicas e cultivos, à introdução de novos produtos e ao melhoramento dos sistemas de administração, comercialização e distribuição.

A educação é percebida como um componente essencial ao desenvolvimento econômico à medida que exerce forte influência sobre a inversão tecnológica, a difusão de inovações, a aptidão empresarial, os padrões de consumo, a adaptabilidade às mudanças econômicas e a participação ativa dos distintos setores sociais nas tarefas do desenvolvimento. Considerando indispensável um nível relativamente alto de educação geral, tanto primária quanto secundária.

Considera a educação básica fundamental por propiciar aos indivíduos as ferramentas mínimas para participar na economia moderna como produtor e consumidor. É possível observar, já neste momento, início dos anos 60, um prenúncio do que vem sendo hoje caracterizado como novas demandas educacionais: "...numa época em que se estão renovando continuamente as técnicas de produção e em que as existentes se tornam com rapidez obsoletas, a capacidade de adaptação pode chegar a ser mais importante que a formação de capacidades especializadas para certos empregos" (Pereira, 1974:72).

Desta maneira, a educação é vista como um importante instrumento no planejamento do desenvolvimento à medida em que deve prover o país de conhecimentos técnicos e de um grau de evolução que favoreça o crescimento da produção e a melhoria do nível de vida dos habitantes. A educação deveria ser pensada em integração com o planejamento econômico, fixando metas e quantificando recursos.

Por isso, a Conferência sobre Educação e Desenvolvimento Econômico e Social na América Latina, realizada em março de 1962, em Santiago do Chile, patrocinada conjuntamente pela OEA, UNESCO, CEPAL, OIT e FAO, destaca: "a urgente necessidade de estudar e pôr em prática uma reorientação profunda da estrutura e administração dos serviços educacionais, a fim de facilitar o desenvolvimento dos planos de educação e o máximo aproveitamento dos recursos disponíveis".

As orientações da CEPAL neste momento vão variar desde a exaltação da importância em planejar até a técnica de planejamento, tarefa esta que deveria ser confiada aos especialistas e às instituições responsáveis pelo desenvolvimento social e, em especial, da educação. Para o que a Conferência resolve:

> "que se busque a racionalização e tecnificação dos serviços de educação, para isso, sendo imprescindível a preparação do pessoal especializado que há de atendê-los e se tenda, por esse meio, a eliminar a influência da pressão partidária e de outros interesses alheios à educação que perturbam seu desenvolvimento."
>
> "...que se proceda a uma organização racional dos Ministérios da Educação e de seus departamentos ou seções, bem como a uma descentralização da autoridade e de certas funções por Estados, Departamentos, Províncias ou Regiões ou mesmo localidades dentro do país, sem prejuízo de acentuar-se a unidade dos fins e objetivos da educação e a articulação dos diversos tipos de escolas e serviços em que se reflete a estrutura do sistema nacional de educação".

Esta Conferência chega a recomendar que se organizem unidades de planejamento educacional com hierarquias necessárias, vinculadas institucionalmente aos órgãos encarregados da execução dos planos e com os setores representativos das atividades nacionais públicas e privadas, com o objetivo de interferir nas decisões de política educacional de cada país.

O ILPES destaca-se como um importante centro de "formação de especialistas em planejamento educacional". Passa a ser sua função favorecer o intercâmbio de experiências, métodos de trabalho, instrumentos de execução e resultados de investigação, além de promover programas de divulgação sobre a natureza e os fins do planejamento educacional.

A preocupação com uma educação capaz de preparar a sociedade latino-americana para o enfrentamento no mercado mundial, que propicie o seu crescimento econômico qualificando os indivíduos para uma inserção diferenciada neste modelo, inclui, então, a preocupação com os sistemas educativos planejados de forma integrada com o planejamento econômico de cada país. Assim, a educação é colocada como parte essencial do desenvolvimento, devendo ser planejada a partir de um diagnóstico da situação socioeconômica e educacional, atribuindo maior atenção à formação básica, à superação dos problemas de repetência escolar, à preparação do pessoal técnico e à qualidade do ensino.[11]

Passados trinta anos desde a referida Conferência, a CEPAL, movida pela necessidade de revisar a história recente das iniciativas para o desenvolvimento na região, produziu em 1990 uma proposta de estratégia econômica para a América Latina que denominou "Transformação produtiva com equidade". A ideia básica do documento consiste em indicar o caminho que os países latino-americanos devem seguir para sua inserção no mercado mundial. Para tanto, reitera a necessidade de desenvolver condições de competitividade assentada na incorporação, deliberada e sistemática, do progresso técnico ao processo produtivo. Classifica esta proposta de competitividade autêntica contra o que denomina competitividade

---

11. Recomendações do Seminário Interamericano sobre Planejamento Integral da Educação, realizado em Washington em 1958. Pereira (1974).

espúria. Para não incorrer nos erros das décadas de 50 e 60, a CEPAL entende, no atual estágio, que a equidade social deve estar colocada como um imperativo moral que põe limites ao crescimento, a transformação produtiva deve estar acompanhada de medidas redistributivas.

A CEPAL ocupa-se agora da pobreza, preocupa-se com uma transformação com equidade social. Desaparecem as classes sociais e em seu lugar surgem categorias sociológicas pouco consistentes como pobreza e equidade. Segundo Ottone (1994), por categoria de pobres compreende hoje um conjunto heterogêneo de grupos sociais. E, justamente por compreender um conjunto heterogêneo de grupos sociais, a "categoria" pobreza não permite visualizar os reais contrastes sociais e seus determinantes. A literatura marxista, centrada no conceito fundamental de classes sociais, parece distanciar-se cada vez mais destes espaços, onde vigoram as abordagens instrumentais de cunho economicista, que através da medição de renda determinam as políticas educacionais.[12]

Segundo Coraggio (1992), esta é uma tendência apontada no atual momento pelos organismos internacionais de levar ao desenvolvimento de condições que promovam o uso produtivo do recurso mais abundante dos pobres: o trabalho. Tecem políticas que canalizam os incentivos de mercado, as instituições sociais e políticas, a infraestrutura e a tecnologia para tal fim. E ainda prover serviços sociais básicos aos pobres como saúde, planejamento familiar, nutrição e educação primária.[13]

Para a CEPAL, as mudanças, formulação e aplicação de estratégias políticas e econômicas deverão ocorrer em um

---

12. Ver Rama, 1994.

13. Banco Mundial, Poverty, 1990. Citado e comentado por CORAGGIO (1993).

contexto democrático, pluralista e participativo. Apresenta como necessidade evidente a transformação do perfil e qualidade da produção na América Latina, para que esta consiga recolocar-se no mercado mundial nos moldes que conseguiu na década de 60. Por isso, os anos 90 devem significar a década da transformação produtiva, de mudanças qualitativas para alcançar competitividade no novo mercado mundial. Daí a importância atribuída à educação que deve estar em estreita vinculação com o mundo do trabalho, da produção. Mais uma vez é necessário eliminar a pobreza, sem o que não é possível o desenvolvimento.

Dois anos mais tarde, em documento produzido com a UNESCO, intitulado "Educación y Conocimiento: ejes de la transformación productiva con equidad", a CEPAL irá reforçar a centralidade atribuída à educação nas suas recomendações econômicas de 1990. Apresentam a educação e o conhecimento como eixos centrais da transformação produtiva com equidade, para que se cumpram os objetivos de consolidar e aprofundar a democracia, a coesão social, a equidade e a participação no que denominam "moderna cidadania", e a competitividade como desempenho econômico eficiente no mercado mundial.

O objetivo desta segunda publicação é influir nas políticas nacionais, a partir de uma análise do setor educacional e de propostas para o continente, derivadas das novas orientações anteriormente expressas. Este documento aborda uma nova orientação deste organismo, diferente daquela que no pós-guerra ficou conhecida como estruturalismo cepalino.[14] Parte da constatação de que os sistemas de ensino latino-americanos estão em crise em termos quantitativos e qualitativos, apresentando uma clara necessidade de reformas nos seus aspectos concernen-

---

14. Cf. Paiva, 1994.

tes à rigidez e burocratização, tanto na educação formal quanto no ensino profissionalizante.

A proposta abordada neste documento é descrita em sete pontos, sendo estes: *superar o relativo isolamento do sistema de educação, de capacitação e de aquisição de conhecimento científicos e tecnológicos, abrindo-os aos requerimentos sociais; assegurar o acesso universal aos códigos da modernidade; impulsionar a criatividade no acesso, a difusão e a inovação em matéria científico-tecnológica; gestão institucional responsável; profissionali-zação e valorização dos educadores; compromisso financeiro da sociedade com a educação; cooperação regional e internacional.* Nessas propostas é possível perceber uma concepção de gestão, viabilizada a partir de reformas institucionais, visando a uma integração global articulada com propostas de descentralização.

O que diferencia as orientações da CEPAL das suas origens aos dias de hoje não são, com certeza, aspectos de ordem metodológica simplesmente. Os desdobramentos históricos desta Comissão merecem ser cuidadosamente analisados, para que seja possível uma clara compreensão das mutações sofridas por esta, porém, este não é o objetivo do presente trabalho. Alguns autores consideram que a CEPAL tenha efetuado um trânsito do marxismo ao neoliberalismo, outros consideram que esta nem chegou em sua essência a ser rigorosamente marxista, e ainda há os que compreendem que esta nunca chegou ao neoliberalismo.[15]

Na origem, a sua grande marca era a aceitação do ideário da social-democracia, da construção do Estado de bem-estar, assim como da generalizada aceitação da

---

15. Esta inferência não está recolhida em uma única bibliografia, mas pode ser conferida em: Paiva (1994), Rama (1994), Marini (1994), Osório (1994) entre outros.

ideia de planejamento e de um certo nível de regulação estatal. A década de 50 significou talvez para esta Comissão os seus "anos dourados", no entanto, a década seguinte veio denunciar seu caráter extremadamente economicista, reforçando a necessidade de reformas sociais e indicando mudanças nos rumos daquele que ficou conhecido como o pensamento cepalino.

A ÊNFASE NO PLANEJAMENTO

Nos dias atuais, a América Latina parece ainda dominada pela ânsia do desenvolvimento entendido como a expansão do sistema econômico. Porém, se nas décadas de 60 e 70 esta ânsia pressupunha a participação vital do Estado como articulador das políticas destinadas a permitir e garantir a expansão econômica, superar o atraso e alcançar a prosperidade, a década de 90 parece indicar outros rumos.

Se a teoria do desenvolvimento entra em crise com a derrocada do populismo na América Latina e a inauguração do ciclo das ditaduras militares, o mesmo não é possível afirmar quanto à crença no planejamento central. Após 1964, no Brasil, essa metodologia passa a ser utilizada como instrumento fundamental para o controle empreendido pelo regime autoritário, para pôr em prática sua política de conter os processos sociais e ajustá-los aos imperativos de ordem econômica. Durante o regime militar, "o planejamento passa a ser bandeira altamente eficaz para o controle e o ordenamento de todo o sistema educativo" (Garcia, 1990:41).

As duas últimas décadas, apesar de romperem com muitas formulações dos regimes anteriores, demonstram ainda uma relativa crença na recuperação econômica e reajustes sociais a partir de políticas de planejamento global para a América Latina. Enquanto, tardiamente, apelava-se aqui para as necessidades de reformas sociais com o intuito de levar a termo o modelo de bem-estar, nos países centrais começa agonizar, como modelo de Estado, o keynesianismo, apontado como responsável por uma era de desperdícios, de altos impostos, inibidores do investimento, de desestímulo ao trabalho, etc.

A crise fiscal e o endividamento dos Estados, incluindo as nações ricas, fazem com que as burocracias estatais tenham suas ineficiências ressaltadas, contribuindo na proposta de um Estado minimalista, distanciando-se do ideário social-democrata. Somados a estes fatores, é necessário lembrar a crise dos países do Leste Europeu, a dissolução da URSS e os conflitos que emergiram a partir daí, as precárias condições econômicas que se encontram, demandando na sua grande maioria processos de reconstrução. Esta crise vem contribuir no afastamento dos ideais do Estado de bem-estar como modelo a seguir.

Neste cenário, o liberalismo coloca-se como vitorioso, ante uma economia estatista que fracassou, ante a recusa do que esta doutrina considera indispensável: o mercado. Apresenta-se agora como única saída para a crise, para a sobrevivência de nações endividadas e estagnadas economicamente, sua expressão político-ideológica é o neoliberalismo definido por Anderson (1995:22) como:

> "um movimento ideológico, em escala verdadeiramente mundial, como o capitalismo jamais havia produzido no passado. Trata-se de um corpo de doutrina coerente, autoconsciente, militante, lucidamente decidido a transformar todo o mundo à sua imagem, em sua ambição estrutural e sua extensão internacional".

Estes fatores vêm contribuir no êxito de propostas que visam liberar a economia, bem como as relações de trabalho da intervenção do Estado, de incentivos e taxação fiscal, do controle, de qualquer forma de regulação. O Estado passa a ser apontado como uma instituição morosa, pesada e ineficiente, os padrões de excelência e eficácia referenciados na iniciativa privada. Seus técnicos e planejadores são agora caracterizados como burocracias ineficientes, incapazes de atribuir eficácia e qualidade aos processos.

Diante desse quadro de crise do estado assistencialista e provedor, a necessidade de reformas administrativas se impõe como forma de atribuir condições e possibilidades de crescimento econômico com equidade social. O apelo às reformas vem no sentido de superar (ou evitar) a falência do Estado, recuperando a eficácia dos mecanismos de financiamento do setor público e das políticas sociais em particular. As reformas administrativas propostas apresentam como tendência geral à descentralização e desconcentração dos poderes de decisão e à restauração da capacidade de coordenação e planejamento.[16]

É assim que a noção de planejamento centralizado começa a esmaecer como um modelo a ser perseguido e surgem críticas que o apontam como um estilo de crescimento que exclui os mais pobres, acentuando ainda mais as distorções sociais ao invés de corrigi-las. Garcia (1996) considera este movimento como *uma crise de paradigmas do planejamento*. Para este autor, esta crise pode ser explicada na parca credibilidade que essa metodologia começa a enfrentar, sobretudo após os Planos do período autoritário, onde os "modestos" resultados ficavam muito aquém da "grandiosidade" das propostas.

O planejamento central começa a ser substituído por formas mais flexíveis de gestão. Ganham força as propostas de descentralização administrativa na gestão das políticas sociais.[17] Contra o planejamento centralizado em

---

16. Consultar Draibe (1988).

17. É importante observar que a noção de descentralização administrativa já estava presente no decreto-lei nº 200 de 1967, que dispôs sobre a organização da administração federal e as diretrizes para a sua reforma administrativa, definindo que estas deveriam obedecer aos princípios fundamentais de planejamento, descentralização, delegação de competência e controle.

mãos de tecnocratas, contrapõe-se o poder local das comunidades, antes ignoradas pelos planejadores. As soluções buscadas parecem não mais ancorar-se no planejamento centralizado, realizado por técnicos capacitados, mas no mercado, nas relações de competitividade, únicas capazes de instaurar a excelência em espaços antes dominados pelo paternalismo ineficiente.

A noção prevalecente na atualidade é a de planejamento descentralizado, onde orientações gerais indicam o norte que a organização deve seguir e, concomitantemente, atribuem mobilidade as unidades do sistema para que possam adequar as especificidades da realidade circundante. Daí a importância que a autonomia adquire nos novos modelos de gestão.

Trata-se na realidade da absorção de uma lógica organizativa desenvolvida e sedimentada pelos novos centros de poder. O que indica que estamos diante de mudanças não apenas de metodologias operacionais, mas do deslocamento do eixo do poder, do *locus* de decisão. O momento atual não parece estar mais para o planejamento burocrático e centralizado, deve agora ajustar-se à realidade imediata, sem, contudo, abalar o equilíbrio do todo, que deve sobreviver apesar das especificidades locais. A realidade emergente aponta para formas pluricentradas de planificação, onde o poder não emana mais exclusivamente do Estado nacional, classicamente constituído, mas de novas estruturas de poder, onde o Estado funciona como mais um instrumento legitimador de práticas e políticas elaboradas de fora dele.

É por isso que, trinta anos após a criação do ILPES, encontramos alguns intelectuais, outrora identificados com o pensamento cepalino, rejeitando as noções de planejamento que difundiram, e sobre as quais sobreviveram, para adotar formas mais flexíveis de gestão, congruentes com os novos ordenamentos mundiais e, consequentemente, com os ensinamentos da entidade. É o que se percebe nas palavras do coordenador das políticas sociais do atual governo. Perguntado sobre a afirmação de que o presidente rejeita a palavra plano, para este uma coisa ultrapassada, respondeu:

> "hoje as condições de implementação de programas e políticas no governo são diferentes das condições de funcionamento de governos centrais quando a utilização de planos era usual. O governo federal não é o único implementador de ações. Quase todo programa, em especial na área social, passa por parceria entre governo federal, estados e municípios. Também é crescente a participação da sociedade civil. Portanto, nos parece mais correto falar em estratégias, metas, objetivos."[18]

A posição ocupada pela CEPAL no passado de agência ideológica da burguesia industrial latino-americana não corresponde mais à influência que hoje tem na região. As políticas ditadas pela economia mundial não encontram na CEPAL o lugar, por excelência, de centro de elaboração, e nem mesmo de resistência crítica. O termo pensamento cepalino parece referir-se a algo do passado, dos tempos em que a CEPAL reunia intelectuais acadêmica e politicamente respeitados e suas formulações serviam de parâmetros para governos latino-americanos, mesmo que poucos, portadores do ideário nacional-desenvolvimentista.

Não é que o planejamento tenha sido descartado como um instrumento de poder, ao que parece, ele tem se adequado à nova realidade que se apresenta de forma mais heterogênea, móvel e flexível. Os modelos de planificação da vida econômica e social devem agora pautar-se pela noção de especificidade e de instabilidade temporal, o que significa

---

18. Entrevista concedida pelo sociólogo Vilmar Faria, ao jornal *Folha de S. Paulo* de 26/08/96.

que a realidade muda a todo instante e, por isso mesmo, a capacidade de previsão deve ser instantânea e ágil o bastante para (re)elaborar eficientemente os processos em face das mutações ocorridas ou anunciadas.

A ESCOLA COMO NÚCLEO DA GESTÃO

O setor educacional não ficará imune a estes processos. A descentralização começa a nortear as mudanças propugnadas para a organização e administração dos sistemas de ensino, seguindo as orientações gerais no quadro de desenvolvimento atual. O relativo declínio que o Estado nacional vem apresentando, tanto no seu caráter empresário, quanto em outras esferas de seu domínio, tem provocado mudanças nas formas de financiamento das políticas sociais, que passam, via de regra, pelo recurso à iniciativa privada.

A partir da década de 90, percebe-se uma mudança nas orientações presentes nas reformas educativas no Brasil, em âmbito federal, estadual e municipal. O primeiro aspecto que merece ser destacado é o fato de que estamos diante da emergência de reformas educativas que, no entanto, são anunciadas como reformas administrativas. Estas reformas são, na sua grande maioria, congruentes com os compromissos assumidos pelo Brasil na Conferência Mundial de Educação para Todos, realizada em março de 1990, em Jontiem, na Tailândia, e na Declaração de Nova Delhi de dezembro de 1993 de atendimento à demanda de universalização do ensino básico. São proposições que convergem para novos modelos de gestão do ensino público, calcados em formas mais flexíveis, participativas e descentralizadas de administração dos recursos e das responsabilidades.

Constituem-se em orientações administrativas cujo referencial é a realidade desenvolvida nas empresas privadas.[19] Na gestão da educação pública, os modelos fundamentados na flexibilidade administrativa podem ser percebidos na desregulamentação de serviços e na descentralização dos recursos, posicionando a escola como núcleo do sistema. São modelos alicerçados na busca de melhoria da qualidade na educação, entendida como um objetivo mensurável e quantificável em termos estatísticos, que poderá ser alcançado a partir de inovações incrementais na organização e gestão do trabalho na escola. Embora o termo qualidade apresente um caráter vago, podendo variar seu significado em diferentes contextos, no geral, esta preocupação vem sendo associada à busca de otimização dos vínculos entre educação e necessidades requeridas pelas novas relações de produção e consumo.

Apesar da densa produção acadêmica acerca das relações entre educação e desenvolvimento, das inúmeras contribuições críticas denunciando o caráter economicista e mecânico da estreiteza desta relação, é possível perceber que a superação desta abordagem e sua assimilação estão distantes não só dos planos de governo, como dos documentos produzidos pelos centros de elaboração das políticas sociais.

Não obstante às inúmeras transformações pelas quais passam o mundo do trabalho, resultando em crise de emprego, de distribuição de renda e, consequentemente, em aumento da miséria e da marginalidade social, a educação continua a ser invocada como "tábua de salvação" para o progresso e equilíbrio social. É depositado na educação a expectativa de que esta possa, através da mobilidade social, melhorar os mecanismos de distribuição de renda e inserção produtiva, através do preparo dos indiví-

---

19. Oliveira (1996), "A qualidade total na educação: os critérios da economia privada na gestão da escola pública".

duos para o mercado de trabalho. A eficácia da educação como meio de obtenção do desenvolvimento econômico, como mecanismo de equalização social, ainda está fortemente presente nos documentos oficiais para a educação em âmbito nacional e internacional.

A Conferência Mundial de Educação para Todos, a Declaração de Nova Delhi, os estudos preparatórios da CEPAL e do Banco Mundial, entre outros para estes momentos, insistem em apresentar a educação associada às noções de progresso técnico e equidade social. Estes textos apontam a educação básica como indispensável à inserção das populações mais carentes no mundo atual. O Plano de Desenvolvimento do Ensino Fundamental e Valorização do Magistério, apresentado pelo Ministério da Educação e do Desporto (MEC), em 1995, espelha essa preocupação quando propõe introduzir na Constituição Federal, no seu art. 208, a expressão "com prioridade para a população de menor renda".

As ideias de progresso técnico e equidade social aparecem sempre como termos dependentes nestas propostas. No entanto, subjacente a essas noções de reajuste social com fins a socialização de determinados bens e serviços e à equalização de condições materiais, estão as demandas por uma sociedade que comporte os novos processos de globalização da produção e do consumo, que se realizam às custas de alta exclusão social: o desemprego estrutural; a marginalização crescente e a segmentação da classe trabalhadora.

O movimento de transnacionalização do capital implica na integração e articulação dos grandes oligopólios que agora encontram-se mais concentrados. Marx previu a crescente concentração de capital e da propriedade privada, consequentemente, maior centralização do poder do Estado. Justamente esta maior concentração de poder nas mãos do Estado que deu origem à necessidade de planejamento e controle. Este modelo foi comum ao desenvolvimento do New-Deal americano e aos regimes soviéticos que embasaram-se numa economia que combina maior concentração de capital, maior centralização de poder e planificação. O liberalismo não significa a ausência do Estado enquanto reprodutor das condições necessárias para a realização da produção capitalista. No entanto, na atualidade, muitas empresas vêm tomando para si estas tarefas, direcionando-as para a consecução de seus interesses, o que vem resultando num deslocamento do centro de decisões do Estado para outros polos menos visíveis de poder.

Por isso, este movimento de transnacionalização pode ser definido como a fusão do econômico e do político nos mesmos polos de poder[20]. Daí a necessidade de adequar as tradicionais formas de planejamento às novas demandas ditadas por uma realidade onde a primazia é a excelência administrativa aliada aos imperativos da livre concorrência. A racionalidade imposta hoje ao Estado e as políticas públicas é a racionalidade do capital, portanto, das empresas, dos agentes econômicos. Na busca de maior integração, numa lógica globalizante, lançam-se mecanismos de consenso onde antes reinava a coerção e noções de modernidade e progresso apelam para um bom senso, onde as teorias políticas confundem-se com teorias administrativas, reduzindo a esfera da política a questões de ordem metodológica.

Toda a movimentação em torno de reformas sociais no Estado brasileiro hoje e, em especial, no setor educacional, aliam as demandas de maior acesso às questões de ineficiência produtiva do sistema. Desta maneira, conduzem mudança nos aspectos gerenciais das políticas públi-

---

20. Cf. Bernardo (1991).

cas recomendando a adoção de critérios de racionalidade administrativa como meio de resolução dos problemas.

O argumento do atual governo é de que a Constituição Federal de 1988 ampliou as obrigações do Estado para com o setor educacional, acolhendo interesses e aspirações dos diversos segmentos sociais, sem a necessária avaliação da efetiva possibilidade de ação governamental. Alega ainda que a Carta Magna ampliou em muito os compromissos com a educação, gerando uma complexidade da gestão, não deixando claro, nem de maneira coerente, a divisão entre as responsabilidades e competências de cada uma das respectivas esferas de governo.

O MEC aponta as atuais dificuldades de financiamento da educação, afirmando que os recursos disponíveis em cada uma das esferas não são suficientes para o pleno atendimento das demandas, e ao mesmo tempo, ressalta que, aliado a este problema, acrescenta-se um outro de igual ou maior proporção: a má distribuição dos recursos que vem contribuindo para o aumento das desigualdades de acesso e permanência na escola, em síntese, no atendimento à universalização do ensino. Esta observação faz com que o Ministério conclua que a aparência de generalizada escassez encobre, na realidade, o desequilíbrio na repartição dos recursos[21].

No caso específico das políticas educacionais, é importante salientar que a Constituição Federal de 1988, ao incorporar a gestão democrática da educação como demanda dos movimentos sociais em seu texto, apontou novas formas de organização e administração do sistema, tendo como objetivo primeiro a universalização do

---

21. MEC, 1995 – Plano de Desenvolvimento do Ensino Fundamental e Valorização do Magistério.

ensino a toda população. A partir daí, o que se assiste é uma tentativa de interpretação do conteúdo deste dispositivo, o que possibilita que diferentes políticas se efetivem por sob o mesmo manto da gestão democrática.

O processo de regulamentação do art. 206 da Constituição Federal vem se transformando numa arena onde diferentes projetos disputam sua mais adequada interpretação. Por isso, a garantia de um artigo constitucional que estabelece a gestão democrática não é suficiente para sua efetivação. A leitura que se faz dos termos gestão e democracia e, ainda mais, da combinação de ambos, varia conforme os projetos em disputa. No estado de Minas Gerais, a Resolução 7120/93 institui o programa de "Gerência da Qualidade Total" no Sistema Estadual de Educação de Minas Gerais, como regulamentação do art. 206, item VII da Constituição Federal, e art. 196, item X da Constituição do Estado de Minas Gerais que dispõem sobre a gestão democrática.

Porém, o aspecto mais curioso deste processo está no fato de que determinados métodos de gestão, considerados mais democráticos, porque são mais participativos, que contemplam a desconcentração de certas decisões, a descentralização dos serviços, a participação da sociedade na condução dos processos, vem sendo sistematicamente incorporados às reformas administrativas no setor educacional, sem, no entanto, incorporar efetivamente os segmentos sociais e suas representações.

A marca da flexibilização destes novos modelos de gestão, se por um lado incorpora antigas conquistas dos movimentos organizados e das resistências dos trabalhadores às formas capitalistas de organização e gestão do trabalho, por outro, o fazem atribuindo-lhes novos significados, o que faz com que tenham na aparência conteúdos mais consensuais, mas na sua prática efetiva conservem pressupostos autoritários.[22]

É possível inferir que a importância atribuída à gestão da educação no atual momento fundamenta-se numa tentativa de reestruturação do sistema de ensino influindo nos seus objetivos, funções, atribuições, competências e acesso. Porém, essas tendências não são produtos de escolhas isoladas ou projetos específicos, ao contrário, respondem a exigências internas e muito mais o fazem com relação aos constrangimentos externos, é o que pode ser constatado quando se observam as orientações das propostas elaboradas em âmbito federal, estadual e em muitos casos municipal e as comparam às recomendações dos Organismos Internacionais.

A partir da justificativa de que o Estado não consegue financiar as políticas sociais por falta de recursos, e não consegue administrá-las por absoluta ineficiência, dada a irracionalidade do sistema: "o modelo de gerenciamento do sistema educacional tem mostrado a sua inoperância através dos dados objetivos da evasão e repetência escolar" (SEE/MG, 1994:36), começam a aparecer propostas que invocam a participação da sociedade tanto na manutenção quanto na gestão dos sistemas de ensino. Alguns setores formuladores de políticas vão apresentar o recurso à iniciativa privada, os empresários reconhecidamente como segmento social organizado, para que auxiliem tanto no financiamento da educação através de adoções ou contratos de parcerias com as escolas, ou como referenciais de modelos eficazes de gestão.

A referência à eficácia privada parte, normalmente, do suposto de que os recursos para a educação são suficien-

---

22. A esse respeito, ver o conceito de "refuncionalização" nas reformas administrativas e educacionais no Estado de Minas Gerais, desenvolvido por Silva (1994).

tes, o problema é a gestão e distribuição racional dos mesmos. Neste sentido, novos rearranjos nas relações União, Estados e Municípios vêm sendo propostos, motivados pela preocupação de atribuir relativa autonomia aos municípios e até mesmo às escolas para que possam captar mais recursos na fonte. Mas, sobretudo, tem como objetivo a retirada do Estado das funções mantenedoras, resguardando a este a função supletiva e distributiva no setor.

Por essas razões, o planejamento central parece não responder mais às expectativas do momento. Ao contrário, as metodologias de planejamento agora devem balizar-se na realidade local, de cada escola. A uniformização, característica do planejamento central, não corresponde mais à diversidade apresentada pelo sistema. O debate atual gira em torno de um mínimo de investimentos, mas cada escola, cada município, cada estado, gestará sua política de acordo com suas potencialidades.

Os anos 80 parecem refletir no Brasil uma descrença com o planejamento global centralizado e, consequentemente, os planos setoriais, como instrumentos eficazes para obtenção do desenvolvimento, o que nesta década vem sendo reafirmado. Entretanto, a crença na educação como condição básica para o desenvolvimento econômico não parece ter sido resvalada. O que se percebe é que a rejeição desta metodologia de planificação social não pode ser explicada apenas pela sua ineficácia operacional, sem que se detenha um pouco mais nos seus objetivos determinantes.

Alguns estudos apontam para a necessidade de desenvolvimento de metodologias e opções políticas concretas que efetivamente incorporem setores organizados da sociedade civil. A busca de uma nova metodologia capaz de superar as formas "tradicionais" e "basistas" de planejamento deve pautar-se no compromisso com a democratização da educação[23]. Estas novas formas não podem, contudo, prescindir dos seus aspectos operacionais, sem o que corre-se o risco de incorrer na crítica pela crítica. Mas não devem também cair no deleite fácil das propostas "milagrosas", ditas participativas e democráticas, sem a devida fundamentação conceptual e político-metodológica, sem o que poderão contribuir no apoliticismo tecnocrático às avessas ou no basismo comunitário.

O que merece ser melhor observado é a relação entre o descarte desta "tradição" e assimilação de propostas mais flexíveis, mais versáteis e, por isso, supostamente melhor exequíveis, com fatores políticos sociais que possam ter interferido nestas escolhas. São suposições que exigem maiores investigações, porém as observações realizadas até o momento apontam para uma provável relação entre estas escolhas "metodológicas" e constrangimentos políticos internos e externos. O que se ressalta é que não se trata de uma mudança circunscrita à realidade brasileira, mas sim de um processo em profunda consonância com as políticas internacionais. Neste caso, a comparação aqui sugerida entre dois documentos da CEPAL, refletindo dois momentos específicos, parecem ilustrar ainda mais estas inferências.

Os eixos propostos pelo documento da CEPAL de 1992 para a educação parecem convergir com a tendência apontada pela dinâmica capitalista mundial de organização: *assegurar o acesso universal aos códigos da modernidade e cooperação regional e internacional* são dois dos sete pontos listados por esta proposta, que ilustram bem a perspectiva indicada pela entidade no momento. Além disso, o documento propõe *a superação do relativo isolamento do setor educacional*, que agora

---

23. Conferir essas proposições em Kuenzer (1990).

deve ser pensado de forma integrada com os processos socioeconômicos.

As produções da CEPAL nestes dois momentos aqui abordados indicam claramente as orientações políticas hegemônicas em cada caso. No desenvolvimento do capitalismo monopolista, as fronteiras nacionais ainda detinham grande influência e a busca de homogeneidade social, política e cultural ainda norteava os investimentos em políticas centralmente elaboradas e planificadas. Neste contexto a questão nacional estava intimamente imbricada às questões do desenvolvimento.

Com a transnacionalização do capital, ultrapassando as fronteiras nacionais e globalizando todos os espaços físicos e sociais, o planejamento central aparece como um objeto anacrônico, ultrapassado, demonstrando sua inadequação frente às novas mudanças. As demandas agora são por metodologias que consigam apreender uma realidade tão diversificada, que consigam articular o global e o local, a economia formal e os setores informais, prever e conter a mobilidade da força de trabalho e a segmentação da classe trabalhadora. Neste sentido, a CEPAL oferece um histórico rico, pois é uma das poucas instituições que conseguiu, a partir de sua versatilidade, manter-se no tempo, mesmo que sua identidade comporte profundas cisões.

O modelo que apresenta para a organização e gestão do sistema de ensino parece convergir com a lógica de planificação do capital oligopolizado e transnacionalizado, na emergência de um novo modelo de acumulação, onde a flexibilidade dos processos de trabalho deve acompanhar a dinâmica de um mercado cada vez mais exigente e fragmentado. Para responder a essas exigências, as empresas inovam seus processos de trabalho organizados na forma do "Just in Time". Da mesma maneira, as novas orientações administrativas para as escolas parecem sugerir que estas procurem se adequar à realidade circundante – as demandas da comunidade ou as exigências regionais – que muitas vezes são traduzidas em programas de qualificação diretivos para um determinado segmento da economia ou ramo produtivo.

Trata-se de uma hipótese que merece ser melhor explorada, no entanto, não podemos desconsiderar que certos modismos presentes nas novas teorias administrativas vêm ocupando espaços cada vez mais significativos no setor educacional, onde até os termos são utilizados para redefinir situações e (re)significar algumas práticas. É o que se observa com relação à adoção de termos como "valorização do cliente" para definir maior atenção com o aluno, ou a "focalização" de recursos que vem ocorrendo através de medidas legais, que retiram recursos de um nível de ensino para investir em outro (como é o caso da Emenda Constitucional nº 14 que privilegia o ensino básico regular).

Todas essas observações apontam para uma possível retirada, mesmo que gradual ou relativa, do Estado nas políticas sociais e, consequentemente, uma maior investida das empresas no financiamento e elaboração de políticas para o setor. O redirecionamento da posição do MEC, de função executiva para supletiva e redistributiva, poderia estar indicando uma tentativa de colocar-se como um espaço definidor de políticas gerais e facilitador de instrumentos normativos para que a privatização da educação possa ocorrer não pela via jurídica, o que é plenamente dispensável, mas pela absorção de critérios e interesses que visem a acomodação do sistema de ensino às demandas segmentadas por nichos de mercado. Afinal, as escolas ainda representam um espaço importante de produção de trabalhadores e consumidores.

REFERÊNCIAS BIBLIOGRÁFICAS

ANDERSON. P. "Balanço do neoliberalismo. In: SADER, E. e GENTILI, P. (Org.). *O pós neoliberalismo e o estado democrático*. Rio de Janeiro: Paz e Terra, 1995.

BERNARDO, J. *Crise da economia soviética*. Coimbra: Fora do Texto, 1990.

_____. *Economia dos conflitos sociais*. São Paulo: Cortez, 1991.

_____. Depois do marxismo, o dilúvio? *Revista Educação e Sociedade*, ano 13, nº 43, dez/92, Campinas: Papirus.

BOLETIM ECONÔMICO DA AMÉRICA LATINA, vol. VII, nº 2, out. 1962.

BORON, A. A. *Estado, Capitalismo e Democracia na América Latina*. Rio de Janeiro: Paz e Terra, 1994.

BRASIL. *Decreto-Lei nº 200 de 25 de fevereiro de 1967*.

BRASIL. *Constituição da República Federativa do Brasil*. São Paulo: Atlas, 1988.

BRASIL. *Plano de Desenvolvimento do Ensino Fundamental e Valorização do Magistério*. MEC, 1995.

BRASIL. *Projeto de Lei*. Brasília: outubro de 1996.

BRASIL. *Proposta de Emenda à Constituição, nº 30*. Senado Federal, 1996.

BRITTO, L.N. Reflexões sobre a educação na América Latina. In: *Revista Brasileira de Estudos Pedagógicos*, Brasília, 68(158) 195-211, jan./abr. 1987.

BRUNO, L. Educação, Qualificação e Desenvolvimento Econômico. In: —. (Org.). *Educação e Trabalho no Capitalismo Contemporâneo*. São Paulo: Atlas, 1996.

CALAZANS, M. J. C. Planejamento da Educação no Brasil – Novas estratégias em busca de novas concepções. In: KUENZER, A., CALAZANS, M.J.C. e GARCIA, W. *Planejamento e educação no Brasil*. São Paulo: Cortez: Autores Associados, 1990.

CARDOSO, F. H. O Consumo da Teoria da Dependência nos EUA. In: PADIS, P.C. (Org.) *América Latina: cinquenta anos de industrialização*. São Paulo: Hucitec, 1979.

CARDOSO, F. H. e FALETTO, E. *Dependência e desenvolvimento na América Latina: ensaio de interpretação sociológica*. 7ª ed. Rio de Janeiro: Zahar, 1984.

CARDOSO, M.L. *Ideologia do Desenvolvimento – Brasil JK-JQ*. 2. ed. Rio de Janeiro: Paz e Terra,1978.

CEPAL/OREALC. "Educación y conocimiento: eje de la transformación productiva con equidad". Santiago, 1992.

CORAGGIO, J. L. Economia y educación: nuevos contextos y estratégias. Ceaal. Santiago, 1992 (mimeo).

DRAIBE, S. M. Welfare State no Brasil: características e perspectivas. Caderno NEPP/UNICAMP, nº 8, 1988.

_____. Há tendências e tendências: com que estado de bem-estar social haveremos de conviver neste fim de século? Caderno NEPP/UNICAMP, nº 10, 1989.

EDUCAÇÃO PARA TODOS. Em Busca do Sucesso Escolar: o direito de ser curumim. Brasília, 1993.

FONSECA, M. O Financiamento do Banco Mundial à educação brasileira: vinte anos de cooperação internacional. In: TOMMASI, L. de, WARDE, M.J. e HADDAD, S. (Orgs.). O Banco Mundial e as políticas educacionais. São Paulo: Cortez, 1996.

FRIGOTTO, G. A Produtividade da Escola Improdutiva: um (re) exame das relações entre educação e estrutura econômico-social capitalista. São Paulo: Cortez, 1993.

FURTADO, C. Desenvolvimento e política de desenvolvimento. In: FORACCHI, M.M. e PEREIRA, L. Educação e sociedade. 13ª ed. São Paulo: Ed. Nacional, 1987.

GARCIA, W. Planejamento e educação no Brasil: a busca de novos caminhos. In: KUENZER, A., CALAZANS, M. J. C. e GARCIA, W. Planejamento e educação no Brasil. São Paulo: Cortez: Autores Associados, 1990.

GARZA, E.G. Economía, teoría y historia: la CEPAL y los estilos de desarrollo. In: MARINI, R. M. e MILLAN, M. (Coord.). La teoría social latinoamericana: subdesarrollo y dependencia. México: Edições El Caballito, 1994.

KOWARICK, L. Estratégias do Planejamento Social no Brasil. Centro Brasileiro de análise e planejamento. São Paulo: Caderno 2, 1973.

KUENZER, A. Z. Política educacional e planejamento no Brasil: os descaminhos da transição. In: KUENZER, A., CALAZANS,

M.J.C. e GARCIA, W. *Planejamento e educação no Brasil.* São Paulo: Cortez: Autores Associados, 1990.

MARINI, R. M. Las crisis del desarrollismo. In: —. e MILLAN. M. *La teoría social latinoamericana: subdesarrollo y dependencia* México, Edições El Caballito, 1994.

MINAS GERAIS. *Plano de Implementação Projeto Pro-Qualidade.* Secretaria de Estado da Educação. Março, 1994.

MINAS GERAIS. *Resolução nº 7120/93.* Secretaria de Estado da Educação.

OLIVEIRA, D. A. A Qualidade Total na Educação: os critérios da economia privada na gestão da escola pública. In: BRUNO, L. (Org.). *Educação e Trabalho no Capitalismo Contemporâneo.* São Paulo: Atlas, 1996.

OSÓRIO, J. Fuentes e tendencias de la teoría de la dependencia. In: MARINI, R. M. e MILLAN, M. *La teoría social latinoamericana: subdesarrollo y dependencia.* México: Edições El Caballito, 1994.

OTTONE, E. Educação e conhecimento: eixo da transformação produtiva com equidade (uma visão síntese). In: PAIVA, V. e WARDE, M. (Org.). *Transformação produtiva e equidade: a questão do ensino básico.* Campinas: Papirus, 1994.

PAIVA, V. Novo paradigma de desenvolvimento e centralidade do ensino básico. In: _____. e WARDE, M.J. *Transformação produtiva e equidade: a questão do ensino básico.* Campinas: Papirus, 1994.

PEREIRA, L. (Org.). *Desenvolvimento, trabalho e educação.* Rio de Janeiro: Zahar, 1974.

PLANO DECENAL DE EDUCAÇÃO PARA TODOS. Brasília: MEC, 1993.

PREBISCH, R. La industrializacion de América Latina. In: MARINI, R. M. e MILLAN, M. (Org.). *La teoría social latinoamericana: de los origenes a la CEPAL.* México, CELA-UNAM, 1994.

RAMA, G. Os processos de reprodução sócio-cultural e o papel do Estado na educação. In: PAIVA, V. e WARDE, M. J. (Org.).

Transformação produtiva e equidade: a questão do ensino básico. Campinas: Papirus, 1994.

SILVA, M. A. *Administração dos conflitos sociais: as reformas administrativas e educacionais como respostas às questões emergentes da prática social (o caso deMinas Gerais).* Tese de Doutorado, Faculdade de Educação Campinas, Unicamp, 1994.

UNESCO/CEPAL. *Los problemas y la estratégia del planeamiento de la educación: la experiencia de América Latina.* Paris: UNESCO, 1965.

4.
A MUNICIPALIZAÇÃO COMO ESTRATÉGIA DE DESCENTRALIZAÇÃO E DE DESCONSTRUÇÃO DO SISTEMA EDUCACIONAL BRASILEIRO

Maria de Fátima Félix Rosar*

O BINÔMIO DESCENTRALIZAÇÃO GLOBALIZAÇÃO COMO PARTE DA ESTRATÉGIA DO NEOLIBERALISMO

A perspectiva de aprofundamento da política de descentralização na direção da decantada "autonomia" da escola, conforme anúncio de medidas do Ministério da Educação, amplia a necessidade de se realizarem esforços por parte de coletivos de pesquisadores, com o objetivo de analisar criticamente essa realidade da educação brasileira e, além disso, elaborar um projeto alternativo de funcionamento do sistema nacional de educação.

---

* Professora da Universidade Federal do Maranhão. Doutorado em Educação pela Unicamp.

A política de descentralização materializou-se, nas décadas de 70 e 80, pela via da municipalização e a sua análise, no contexto atual, pode favorecer a explicitação dos seus pressupostos cuja gênese apresenta-se, historicamente, fora dos contornos do próprio município, na medida em que resultou de medidas adotadas pelo governo federal para organização da oferta do ensino de 1º grau.

A partir da década de 70, após a promulgação da Lei 5692/71, a política educacional para este nível de ensino foi traçada no âmbito de projetos federais implantados sobretudo em estados do nordeste, com o objetivo de induzir a municipalização do ensino, transferindo encargos para o município, sem que se efetivasse um investimento financeiro satisfatório nessa instância.

Ao contrário, a União efetuou uma concentração de recursos ao nível federal, enquanto adotava a descentralização a nível do sistema educacional. Esses projetos dos quais destacaram-se o Promunicípio, o Edurural, o Polonordeste, Pronasec e o Projeto Nordeste foram financiados pelo Banco Mundial, trazendo uma concepção e diretrizes educacionais definidas a priori por essa instituição.

Tendo se identificado que processos semelhantes foram se realizando em outros países da América Latina, tanto em períodos de governos militares, como de governos civis, levantou-se a hipótese de que a descentralização está articulada ao processo de globalização que ocorre tanto a nível da economia, como a nível da difusão da ideologia neoliberal, cujas implicações têm sido, em última instância, contribuir para a desconstrução dos Estados Nacionais e dos seus sistemas educacionais.

A análise efetuada permitiu captar o fenômeno da municipalização como uma das estratégias do capitalismo para o processo de organização e funcionamento dos sistemas educacionais, contribuindo paulatinamente para a sua desconstrução, de forma particular nos países capitalistas periféricos da América Latina, sob a intervenção dos guardiães do capital: o FMI, o Banco Mundial e os órgãos internacionais que atuam em diferentes setores da realidade desses países, unificando-os, de modo que se possa tornar mais plena e eficaz a estratégia que combina globalização e descentralização.

A avaliação de experiências de descentralização pela via da regionalização e da municipalização em alguns países da América Latina revelou a articulação contraditória e, ao mesmo tempo, orgânica, que se estabelece entre todos os níveis de atuação dos governos, tanto no Brasil, como nos demais países da região.

A descentralização da ação estatal no setor das políticas sociais e, particularmente, na área da educação, destaca-se como processo constitutivo do funcionamento do Estado enquanto instância mediadora das relações políticas e econômicas, organizadas no novo patamar de desenvolvimento capitalista em que a globalização da economia, portanto, dos mercados e dos processos de produção, aparenta ser, sobretudo nos países subdesenvolvidos e em desenvolvimento, a construção do moderno fetiche do final do século XX.

A globalização que vem se realizando através da integração econômica geral da economia tem possibilitado a constituição dos blocos econômicos da Comunidade Europeia, dos Países Asiáticos, do Nafta e, mais recentemente, da América Latina, com o Mercosul, pretendendo se estabelecer como a via necessária ao aperfeiçoamento de um sistema econômico e político capaz de dispensar a regulamentação do Estado. Estariam sendo superadas as formas do Estado intervencionista-keynesiano e do bem-estar social, segundo análise das políticas de desenvolvimento econômico na maioria dos países centrais e o neoliberalismo se constituiria como a única alternativa para todas as sociedades, segundo seus ideólogos.

As contradições desse processo merecem exame, dadas as peculiaridades dessas formações econômicas distintas, tanto no âmbito interno e externo desses blocos. Enquanto na maioria dos países mais desenvolvidos da Europa e da América do Norte e alguns países da Ásia as políticas sociais implementadas criaram condições mais favoráveis para o enfrentamento do quadro atual de desemprego estrutural, nos países da América Latina a duração dos períodos ditatoriais, durante algumas décadas, prolongou as medidas intervencionistas no plano econômico, sem repercussões na política de criação de emprego e de atendimento generalizado às demandas sociais básicas por educação, saúde e infraestrutura para a maioria dos cidadãos. Mesmo a expansão desses serviços sociais foi articulada com complexos empresariais privados, garantindo-se, portanto, um caráter conservador das políticas sociais e a reprodução de mecanismos de inclusão e exclusão de segmentos das classes médias e populares.

Na maioria dos países da América Latina e, no caso particular, do Brasil, a concretização dessa forma histórica do Estado do Bem-Estar não poderia ser identificada com o que ocorreu em países como a Inglaterra, a Alemanha, França, Itália e os Estados Unidos, muito embora o Estado tenha exercido também aqui a sua dupla função de financiador da acumulação de capital e da reprodução da força de trabalho. No entanto, o seu caráter redistributivista não alcançou os níveis dos países do "Primeiro Mundo", onde as organizações dos trabalhadores em sindicatos e partidos fortes contribuíram, desde o final da II Guerra Mundial, para que se estabelecessem novas formas de articulação de demandas sociais com o funcionamento da economia de mercado capitalista.

> "O Estado Keynesiano, Welfare State, pode ser visto como um modelo de desenvolvimento e uma nova forma de hegemonia burguesa. Solução re-

volucionária e passiva que politiza e integra as massas trabalhadoras e reforma as relações entre as classes nos países capitalistas avançados. A social-democracia descobre em Keynes uma política diferente de administração da economia, pois realiza a função ideal entre seu aspecto operário e seu desígnio de conjunto, concedendo um estatuto universalista aos interesses dos trabalhadores, em um enfoque redistributivista, baseado no cidadão consumidor. O Estado Keynesiano reorganiza uma hegemonia, aceitando a presença das massas" (Winckler & Neto, 1992:112).

A grande crise econômica dos anos 70 que deu origem a altas taxas de inflação com baixas taxas de crescimento em países de capitalismo avançado e de capitalismo tardio constituiu-se como a conjuntura histórica mais favorável para que se fortalecesse a ideologia do neoliberalismo.

O declínio do modelo keynesiano nos países de capitalismo central apontou os limites históricos para a sustentação de um Estado que tentou administrar um processo redistributivo, porém, sem alterar o mecanismo de distribuição de renda no mercado e o padrão das relações sociais de produção. Essa forma histórica, cujo embrião se desenvolveu a partir do século XIX, expressou sinais de enfraquecimento no caso da Inglaterra e dos Estados Unidos, ao tempo em que se concretizaram as medidas de fortalecimento de uma política neoliberal dos Governos Thatcher e Reagan.

O balanço da situação mundial mostra que o avanço do neoliberalismo se fez de tal modo, durante a década de 80, que atingiu os países euro-socialistas (França, Espanha, Itália, Portugal e Grécia), os países em que os governos trabalhistas estavam no poder, como Austrália e Nova Zelândia, o bloco do Leste Europeu, e, mais recentemente, até mesmo a Índia e o Japão estão sob pressão das medidas dos governos neoliberais no mercado mundial. Na América Latina, generalizou-se a tendência, no final da década, com a ressalva de que a experiência precoce de implementação das medidas neoliberais no Chile sob a ditadura de Pinochet foi anterior à da própria Inglaterra. Nos demais países desse continente, entre regimes autoritários ou "democráticos", que poderiam ser considerados como a vertente neoliberal "progressista", a hiperinflação constitui-se como a arma mais poderosa para a sedimentação da hegemonia da *"burguesia transnacionalizada e suas instituições guardiãs: o FMI, o Banco Mundial e o regime econômico que gira em torno da supremacia do dólar"* (Borón, 1995:63).

A estratégia de abrir as economias à expansão e integração do capital produtivo internacional foi implementada nos países da América Latina, a partir da década de 60, mediante a execução de programas econômicos diversificados de corte monetarista para a estabilização econômica. Esses programas elaborados conforme diretrizes do Banco Mundial constituíram os fundamentos de sua gestão governamental. A viabilidade dos programas de estabilização baseou-se na militarização das sociedades, na disponibilidade de capital externo e na marginalização da sociedade civil.

A outra face da política neoliberal de globalização dos mercados e padronização de processos em todos os países da América Latina têm sido a descentralização como estratégia de desestruturação de setores econômicos e de serviços de caráter estatal. Nos setores das políticas sociais, desde a década de 60, foram sendo implementadas essas medidas de descentralização. No setor da educação, por exemplo, a partir desta década, foram sendo incrementados projetos com esse objetivo na América Latina e no Caribe, fomentados pela ONU, UNESCO, Banco Mundial e Usaid cujos enfoques, apesar de apresentarem algumas diferenças, contêm um substrato comum no sentido de se alterarem as relações entre o Estado e os cidadãos.

Para a UNESCO e a OEA, a descentralização permitiria incorporar os grupos marginalizados. Para o Banco

Mundial, sob essa ótica, poderiam ser introduzidos os mecanismos de mercado. Segundo a Usaid, são enfatizados os nexos verticais, ao mesmo tempo que se reforçam os níveis locais (Street, 1986:21).

Essa simplificação sobre os propósitos dessa política deixam obscuras as condições econômicas, políticas e sociais dos diferentes países que vão determinar os graus de centralização e descentralização possíveis, a partir dessa realidade. Essas possibilidades revelam que existe sobretudo uma luta entre classes e frações de classes da qual derivam políticas do Estado que podem ser contraditórias conforme a correlação de forças que se estabelece em cada conjuntura.

Essa tendência descentralizadora foi registrada como propósito dos governos da América Latina, representados pelos seus Ministros da Educação, em reunião realizada em 1979, em que se estabeleceu o Consenso de Bogotá, afirmando as suas intenções de concretizar a "regionalização e a municipalização."

O Programa Regional de Desenvolvimento Educativo (PREDE), mediante o qual se formulou o Projeto Multinacional para o biênio 1980/81, concebeu esse processo de descentralização mediante o qual ocorreria um desenvolvimento harmônico e integrado das regiões que constituem um país, atribuindo ao planejamento e à administração todas as possibilidades de compatibilizar objetivos nacionais e regionais para concretizar um desenvolvimento integral das dimensões econômica e social.

Reafirmada esta concepção no Seminário Interamericano de Nuclearização e Regionalização Educativa, realizado em novembro de 1981, em Bogotá, foram explicitadas as expectativas de que seriam otimizados os serviços educativos, tanto em termos de qualidade, como em termos de ampliação do atendimento à demanda.

As avaliações realizadas pelos países envolvidos nessas experiências (Costa Rica, Chile, Equador, El Salvador, Guatemala, Nicarágua e Panamá) mostram que, apesar de todos os investimentos feitos nessa região, a administração está escassamente regionalizada e as instituições escolares não contam com um suficiente e muito menos eficiente assessoramento técnico e apoio logístico (Projeto Principal de Educação na América Latina e Caribe 1987-1989. Boletim 9, Santiago, Chile, abril, 1986:08).

Estudos sobre as experiências de descentralização no setor da educação em países como Peru, Chile e México (Street, 1986:26-40), nas décadas de 60, 70 e 80, mostram como as iniciativas dos governos militares destacaram-se nesse período pelas ações para desorganizar as resistências de grupos constituídos pelos professores, para ampliar as estruturas administrativas e implementar uma reforma educativa que propalava a participação, no entanto, submetia os professores a um processo de neutralização política e submissão a um programa de ampliação do número de alunos em salas de aula, restrição de recursos para a educação e manutenção de baixos níveis salariais. Essas situações, no entanto, foram enfrentadas pelos professores mediante resistência ativa e passiva, significando, portanto, o caráter polêmico dessas políticas implementadas sob a égide da democratização do país.

Essas experiências evidenciaram que as relações centro-periferia reproduzem os padrões de dependência em relação ao poder central, dado que a estrutura fiscal permanece favorecendo a captação de recursos a nível central. Por outro lado, os programas de capacitação dependem de critérios financeiros e os recursos vêm decrescendo com o descomprometimento do governo central.

Por outro lado, os estudos sobre a descentralização mostram que há poucas provas de que seja eficaz essa política e que há provas consideráveis de que não aumentam nem a eficiência, nem a eficácia e nem a participação local (Harris, 1983:183-202).

O que leva os governos a insistirem nessa política? Em primeiro lugar, os governos não representam uma unidade de forças políticas coesas, na medida em que se considera que sua estrutura comporta uma composição, uma competição entre diferentes facções cujos membros estão dentro e fora do aparelho de Estado, realizando ações para fortalecimento de sua hegemonia. A descentralização pode significar a possibilidade de aumentar a participação não dos indivíduos em geral, mas de determinados indivíduos e grupos. Para certas conjunturas pode ocorrer o deslocamento do poder do governo central para os governos locais que permita garantir a hegemonia dos grupos que detêm o seu controle. Em outras situações, pode ser deslocando-o de uma instituição centralizada para outra também centralizada e ainda, em outras circunstâncias, pode ocorrer deslocá-lo do governo para o setor privado. Essas possibilidades evidenciam que, na realidade, as políticas governamentais se definem como resultado de uma luta e que, portanto, não há consenso nem mesmo entre as facções do bloco político no poder.

Em segundo lugar, alguns grupos que estão no governo insistem no fomento de políticas de descentralização porque seus interesses estariam sendo resguardados, reduzindo-se o poder de outros grupos que também estão no governo. Um grupo ou uma coalizão minoritária que está no governo pode, mediante a descentralização, equilibrar suas forças com o grupo ou a coalizão dominante. As políticas de descentralização podem ser utilizadas por um grupo central minoritário para desequilibrar a correlação de forças em uma comunidade local, em favor de grupos que apoiam o grupo central minoritário contra o grupo central dominante.

Os grupos que detêm o poder utilizam estratégias de centralização ou de descentralização na medida em que essas políticas possam atender aos seus interesses e dos grupos com os quais tenham feito aliança. Por exemplo, um grupo ameaçado por um sindicato de professores pode reduzir o poder desse sindicato mediante uma política de descentralização, garantindo que o poder concedido esteja repartido entre os partidos políticos que o apoiam, as associações do empresariado, e garantam a consecução do objetivo inicial que seria desorganizar o sindicato dos professores.

A DESCENTRALIZAÇÃO PELA VIA DA MUNICIPALIZAÇÃO DO ENSINO NO BRASIL

A municipalização do ensino como outra modalidade de descentralização, embora seja uma proposta antiga no Brasil, somente na década de 70, foi se concretizando, a partir da vinculação de recursos do Fundo de Participação dos Municípios para aplicação em educação; e do reforço à estrutura técnica e administrativa municipal para a ação educacional.

O projeto de maior destaque desenvolvido pelo Ministério da Educação e Cultura, a partir de 1974, foi o *Projeto de Coordenação e Assistência Técnica ao Ensino Municipal (promunicípio)*, tendo como finalidade solucionar os problemas do ensino municipal: inexistência ou inadequação de serviços municipais de educação; insuficiência de recursos humanos e financeiros; carência de rede física; predominância de professores não titulados; altas taxas de repetência escolar; elevadas taxas de evasão; acentuada distorção idade-série, grande número de escolas unidocentes, com classes multisseriadas; currículos e programas inadequados. O objetivo geral do Promunicípio era o aperfeiçoamento do ensino de 1º grau, mediante ações articuladas entre as administrações estadual e municipal.

O *Promunicípio* (Projeto de Coordenação e Assistência Técnica ao Ensino Municipal) foi parte desse conjunto de medidas de organização de um sistema educacional que, ao mesmo tempo, fosse adequado aos interesses econômicos vigentes, porém, mantendo uma absorção controlada da demanda pelo ensino público em todos os níveis, de modo que os investimentos da União reduziam-se em lugar de crescerem e a responsabilidade pelo ensino de 1º grau passava à esfera que dispunha de menor volume de recursos, conforme estudos bastante divulgados dos analistas dessa área como Melchior (1979), Velloso (1990), Rezende (1989) e Sobrinho (1991).

O Promunicípio foi concebido como instrumento que viabilizaria as condições para que o município assumisse a responsabilidade com o ensino de 1º grau, enquanto ao Estado caberia definir diretrizes gerais, prestar assistência técnica e cooperação financeira.

O Ministério da Educação e Cultura, através do Departamento de Ensino Fundamental, estabelecia convênios com os Estados, definindo diretrizes, normas, competências e prevendo a cooperação financeira. Os Estados, por sua vez, estabeleciam convênios com os municípios, orientando-os na criação, reestruturação e ou dinamização de seus serviços educacionais, para que a vinculação e a conjugação de esforços alcançasse resultado efetivo (Sobrinho, 1978:15-16).

Como se constata, a nível da burocracia do setor da educação, foram definidos os parâmetros para uma descentralização centralizada, que pretendia concretizar uma política de distribuição de recursos com a garantia de manter o controle sobre os estados e municípios. Até mesmo o plano de atuação do órgão coordenador a nível do estado era submetido, em primeiro lugar, à aprovação do Ministério e, posteriormente, ao Secretário de Educação. Os critérios exigidos para a participação dos municípios no projeto eram diversificados, abrangendo um perfil daqueles que, de algum modo, já tinham um certo grau de desenvolvimento da sua rede de ensino, como municípios que destinavam recursos orçamentários para o ensino de 1º grau; ou, por outro lado, daqueles que não tinham recursos disponíveis para a expansão e a melhoria do ensino, sendo esses últimos a minoria entre os selecionados.

É evidente que o Promunicípio teve a função de disseminar essa concepção de descentralização coordenada de forma centralizada e que o Ministério tinha conhecimento das limitações políticas e econômicas para a atuação dos órgãos municipais a nível local. Avaliações sobre as possibilidades e obstáculos à municipalização já haviam sido feitas pelo Instituto Brasileiro de Administração Municipal em 1980, e o próprio MEC em sua avaliação do Promunicípio em 1982 registrava aspectos muito convergentes em relação à análise do IBAM.

A descentralização da educação para o nível municipal sem a reforma tributária seria um obstáculo ao cumprimento da determinação legal pelos municípios na avaliação do IBAM, do MEC e do próprio Ministro da Educação Eduardo Portella em 1980, que dizia:

> "O aparato legal que entregou o ensino de 1º grau aos Municípios e o 2º grau aos Estados não percebeu, ou não quis perceber, que estava empacotando o maior presente de grego de toda a história da educação brasileira. Principalmente porque esta delegação coincidia no plano tributário, com providências altamente centralizadoras" (Portella, 1980).

Na pesquisa do IBAM em 234 municípios, ficara evidente que os municípios pequenos e médios haviam sido minoritários no processo de seleção do Promunicípio, reforçando a situação de discriminação que privilegiava os municípios que reuniam condições financeiras mais favoráveis e agravando o quadro da educação no meio rural nos municípios das áreas mais carentes, identificado como muito crítico em relação ao atendimento da demanda, ao rendimento escolar, à habilitação dos professores leigos, à evasão escolar, falta de recursos didáticos e equipamentos, à remuneração do professor, os conteúdos e os métodos de ensino, à interferência de padrões clientelísticos no repasse de recursos feitos pelas Secretarias de Educação aos municípios.

O aspecto político era destacado nos relatórios de avaliação do Promunicípio dos Estados condensados na avaliação do MEC de 1982, indicando a subordinação dos Órgãos Municipais de Educação às definições políticas do prefeito e seu grupo de sustentação política. A autonomia desses órgãos era considerada inexistente sobretudo nos municípios de porte médio e pequeno. Nos municípios maiores, com Secretarias mais estruturadas, havia uma certa independência, principalmente quando estavam dirigentes mais respaldados politicamente.

A superposição de programas e projetos estaduais e federais no âmbito do município, convergindo nos órgãos municipais e exigindo resultados onde não havia infraestrutura necessária, tornava a capacidade dos mesmos ainda mais comprometida. Sem terem participado da sua concepção, sem pessoal suficiente e qualificado para gerenciar essas ações, os órgãos municipais acabavam contribuindo para a não consecução de grande parte dos seus objetivos.

Embora reconhecendo toda essa problemática, as recomendações técnicas do MEC limitavam-se ao âmbito da instrumentalização das secretarias de educação para a realização de diagnósticos municipais da educação, elaboração de Plano Municipal de Educação articulado ao Plano Estadual, supervisão do ensino e outras medidas no sentido de racionalizar o funcionamento das estruturas e implementar uma ação integrada dos órgãos estaduais e federais junto aos órgãos municipais.

Apesar de todas essas constatações, nos Estados em que se concretizou o Promunicípio, estabeleceu-se um padrão de organização das Secretarias de Educação nos municípios, denominados de Órgão Municipal de Educação (OME), garantindo a generalização de uma concepção de que através de ações desse programa seriam alcançadas a melhoria e a expansão do sistema municipal e a integração Estado e município, conforme as prioridades do II PSEC (1975/79): operação escola, capacitação de recursos humanos e assistência técnica.

Essa estratégia de omissão em relação à definição de uma política do estado para o ensino rural manter-se-ia com a implantação do Programa de Expansão e Melhoria da Educação no Meio Rural do Nordeste – Edurural, do Programa Nacional de Ações Sócio-Educativas e Culturais para o Meio Rural (Pronasec) e do Programa de Ações Sócioeducativas e Culturais para as Populações Carentes Urbanas (Prodasec), que se constituíram em novos programas deflagrados após a definição do III PSEC do governo Figueiredo.

A ênfase do III PND, conforme orientação do Banco Mundial, para os setores prioritários: agricultura e abastecimento, energético e social, particularmente a educação, indicava a necessidade de enfrentamento da crise econômica que se agravava em consequência da crise de energia derivada do petróleo e a necessidade de priorizar as populações de baixa renda na zona rural e na periferia urbana, realizando programas educacionais e culturais descentralizados com a intenção de difundir em todos os níveis a ideologia do planejamento participativo e da concepção da educação como fator de crescimento e equalização social.

Na execução da política de educação do governo Figueiredo, com relação à municipalização do ensino, parece terem se acentuado as contradições entre um discurso que pretendia que se mantivesse uma estrutura mais ou menos unificada do sistema educacional e ao mesmo tempo uma prática que deveria concretizar a ideologia da descentralização em todos os níveis para "recuperar as influências das bases", desde o planejamento e a execução até a avaliação. Segundo os enunciados do MEC, para atender às diretrizes do III PSEC, tratava-se de, "com o concurso da comunidade, fomentar a educação básica, eliminando o centralismo burocrático e realizando o planejamento participativo como meta prioritária" (Política e diretrizes para a municipalização do ensino de 1º grau para o período de 1980-1985, MEC, SEPS, p. 01).

No mesmo documento, estava explicitada a preocupação com os resultados dessa descentralização, considerando que a implantação de uma política de municipalização do ensino de 1º grau, em um país de tão diferenciadas realidades culturais e econômicas, requer, contudo, cuidados e medidas especiais que implicam sérias definições e altas decisões dos diferentes níveis e esferas do poder governamental. Assim eram consideradas as seguintes diretrizes para implantação dessa política:

> "1º reforço significativo de recursos financeiros do salário educação aos municípios e adoção de mecanismos geradores de recursos adicionais.
>
> 2º Definição, em nível estadual, dos reais "encargos e serviços", particularmente daqueles relativos ao ensino de 1º grau que deverão ficar, em consequência da divisão de poderes e de competências, da racionalização de recursos e de esforços, da adequação e facilidade de ações, com o Estado ou com os Municípios.
>
> 3º Delegação das competências cabíveis e necessárias aos Conselhos Municipais de Educação e estruturação destes órgãos segundo critérios que considerem:
>
> a) a conveniência de composição variada, eclética, de seus elementos, em termos de experiências e vivências profissionais;
>
> b) as condições de desenvolvimento do município – condições econômicas, culturais, populacionais;
>
> c) a demanda qualitativa e quantitativa dos serviços educacionais;
>
> d) a conveniência de se organizarem, em razão das condições existentes, conselhos municipais, regionais, intermunicipais ou mesmo metropolitanos.

4º Organização e dinamização dos Órgãos Municipais de Educação, tendo em vista:

a) a complexidade dos serviços a serem executados;

b) a necessidade de uma ação planejada que contemple prioridades da comunidade;

c) a conveniência de uma ação gradual, progressiva, que pode iniciar-se com o atendimento às escolas rurais.

5º Preparação de recursos humanos, incluindo a dos próprios conselheiros, dos técnicos dos órgãos municipais e da própria administração municipal, dos docentes, especialistas e pessoal de apoio, para uma nova concepção de municipalização do ensino e para uma visão ampla do seu sentido e das suas dimensões.

6º Implantação de um novo tipo de escola municipal – a Escola Comunitária – pensada e estruturada para responder às necessidades e anseios da comunidade, não apenas aqueles voltados para o ensino ou a instrução – *stricto sensu* – mas, e sobretudo, aqueles relacionados à educação, *lato sensu*, isto é, educação para o trabalho, para a saúde, para o lazer, para a cidadania, para a produção e para o consumo, para a preservação do meio ambiente, para o desenvolvimento pessoal e social, etc.

7º Estruturação e desenvolvimento de currículos que, contemplando os problemas – necessidades e potencialidades da zona rural –, não conduzam a uma subeducação, mas antes privilegiem o aluno do campo com os conhecimentos e experiências necessários ao seu desenvolvimento como homem e cidadão brasileiro, no sentido pleno da expressão.

8º Articulação de órgãos e instituições, de programas e projetos, de recursos e forças comunitárias, cujas ações integradas e conjugadas possam contribuir para facilitar o processo ou melhorar o produto da educação, em nível municipal, quer na zona urbana, quer na zona rural.

9º Sensibilização e preparação da comunidade para assumir com a consciência e a confiança necessárias as novas e altas responsabilidades que lhe são atribuídas" (*ibidem*, p.7).

Essas diretrizes de fato apontam cuidados para que a municipalização não se realizasse sem levar em conta a realidade de cada município. Em termos de concepção desse processo, a ideia era definir encargos e serviços em diferentes graus, tipo e natureza, assegurando uma articulação entre estados e municípios capaz de desburocratizar o sistema, garantir a progressiva passagem da responsabilidade com o ensino de 1º grau para o município e a não duplicação de esforços e de recursos.

No entanto, em relação à própria atuação do MEC, no período 1980 a 1982, estão registradas em documento da SEPLAN/SG daquele ministério constatações de que o fortalecimento dos órgãos intermediários do sistema, secretarias estaduais, delegacias estaduais e órgãos municipais, estavam prejudicados pela falta de preparação dos seus técnicos em planejamento e modernização administrativa e ainda pela multiplicidade de ações dirigidas para a zona rural, sem garantir a integração dessas atividades. Nem entre as estruturas intermediárias e os órgãos centrais isso ocorreu, e nem com as comunidades. Do ponto de vista do MEC, a transição de um tipo de proposta tradicional, para um tipo de proposta inovadora, teria permitido a desativação de mecanismos de acompanhamento e controle, sem estabelecer estratégias de coordenação das ações do MEC e entre este e as unidades federadas.

A propósito dessa tensão entre a proposta tradicional e a proposta inovadora, o documento traz o seguinte comentário: "a coexistência 'pacífica' de ações tradicionalmente desenvolvidas com ações denominadas de inovadoras demonstra, por este lado, a inexistência de um constante trabalho de revisão e avaliação e, por outro lado, uma facilidade de "penetração" de novas propostas sem um efetivo trabalho de absorção crítica das inovações" (MEC//SEPLAN, Planejamento MEC 1980, 1981, 1982: 34).

É interessante observar que devia existir certa resistência em alguns setores da SEPS às propostas denominadas de "inovadoras", embora não fosse feita a apologia à tradicional. Talvez a introdução dos procedimentos relacionados à concepção de planejamento participativo gerasse uma certa indefinição a nível central, ao mesmo tempo, porém, encobrindo um progressivo processo de desorganização do próprio MEC, apesar de continuar definindo diretrizes e buscar exercer certo controle, inclusive através do financiamento do Pronasec rural, Prodasec e Edurural, com recursos do salário-educação e do tesouro nacional.

Em avaliação da própria SMA (Secretaria de Modernização Administrativa), essa constatação é explicitada:

> "...Parece faltar ao MEC firmeza, confiança na ação que desenvolve, coragem para afirmar outras linhas de trabalho, outras formas de atuar. Não parece haver crença, mesmo internamente, de que haja talento nas suas proposições, e fica a impressão de que as coisas são feitas apenas porque devem ser feitas. Falta convicção" (MEC/SG/SMA, Caracterização da função modernização administrativa. Documento de circulação interna. 16 de março de 1981).

Também são constantes as referências nos documentos da SEPS sobre a desarticulação entre as ações dos vários programas, resultando disso a superposição e a não consecução de parte dos objetivos do III PSEC. Em razão dessas dificuldades, foi elaborada proposta de revisão do processo de planejamento, criando, inclusive, uma sistemática de trabalho para encontros dos Órgãos de Planejamento, Orçamento e Modernização, através do Secretário Adjunto e do Secretário de Planejamento e Assessores com os presidentes e secretários executivos das Comissões de Coordenação de Área e da Coordenação Geral do MEC.

A Secretaria de Modernização Administrativa do MEC havia previsto para 1981/1982 dois programas com seus subprogramas, tentando realizar um reordenamento organizacional do ministério, para a realização dos objetivos do III PSEC. O programa de desenvolvimento administrativo definia objetivos, função e competências de cada um dos órgãos do MEC, estabelecendo ainda os procedimentos de racionalização de todas as unidades e subunidades dessa estrutura. Nesse programa estavam contemplados dois subprogramas: subprograma de desenvolvimento organizacional e o subprograma de racionalização administrativa. O programa de desenvolvimento gerencial, voltado para a elevação dos padrões de desempenho gerencial do MEC, comportava três subprogramas: subprograma de desenvolvimento de sistemas de informação, subprograma de desenvolvimento de recursos humanos e o subprograma de revisão do arcabouço normativo. Cada um desses subprogramas estava ainda subdividido em projetos e atividades.

Essas medidas podem caracterizar o grau de complexificação da estrutura do MEC na medida em que eram adotados como diretrizes fundamentais o planejamento participativo e a descentralização, sem que houvesse a necessária distribuição de poder de decisão para os níveis estaduais e municipais. Quanto mais anunciadas as medidas de modernização e racionalização administrativas, cada vez menos se concretizavam esses princípios. No que dizia respeito à educação básica, particularmente, proliferaram inúmeros programas no âmbito da SEPS:

- desenvolvimento da educação pré-escolar;
- apoio à expansão de ofertas educacionais;
- melhoria da educação geral;
- adequação do componente profissionalizante no ensino de 1º e 2º graus;
- valorização de recursos humanos;
- aperfeiçoamento da educação não formal;
- modernização da estrutura e funcionamento do sistema escolar.

Além desses, o Centro de Recursos Humanos João Pinheiro desenvolvia os seguintes projetos:

- estudos e experimentos na área do ensino de 1º e 2º graus;

- estudos e experimentos na área de educação comunitária;

- capacitação de recursos humanos para o ensino de 1º grau;

- apoio tecnológico às escolas de 1º e 2º graus da Comunidade de Belo Horizonte;

- coordenação e administração de cursos, encontros e seminários, de âmbito local, regional e nacional.

Para toda essa programação, os recursos da SEPS, parte do tesouro nacional e parte do salário-educação, eram considerados insuficientes, levando os órgãos a enfrentarem a necessidade de uma contínua busca de recursos adicionais. Do ponto de vista dos especialistas em planejamento, o maior problema residia no divórcio entre o planejamento e o orçamento.

Apesar de todos os esforços, concluía o MEC, em fins de 1982, que a ampliação da oferta de vagas no ensino de 1º grau, se por um lado ampliou o acesso, por outro, pouco influiu sobre a permanência das crianças na escola. A repetição desse tipo de avaliação feita pelo ministério ao longo da primeira metade da década de 80 tem um significado ampliado se forem considerados todos os recursos aplicados nos diversos programas destinados à melhoria do ensino de 1º grau e as múltiplas estruturas mantidas com esse objetivo, como é possível identificar no documento de Compatibilização de Programas do MEC, destinados ao desenvolvimento da educação no meio rural do Nordeste do exercício de 1980.

Os principais programas em execução com o mesmo objetivo: desenvolvimento da educação fundamental no meio rural, estavam vinculados a dois setores do MEC. O Programa Nacional de Ações Sócio-Educativas e Culturais para o Meio Rural – Pronasec Rural – estava vinculado à Secretaria Geral do MEC, enquanto o Programa de Expansão e Melhoria da Educação no Meio Rural do Nordeste – III Acordo Mec/Bird (Edurural) e o Programa de Cooperação e Assistência Técnica do Ensino Municipal (Promunicípio) eram vinculados à Secretaria de Ensino de 1º e 2º graus (SEPS) Posteriormente, o Pronasec rural e também o Prodasec urbano foram inseridos na SEPS, na qual se estruturou uma Subsecretaria de Apoio ao Desenvolvimento dos Sistemas de Ensino (SADESE) e a Coordenadoria de Articulação com os Sistemas Estaduais de Ensino.

Mediante análise do quadro de comparação dos projetos por estado e dos custos por programa, pôde-se concluir preliminarmente que havia uma multiplicidade de ações, que certamente dificultava o acompanhamento e controle pelo MEC, ao mesmo tempo que criava um procedimento de impacto sobre o meio rural via secretarias estaduais e secretarias municipais, sem que os resultados correspondessem ao que era previsto, a começar pelo próprio desempenho do ministério através de suas coordenações, como ficou demonstrado em relatório de 1983 da Coordenadoria de Articulação com os Sistemas Estaduais de Ensino (COASE), que registrava dificuldades de natureza diversa para a execução do Pronasec. Por exemplo,

> "dificuldades de ordem gerencial: indefinição de papéis dos diversos órgãos da SEPS com relação ao processo de cooperação técnica junto às UF, insuficiência de pessoal na Coase, ausência de posicionamento claro quanto à continuidade da proposta tal como foi concebida; dificuldades de ordem conceitual: ideia de *educação para o pobre*", ideia da intersetorialidade, ideia da compra de bens e serviços locais, ideia da educação-produção, ideia da educação não-formal voltada para estra- tégias de sobrevivência da população, polêmica sobre a validade das ações exógenas do sistema educacional; dificuldades

de ordem financeira e a dificuldade da não aceitação dos programas pela SEPS como um todo."

Também as avaliações feitas pela Coordenação de Educação e Cultura do Instituto de Planejamento Econômico e Social (IPEA) sobre o Edurural indicavam a natureza dos problemas identificados na sua execução:

a) fluxo irregular de recursos para os estados: recursos transferidos com atraso;

b) diferenças na capacidade gerencial de cada Estado, dificultando os procedimentos com o Banco Mundial;

c) utilização, pelos prefeitos, dos recursos do Edurural na campanha política de 1982, com total impunidade;

d) falta de controle dos convênios assinados com as prefeituras. Muitos professores treinados foram demitidos por razões políticas pelos novos prefeitos em 1982, contrariamente ao estipulado nos convênios. Várias das escolas construídas não atenderam às especificações contratuais;

e) resistência dos municípios a elaborar e implementar o Estatuto do Magistério ou Plano de Classificação de Cargos, como previsto no acordo;

d) falta de controle pelo MEC da execução do programa, denotando ausência de capacidade gerencial.

Do mesmo modo, a avaliação feita pela Universidade Federal do Ceará, a Fundação Cearense de Pesquisa e Cultura com a participação da Fundação Carlos Chagas, abrangeu o período de 1981 a 1985, no documento Avaliação da Educação Rural Básica no Nordeste Brasileiro (Relatório Final Edurural – NE) permite inferir como uma conclusão geral, que os objetivos do projeto não foram alcançados, do ponto de vista do ensino rural, tendo se destacado apenas o fortalecimento das atividades-meio, através da estruturação dos órgãos municipais de educação.

Com todas essas evidências de insucesso na execução do conjunto de ações, quer no sentido da administração, quer no sentido da efetividade dos resultados da melhoria do ensino, pode-se inferir que na maioria dos municípios do Nordeste, encarregados diretamente da execução do Promunicípio, Edurural, Pronasec e Prodasec, os limites na sua execução eram enormes. Naturalmente, os condicionantes técnicos tinham sua participação, no entanto, os políticos e financeiros eram predominantes.

Entretanto, apesar de serem reconhecidos esses aspectos, tanto nas avaliações dos Estados como do MEC essas condições de uma prática centralizada e ao mesmo tempo descentralizada, continuaram a se reproduzir em políticas semelhantes para o setor da educação, como ocorreu com o Projeto Nordeste, que em 1982 foi definido como um esforço de avaliação e redefinição da política e estratégia de desenvolvimento regional, incluindo a educação rural como um dos seus componentes.

O Banco Mundial prestou assessoria para a elaboração desse programa, de modo que ele se adequasse também aos seus interesses, inclusive de realizar o financiamento necessário através de novos empréstimos.

Com o Projeto Nordeste, reproduziam-se as intenções e propósitos dos programas anteriores, sempre com ênfase na participação da comunidade, mesmo se essa estivesse, pela própria descrição da situação socioeconômica da região, praticamente impossibilitada de realizar essa tarefa. São "otimistas" os termos da estratégia de intervenção para a consecução desse objetivo:

> " Participação das comunidades na programação, a nível micro, de ações educativas e em todas as fases de sua operacionalização. A expectativa é de que:
>
> • os municípios, através dos Órgãos Municipais de Educação, passem a elaborar seus próprios Planos Municipais de Educação, a partir dos quais serão gerados os planos operacionais para a execução do Programa;

• as comunidades, em participação direta, passem a ser coautoras e legitimadoras das ações desenvolvidas;

• quando não for possível o envolvimento de um grande número de pessoas, pelo menos, que se conclamem à participação os representantes sindicais, associações, grupos religiosos e outras lideranças locais;

• como corolário dessa participação, a localização da escola, sua organização, o conteúdo ministrado, deverão passar a manter-se uma estreita correspondência com as características próprias das comunidades, as quais poderão também ser chamadas a participar na indicação de professores e escolha do diretor;

• comprometimento da comunidade educativa formal com o fazer pedagógico, o que deverá ser buscado através de um intenso programa de capacitação e incentivo;

• conveniente preparo dos recursos humanos das instituições envolvidas na efetivação do Programa quanto ao conteúdo, forma (e comprometimento) de operacionalizá-lo. Assim, as ações de capacitação para o Programa deverão sedimentar-se em duas linhas básicas quanto ao conteúdo;

• a transmissão de um núcleo comum de conhecimentos (objetivos, metas, estratégias e formas de operacionalizar as ações previstas) e de atitudes comportamentais (comprometimento real com a solução dos problemas (1) e abertura ao diálogo necessário à efetiva participação);

• a instrumentalização, com os conhecimentos e habilidades para o desenvolvimento das ações previstas.

(1) Observação: O professor que for treinado para o alcance de uma meta de produtividade deverá ser informado não só sobre aqueles conhecimentos sobre o Programa do Núcleo Comum, como sobre os resultados a alcançar-se na execução da meta" (Programa de Educação Rural para o Projeto Nordeste/SE, 1984:88-90).

A mesma direção das ações desenvolvidas durante os governos militares manteve-se no período pós-ditadura, no que diz respeito ao "fortalecimento" do processo de municipalização do ensino, ampliando-se as articulações entre os órgãos federais do setor e os municípios. A execução do II Projeto de Educação Básica para o Nordeste representa o propósito do governo federal, sob orientação do Banco Mundial, de alcançar o grau máximo de descentralização possível no funcionamento do sistema de ensino de 1º grau.

Conforme a avaliação do MEC, a situação educacional das regiões Norte e Nordeste mereceria atenção especial, dada a gravidade dos problemas educacionais acumulados nessa área. Com esse objetivo específico, criou o II Projeto de Educação Básica para o Nordeste, tendo o apoio do Banco Mundial para um investimento inicial de 300 milhões de dólares. Segundo o MEC (Programação de 1992), fora identificado como um dos principais obstáculos ao êxito das intervenções para a melhoria do ensino, a organização institucional dos sistemas educacionais e dos seus processos de gestão. *"Assim, o projeto pretende provocar mudanças nesses aspectos, dando prioridade à descentralização, à integração União/Estado/Município e ao fortalecimento e autonomia da unidade escolar"* (MEC, 1992:19).

Como o projeto está centrado na melhoria da qualidade e no fortalecimento da unidade escolar, estão definidas a diretriz estratégica e as diretrizes orientadoras de curto e médio prazo. A diretriz estratégica seria: novos padrões de gestão para o fortalecimento da unidade escolar, a partir da elaboração de um projeto institucional que reúna as condições financeiras, administrativas e pedagógicas adequadas para garantir a concretização das metas de melhoria qualitativa do ensino. As diretrizes a curto e médio prazo compreendem:

a) com relação à rede física e adequação entre oferta e demanda, a diretriz será a de racionalizar e dinamizar o uso do espaço físico para alcançar a meta de distribuição do alunado que configure, senão numa única unidade, num conjunto delas, um modelo de 8 anos com classes completas em todas as séries;

b) com relação ao fornecimento de insumos básicos (material permanente, didático, de apoio, de consumo, livros de texto, entre outros), a diretriz é tomar como base as necessidades reais de cada escola, assegurando equidade e diversidade, de acordo com a seguinte sistemática: – todas as escolas devem receber todos os insumos que sejam considerados básicos para seu funcionamento regular, e próprios para suas necessidades e seu projeto pedagógico e institucional; quando se tratar de material destinado ao aluno, todos deverão receber todo o material previsto para sua escola;

c) com relação às condições de funcionamento e organização do ensino, o sentido da diretriz será o de desenvolver a capacidade de gestão e tomada de decisão no âmbito da unidade escolar, para que esta decida as estratégias e recursos para melhoria de sua organização. Para que este processo possa se desenvolver, algumas intervenções deverão ser realizadas, assegurando algumas condições de organização da escola, tais como:

- conservação, manutenção e infraestrutura que dizem respeito às condições materiais das instalações e equipamentos já existentes;

- regularização de um módulo mínimo de pessoal administrativo e operacional, de acordo com critérios que vierem a ser definidos a partir do número de salas de aula, classes, turnos, alunos, períodos;

- descongestionamento de turnos e/ou classes, se possível, a partir de uma distribuição mais racional da demanda entre escolas estaduais e municipais da região ou microrregião;

- ampliação do tempo diário de permanência na escola nas séries iniciais (1ª e 2ª);

- provimento de insumos mínimos de material de consumo e material de ensino;

- provimento de pessoal docente e técnico, caso seja diagnosticada carência neste sentido;

- disponibilidade de recursos financeiros para a escola aplicar naquilo que for prioritário em função de suas condições atuais, em montantes a serem estabelecidos dentro do ordenamento legal vigente, prevendo-se seu aumento na medida em que o projeto se desenvolva;

d) com relação à melhoria das condições de trabalho, carreira e capacitação de recursos humanos, a adoção de uma sistemática de avaliação de resultados – pré-requisito para o projeto de empréstimo – tem repercussões importantes em questões que dizem respeito ao trabalho docente. Na medida em que a avaliação permita inferências sobre a qualidade do ensino ofertado, essa informação deveria subsidiar as decisões sobre capacitação, carreira e remuneração docente. Um enfoque a ser adotado será um sistema de avaliação de aprendizagem dos alunos que permita estabelecer remuneração dos docentes por mérito – nas escolas com melhores resultados, e, a partir desses, delinear programas de assistência e capacitação nas escolas que apresentam resultado abaixo de um padrão qualitativo mínimo. Adotando-se essa sistemática de avaliação, ela deverá estar integrada ao processo de gestão, incluindo a prestação de contas e a responsabilidade assumida pela escola, associados aos padrões de remuneração que valorizem o caráter profissional do magistério. A racionalização da distribuição dos recursos humanos permitirá administrar a massa salarial total, abrindo possibilidades para uma política de valorização salarial dos docentes.

O resultado da aplicação dessa diretriz a curto e médio prazo poderia prever:

- mudanças no estatuto e na estrutura de carreira de modo a diminuir o credencialismo, valorizar o mérito para a ascensão funcional e diminuir o peso relativo do tempo de serviço e dos títulos meramente formais;

- sistema de incentivo para as escolas com melhor rendimento dos alunos, oferecendo recursos adicionais a essas escolas, que pudesse corresponder a um número X de horas aulas e pudesse ser atribuído para os professores para atividades de enriquecimento curricular, organização da própria escola e criação de fundos para projetos inovadores. As escolas apresentariam seus projetos para uma instância imparcial e após sua aprovação seriam financiados, acompanhados e avaliados, buscando-se estratégias criativas que estimulassem o reforço, a responsabilidade e a competência.

As propostas de capacitação docente deveriam priorizar um sistema de capacitação de estratégias múltiplas e flexíveis, incluindo entre outras:

- tornar a escola uma unidade de capacitação para o conjunto da equipe escolar, com assistência técnica dos órgãos descentralizados da administração estadual ou dos órgãos municipais e/ou em cooperação com a Universidade, deslocando recursos humanos e materiais para a escola;

- sistemas de monitorias ou assistência pedagógica por área curricular, destinado às escolas de uma mesma área, planejados em nível local, com assistência dos níveis intermediários ou centrais, se necessário;

- adoção de materiais para professores, contendo treinamento em conteúdo e metodologia, num sistema semelhante aos cursos de formação à distância e que poderia ser combinado com momentos presenciais;

- criação de oficinas pedagógicas em áreas ou micro-áreas, nas quais os professores encontrariam diversos tipos de materiais de aprendizagem, recursos de apoio, bibliografia e especialistas por área de currículo; essa modalidade poderia estar integrada com o sistema de monitoria;

- aproveitamento de professores reconhecidamente eficientes e com mais experiência para acompanhar o trabalho dos mais novos;

- adoção de sistemas de informação simples e de divulgação ágil, como tabloides, publicações pequenas, que pudessem ser distribuídas facilmente, contendo experiências que possam ser discutidas em encontros e reuniões de iniciativa da escola.

Todas essas e outras estratégias seriam adotadas, observando-se o princípio de abrir espaços para as iniciativas locais, com o apoio dos técnicos dos órgãos centrais ou das delegacias regionais que seriam "animadores" do processo, procurando fornecer suporte técnico e financeiro para o aperfeiçoamento dessas experiências.

A descrição do II Projeto de Educação Básica para o Nordeste permite identificar que a política do Banco Mundial adotada pelo MEC e repassada aos Estados do Nordeste consegue combinar uma estratégia de aparente construção de um projeto a partir das decisões políticas das próprias Secretarias de Educação, em relação ao ensino fundamental, com uma intervenção a nível de planejamento e gestão de política educacional em todas as instâncias do sistema, a ponto de garantir que se propaguem as concepções já definidas a nível externo ao próprio país, como é possível constatar no Informe de 1990 da Divisão de Educação do Banco Mundial. Elaborado por Adrián Verspoor, nele são apresentados os eixos fundamentais para a administração da melhoria da qualidade das escolas fundamentais, centrados na concepção da escola como unidade de transformação do processo de aprendizagem, da descentralização como a estratégia de construção das escolas eficazes, em que se realiza a melhoria de todos os resultados da escola, através do fortalecimento da sua autonomia, embora possam ser mantidas as estruturas centralizadas para a organização dos níveis de escolaridade, do currículo, exames e inspeção, salários dos professores, financiamento dos gastos com despesas correntes e para as construções (CMOPE, 1990).

A análise do processo de elaboração do II Projeto de Educação Básica para o Nordeste permite apreender que a metodologia de trabalho utilizada pelo Banco, embora se renove em termos de forma, tem sido mantida em termos do seu conteúdo, ao longo dos últimos vinte anos, nos países subdesenvolvidos e em desenvolvimento. Por outro lado, destaca-se o fato de a formalidade gerada pelo Banco para o cumprimento de todas as exigências não resistir às imposições da realidade política local, onde se dão, à revelia dos acordos internacionais, as manipulações convenientes, conforme as articulações que se estabelecem entre as administrações dos programas e projetos e os interesses dos grupos políticos hegemônicos a nível do Estado, passando por suas bases municipais.

Destaca-se, em primeiro lugar, que a metodologia adotada pelo BM compreende o aspecto da definição da concepção e execução dos projetos de acordo com os seus princípios, objetivos e prioridades como pré-requisito para a aprovação dos acordos de empréstimo celebrados com as Secretarias de Educação. Para garantir o cumprimento dessa exigência, esses órgãos são preparados, recebendo um documento-base, contendo esses elementos, e, ainda, os subsídios para formulação da natureza e do conteúdo das áreas estratégicas e ações nelas incluídas, o perfil do projeto com os elementos necessários à sua caracterização, bem como uma listagem preliminar fornecida pelo Banco Mundial dos itens a serem avaliados durante a sua missão de avaliação.

Além desse processo inicial de adequação das realidades às suas prioridades, são garantidas as suas intervenções de forma indireta, mas nem por isso menos eficazes, no processo de adequação das estruturas organizacionais das Secretarias de Educação, através de consultores integrados aos seus *staffs* e também mediante a contratação de empresas de consultorias, que permitem, através do seu trabalho, uma concretização mais efetiva dos seus propósitos. No termo de referência de Assistência Técnica aos Estados do Nordeste de 24 de julho de 1991 (MEC/SG, SENEB, II Projeto para Educação Básica no Nordeste) estava previsto que com parcela dos recursos doados pelo Governo Japonês fossem realizadas as consultorias prestadas por especialistas indicados pelas Secretarias de Educação, pelo MEC e pelo Banco Mundial, abrangendo as áreas de planejamento educacional, planejamento de rede, finanças públicas/análises financeiras, análise estatística/microinformática, etc. (sic).

Essa evidência, de algum modo, permite avaliar o grau de coerência que existe entre o planejamento a nível dos órgãos financiadores externos e os órgãos internos, no caso do MEC, que conseguiu manter essa adequação dos seus planos e projetos aos pressupostos dos programas internacionais de desenvolvimento econômico, que embora tenham alterado o seu caráter mais superficial, quando se deu a mudança do regime da ditadura militar para o regime democrático, com ascensão dos governos civis, mantém a sua essência fortalecida pelos processos de expansão do capitalismo subordinado aos países que detêm a hegemonia, a nível mundial.

Mantida essa perspectiva, adequada ao fortalecimento do projeto político da burguesia nacional e internacional, utiliza-se a descentralização pela via da municipalização como estratégia de incorporação de grupos e de processos de organização aos contornos do paradigma liberal e, mais recentemente, neoliberal. Na realidade, essa forma de atuação também dificulta o questionamento dos poderes políticos constituídos a nível local, na medida em que dilui as diferenças e as possibilidades de oposição a projetos de caráter genericamente democrático, como a garantia da oferta de um ensino público de qualidade. A finalidade última desse processo é a construção de um equilíbrio das forças políticas que atuam na sociedade, de modo a conter as condições subjetivas para a elaboração de um projeto alternativo para a sociedade.

Apesar da ênfase acentuada do MEC no que diz respeito ao planejamento, de forma mais centralizada, e, ao mesmo tempo, da execução controlada, porém, descentralizada dos projetos de desenvolvimento da educação básica no Nordeste, principalmente na zona rural, durante os governos militares, a realidade educacional do ensino de 1º grau ainda apresenta os resultados mais críticos de todo o país, como se constata nos relatórios do SAEB/INEP.

CONSIDERAÇÕES FINAIS

As evidências, ao longo das últimas décadas, em termos do funcionamento do sistema educacional, permitem avaliar que o processo de descentralização pela via da municipalização, induzida pelo governo federal, produziu um efeito desagregador das redes municipais, afetando diretamente a expansão e a qualidade do ensino. O planejamento, controle, acompanhamento, etc. não são suficientes para impedir a utilização da educação no processo de fortalecimento da hegemonia dos grupos políticos locais. Por vezes, no entanto, têm sido extremamente adequados, quando criam a possibilidade de dificultar a visibilidade dos processos políticos que direcionam a sistemática administrativa.

A análise sintética dos resultados da pesquisa realizada remete-me para os primeiros ensaios que publiquei sobre a municipalização e que em sua quase totalidade foram corroborados nesta etapa de elaboração mais profunda e mais crítica. A primeira reflexão apontava a necessidade de desarticular o binômio municipalização-democratização do ensino que, embora reproduzido frequentemente nos discursos oficiais, não tem correspondência na realidade concreta, pelo menos enquanto uma tese que se pretenda generalizar. O que se constatou durante a pesquisa foi, sobretudo, que, apesar dos investimentos volumosos dos programas e projetos federais, sobretudo na região norte e nordeste, prevalecem as características de uma rede de escolas municipais, nas quais a qualidade alcançada é tão precária quanto a maior parte das escolas da rede estadual, sendo superior apenas em relação às escolas comunitárias, que se constituem como uma terceira rede de ensino público, destinada principalmente aos segmentos mais desfavorecidos das classes trabalhadoras, que não conseguem ingressar nas escolas municipais e estaduais.

Assim, o que se apresenta em termos qualitativos está muito distante do que se poderia incluir no conceito de democratização do ensino. Mesmo que o aumento de escolas tenha ocorrido, ao longo dos últimos 24 anos, considerando-se o momento da aprovação da Lei 5.692/71 que introduziu a definição de municipalização, algumas indagações pertinentes sobre os efeitos dessa política continuam sendo intrigantes, como: *"qual a constituição dos poderes estaduais e municipais para sustentar a proposta de democratização do ensino de forma radical, ou seja, que produza efeitos concretos no funcionamento da rede pública?"* E ainda, *"qual a capacidade de organização das forças políticas articuladas com os interesses da classe trabalhadora, para obter o controle sobre a administração municipal do ensino ?"* (FELIX, 1986:32-33)

A análise crítica dos programas e projetos do governo federal demonstrou o quanto a política de descentralização favoreceu a concentração de recursos e de poder sob o controle dos mesmos grupos econômicos e políticos que se associam entre si em todos os níveis e setores da estrutura da sociedade capitalista que temos no Brasil e em toda a América Latina, com exceção de Cuba que, ao contrário dos demais países, através de um sistema mais centralizado, realizou efetivamente a democratização da educação, proporcionando a todos os cidadãos escolaridade mínima de 9 anos, atualmente em processo de extensão.

Naquele país, como ocorreu também em grande parte dos países da América Latina, da América do Norte, da Europa e da Ásia, a construção de um sistema nacional antecedeu as medidas de descentralização pela via da regionalização e da municipalização. Na realidade, a burguesia necessitava fortalecer a sua hegemonia e utilizou todos os recursos disponíveis, principalmente no setor da educação e da cultura. No Brasil, entretanto, não se alcançou a consolidação de um sistema nacional de educação com um padrão unitário de qualidade, em parte, dada a frequência de períodos ditatoriais na história do país. Esse objetivo tornou-se prioritário para o Fórum Nacional em Defesa da Escola Pública durante a elaboração da Constituição em 1988 e no prolongado processo de elaboração da nova Lei de Diretrizes e Bases da Educação Nacional, ainda em tramitação no Congresso Nacional. Se as forças progressistas sofreram perdas no texto final da Constituição e, mais recentemente, veem ameaçados os princípios e as propostas de funcionamento do sistema nacional de educação com a participação ampliada da sociedade civil no Conselho Nacional de Educação e no Fórum Nacional de Educação, pela possibilidade de aprovação do Projeto de LDB do Senador Darcy Ribeiro, fica cada vez mais evidente e ressaltada a importância que tem a educação no processo de construção e reconstrução da hegemonia burguesa.

A questão da municipalização do ensino é, portanto, uma dimensão da luta pela hegemonia, e, assim sendo, os setores progressistas necessitam tomar o município e a sua rede de ensino como ponto de partida, a partir da elaboração de diagnósticos os mais completos que possam produzir, tendo como ponto de chegada a questão da educação das classes populares concebida e realizada no âmbito de um sistema nacional de educação. Este sistema resultará da participação dos três níveis governamentais para que seja realizada uma política educacional integrada e se concretize a escola pública do ensino fundamental, destinada a todos os cidadãos brasileiros, priorizando o atendimento à grande maioria dos excluídos socialmente da organização e fruição dos processos econômicos e culturais.

Nessa linha de análise, é de fundamental importância que o município seja compreendido como parte constituinte de um sistema maior. Portanto, somente a articulação nacional dos municípios numa perspectiva progressista poderá possibilitar o estabelecimento de uma correlação de forças mais favorável ao atendimento das prioridades educacionais definidas num Plano Nacional de Educação. Isto significa, portanto, que a estruturação e o funcionamento de um sistema nacional de educação estão compreendidas no âmbito das lutas políticas e que compete aos educadores potencializá-las no atual momento da conjuntura brasileira.

REFERÊNCIAS BIBLIOGRÁFICAS

BORÓN, A. *A sociedade civil depois do dilúvio neoliberal.* In: SADER, Emir (org.). Pós-neoliberalismo. As políticas sociais e o estado democrático. Rio de Janeiro: Paz e Terra, 1995.

FELIX, M. de F. C. Municipalização do ensino: instrumento de democratização? *Revista Didática*, São Paulo, Unesp, n. 22/23, 1986/87.

FELIX ROSAR, M. de F. *Globalização e descentralização: o processo de desconstrução do sistema educacional brasileiro pela via da municipalização.* Campinas, Universidade Estadual de Campinas, 1995, Tese de Doutorado.

HARRIS, R. L. *Centralization and descentralization in Latin America.* In: G. Shabbir Cheema y Dennis A. Rondinelli (eds.). Descentralization and development: policy implementation in developing countries. Beverly Hills, CA: SAGE, 183-202, 1983.

MEC/SEPS. *Política e diretrizes para a municipalização do ensino de 1º grau para o período de 1980/1985 (III PSEC),* MEC, SEPS. Brasília, 1980.

MEC/SG/SEPLAN. *Planejamento MEC 1980, 1981, 1982.* Brasília, 1980.

MEC/SG/SMA. *Caracterização da função modernização administrativa.* Documento de circulação interna. Brasília, (16/03/89).

MEC/SE/SENEB. *II Projeto de educação básica para o nordeste. Documento Base I.* Brasília, agosto, 1991.

MELCHIOR, J. C. de A. *Financiamento da educação: captação e aplicação de recursos financeiros numa perspectiva democrática.* In: Projeto Educação, Brasília, Senado Federal, Fundação Universidade de Brasília, 1979, v. IV.

PINTO, J.M.R. *As implicações financeiras da municipalização do ensino de 1º grau.* Campinas, Universidade Estadual de Campinas, 1989, Dissertação de Mestrado.

PROJETO PRINCIPAL DE EDUCAÇÃO NA AMÉRICA LATINA E CARIBE, 1987-1989. Projeto principal de educação na América Central. *Boletin 9,* Santiago, Chile, abril, 1986.

SOBRINHO, J. A. *Estudios sobre: descentralization de la administracion educacional en America Latina y Caribe. Una experiencia brasileña. El proyecto de coordinación y asistencia técnica de la enseñanza municipal (Promunicípio).* Oficina Regional de Educación de la Unesco para AméricaLatina y el Caribe. Santiago de Chile, 1978.

_____. *O MEC e o ensino fundamental: o que os gastos revelam.* In: Estado e Educação. Coletânea CBE. Papirus: Campinas 1992.

STREET, S. e MCGINN, N. La descentralizacion educacional en A. Latina: política nacional ou lucha de facciones. *La educación,* n. 99, Ano XXX, 1986-I p.20-41.

VELLOSO, J. A emenda Calmon e os recursos da União. *Cadernos de Pesquisa, São Paulo (74), 1990.*

5.
APUNTES SOBRE EL PROCESO DE (DES)CENTRALIZACIÓN EDUCACIONAL EN LA ARGENTINA. DEL ESTADO PRESTADOR DE SERVICIOS AL ESTADO REGULADOR

Javier Simón y Alicia Merodo*

INTRODUCCIÓN

La literatura que analiza los procesos de descentralización educativa en América Latina es muy variada y aborda la temática desde diversas posiciones teóricas y metodológicas. Varias se limitan a colocar la mirada desde el interior de la burocracia del sistema educativo, sin considerar las disputas políticas y económicas que determinan las decisiones de política educativa. Desde nuestra

---

* J. S. es Lic. y Prof. en Cs. de la Educación de la Universidade de Buenos Aires (UBA), realizó estudios de posgrado en la Maestría de Cs. Sociales con orientación en Educación de la FLACSO, es docente regular de la Cátedra de Sociología de la Educación e investigador del Instituto de Investigaciones en Ciencias de la Educación de la UBA.

A. M. es maestra de nivel primario y Lic. en Cs. de la Educación de la UBA, es miembro de los equipos de investigación del Area de Formación Docente del Instituto de Investigaciones en Ciencias dela Educación de la UBA.

perspectiva, los procesos de descentralización, lejos de haber sido iniciados por motivaciones de índole técnica, responden a orientaciones y necesidades de naturaleza política. Entender los procesos de descentralización en Argentina supone, entonces, hacer un breve recorrido histórico que nos permita reconocer las continuidades y rupturas en las orientaciones y acciones de la política educativa hasta el presente.

Desde una mirada crítica, intentaremos dar cuenta del proceso de (des)centralización como una medida de política educativa, correlato de determinados modelos de Estado y de relación entre Estado y sociedad.

Este artículo pretende analizar las características que asumió el prolongado proceso de transferencia de los establecimientos educativos de los niveles primario, medio y superior no universitario a las provincias y a la Municipalidad de la Ciudad de Buenos Aires (en adelante MCBA) y el nuevo rol que desempeña el Ministerio de Cultura y Educación de la Nación (en adelante MCE)[1]. Para ello, se considerará, en primer lugar, el surgimiento y la crisis del modelo denominado "estado principalista" (un estado nacional como principal garante y prestador de los servicios educativos públicos, laicos y gratuitos) correlato de las políticas de constitución del estado nacional y posteriormente, de las peculiares políticas distribucionistas de corte populista o "benefactor" y, en segundo, la recomposición y consolidación de un modelo de "estado subsidiario y regulador" de los servicios educativos, ahora administrados por las jurisdicciones, correlato de la aplicación de políticas de "achicamiento del gasto público" y de reestructuración del Estado nacional orientadas por prin-

---

1. En palabras de un ex-ministro reciente de la cartera educativa: "un ministerio sin escuelas".

cipios neoliberales en lo económico y neoconservadores en lo político.

Presentaremos algunas categorías para el análisis de los procesos de descentralización. Describiremos brevemente las características de los modelos de "estado principalista" y de "estado subsidiario y regulador" desde el surgimiento del sistema educativo argentino hasta la actualidad. Señalaremos los diversos momentos históricos en los que el Poder Ejecutivo fue transfiriendo a las jurisdicciones los distintos niveles del sistema y algunos problemas pendientes generados por la aplicación de estas políticas. Por último, caracterizaremos con mayor precisión el modelo actual de gobierno y administración (des)centralizada[2], el nuevo papel que asume el MCE de la Nación y el Consejo Federal de Cultura y Educación (en adelante CFCyE)[3] en dicha estructura.

ALGUNOS CONCEPTOS PARA EL ANÁLISIS

Una perspectiva crítica de los procesos de descentralización consiste en comprenderlos en relación a un marco

---

2. Escribimos "(des)centralización", con esos paréntesis, con el propósito de dejar sentado desde el inicio nuestra duda y desacuerdo en el empleo del concepto "descentralización" para la descripción del caso argentino. Entendemos que significa un proceso político, económico y pedagógico ausente en nuestra geografía. Como muchas de las "soluciones" que se aplicaron en la región, se trata de un producto híbrido. En todo caso será necesario generar una categoría nueva (una categoría que denote la hibridez) o elaborar una nueva definición de "descentralización" para describir las características que asume el gobierno y la administración del Sistema Educativo Nacional argentino.

3. El Consejo Federal de Cultura y Educación es un ámbito de concertación y coordinación del sistema nacional de educación presidido por el ministro nacional del área e integrado por el responsable de la conducción educativa de cada jurisdicción (provincias y MCBA) y un representante del Consejo Interuniversitario Nacional (CIN). El CIN es el organismo consultivo que agrupa a los rectores de las universidades nacionales.

más amplio en el que se disputa el poder político y económico en la sociedad, es decir, en las relaciones entre las diferentes posiciones de poder de los distintos grupos que intervienen en la lucha por la dominación del Estado y, en particular, del sistema educativo.

Diversas perspectivas de análisis difieren en la forma en que se conceptualizan los términos "descentralización" y "centralización". Desde una mirada funcionalista, la descentralización se puede considerar como un proceso de transferencia de poder y autoridad de una unidad de gobierno mayor a otra menor fundado en el voluntarismo político de la autoridad central de querer hacer participar a la comunidad en el manejo educativo. Así, por ejemplo, se podría distinguir cuatro tipos de descentralización: la desconcentración (delegar responsabilidades administrativas a niveles inferiores dentro de las agencias centrales), la delegación (transferir responsabilidades a organizaciones que están fuera de la estructura burocrática), la devolución (transferencia a unidades de gobierno subnacional fuera del control directo del gobierno central) y la privatización (transferencia de responsabilidades al sector privado).

Desde un punto de vista crítico, en cambio, la descentralización puede ser analizada como un proceso que aumenta o disminuye la participación de ciertos individuos o grupos sociales, en donde lo que cambia no es la repartición del poder sino su ubicación. En esta perspectiva los "logros" no alcanzados pueden explicarse no principalmente por problemas de tipo técnico de la implementación de los procesos, sino fundamentalmente por las resistencias y la capacidad de presión con que determinados grupos se oponen a algunas modalidades de descentralización. De lo anteriormente descripto se deriva que el significado de términos como "centralización" y "descentralización" varían dependiendo de la posición desde donde se mire al proceso.

Desde nuestra perspectiva, entendemos a las políticas de descentralización educativa como el resultado de las luchas por la distribución, generación y ubicación del poder (sobre lo organizacional, las orientaciones pedagógicas y los recursos materiales) en el sistema educativo nacional, en un momento histórico dado, contextualizadas en las disputas al interior de una sociedad capitalista dependiente. El grado de centralización o descentralización en el país estará definido entonces por el grado de poder y control social que los diversos grupos sociales y políticos detenten al interior del campo del Estado, en general, y del sistema educativo en particular.

De este modo, los procesos de descentralización adquieren diferentes modalidades que responden a diferentes lógicas con que los gobiernos enfrentan la crisis del modelo de Estado, lógicas que a su vez resultan de la lucha y relativa hegemonía de distintos grupos de presión y gestión al interior de sus aparatos.

LAS ORÍGENES DEL ESTADO PRINCIPALISTA Y DEL SISTEMA EDUCATIVO NACIONAL (SEN) CENTRALIZADO

Desde sus orígenes, el SEN fue adquiriendo importancia gradual como instrumento utilizado en las luchas entre las fracciones de la clase dominante por la constitución del estado nacional, especialmente, en la formación de la "Nación" (y la internalización del orden social asociada a ella).

Entre 1810 y 1853, la creación, el gobierno y la administración de las escuelas primarias existentes era exclusiva de las provincias. Este período comprendió los años de lucha por la independencia del estado colonial español y las luchas "intestinas" entre caudillos provinciales, sectores de la burguesía y del clero por hegemonizar la conformación de un mercado capitalista y del estado nacional en nuestro territorio.

Como afirma Oszlak (1976), el surgimiento del Estado Nacional, como proceso de construcción social, supuso la conformación de la instancia política que articulara la dominación de la sociedad y la materialización de esa instancia en un conjunto interdependiente de instituciones que permitieran su ejercicio:

> "La formación del estado nacional es el resultado de un proceso convergente, aunque no unívoco, de constitución de una nación y un sistema de dominación. La constitución de la nación supone – en un plano material – el surgimiento y desarrollo, dentro de un ámbito territorial delimitado, de intereses diferenciados generadores de relaciones sociales capitalistas; y en un plano ideal, la creación de símbolos y valores generadores de sentimientos de pertenencia que tienden un arco de solidaridades por encima de los variados y antagónicos intereses de la sociedad civil enmarcada por la nación" (Oszlak, 1976).

La necesidad de construir la "Nación", de fortalecer una identidad colectiva, requería de un sistema educativo que inculcara, tanto en los criollos como en los numerosos inmigrantes arribados a la Argentina entre finales de siglo XIX y comienzos del siglo XX, un sentimiento de pertenencia y solidaridad social común a todos sus ciudadanos, en definitiva, que desarrollara mecanismos culturales de formación de un nuevo orden social.

A partir de 1853, el incipiente estado nacional comienza a participar tanto en el otorgamiento de subsidios nacionales a las provincias (leyes Nro. 463 y 2737) como en el dictado de normas que configuraran una educación común, pública, laica y gratuita de carácter nacional (ley Nro. 1420).

La importancia de la intervención estatal se refleja claramente en los debates parlamentarios sostenidos entre católicos y liberales durante el primer congreso pedagógico y en la promulgación de la ley Nro. 1420.[4]

En 1905, el Estado nacional promulga la Ley Lainez (Nro. 4874) que autoriza la acción directa de la Nación en las provincias que lo solicitaran. A través de esta ley, que rigió hasta 1970, el estado nacional creó numerosos establecimientos nacionales de nivel primario en las provincias. En los primeros veinticinco años de la sanción de esta ley, se crearon más de las tres cuartas partes de la cantidad de establecimientos fundados como consecuencia de su aplicación. El resto se creó posteriormente, hecho que indica la aceleración (1905 -1930) y desaceleración (1930 – 1970) de la intervención de la Nación en este proceso.[5] De este modo, la influencia del gobierno nacional fue increméntandose significativamente, a través del Consejo Nacional de Educación, que asumió un papel importante en la gestión directa de la educación, con el fin de suplir las carencias de las provincias. Como consecuencia, se crearon paralelismos entre el sistema nacional y los sistemas provinciales.

Es interesante observar también las etapas en las que el SEN, a lo largo de su historia, fue incorporando crecientemente a la población a la educación formal (Cuadro Nº 1). Según Tiramonti (1996), en la historia del SEN se pueden distinguir dos momentos claves de la expansión del siste-

---

4. Respecto al debate entre católicos y liberales por el derecho a impartir educación a fin de siglo XIX ver Paviglianiti (1993), El derecho a la educación: una construcción histórica polémica, CEFyL, UBA, Bs. As.

5. Señala también el paulatino aumento de las prestaciones provinciales, en especial desde 1950. Por su parte, las escuelas creadas por la aplicación de esta ley conforman la base de establecimientos educativos que posteriormente va a ser transferida a las jurisdicciones en 1978.

ma formal. El primero se ubica entre 1880 y 1930, coincide con las masivas corrientes inmigratorias que hicieron de la Argentina uno de los pocos países del mundo (junto con Australia e Israel) cuya población era mayoritariamente extran- jera. Varios factores facilitaron esta primera expansión, entre ellos:

a) el carácter urbano de la población (consecuencia de las restricciones que la oligarquía terrateniente impuso sobre la tenencia de tierras),

b) la importantísima inversión pública en educación, motivado tanto por las necesidades de inculcar un orden social relativamente homogéneo como por la posibilidad de distribución de las ganancias obtenidas por la enorme renta diferencial que obtiene la Argentina a partir de su inserción internacional, y

c) por la valoración que la población inmigrante otorgaba a la educación como canal de ascenso social.

El segundo período de gran expansión se produce entre 1945 y 1960 y coincide con la incorporación de la incipiente clase media al circuito de producción secundaria de la economía que crece como consecuencia del avance del proceso de sustitución de importaciones (Kosacoff, 1991). Este proceso en la industria estimula la migración interna que completa el proceso de urbanización de la población. Por último, el estado mediante la aplicación de medidas distribucionistas favorece la incorporación de los sectores populares a la educación básica.

Cuadro Nº 1
Tasas de escolarización para el nivel primario, Argentina (1869 -1991)

Jurisdicción	1869	1895	1914	1947	1960	1970	1980	1991
Capital Federal	49,5	61,7	72,0	82,5	94,7	92,2	96,3	96,9
Buenos Aires	18,7	33,1	42,9	77,7	86,7	88,2	89,8	96,5
Catamarca	13,5	27,5	56,8	77,7	85,4	80,2	94,9	95,2
Chaco	–	30,0	33,6	55,4	65,9	74,6	83,3	88,5
Chubut	–	34,0	36,2	...	75,1	82,8	91,1	96,5
Córdoba	17,1	21,6	40,0	74,1	88,8	90,3	95,1	96,5
Corrientes	19,9	16,6	42,0	62,5	74,5	83,0	90,6	94,2
Entre Ríos	21,9	25,7	46,5	65,1	74,5	87,7	93,7	96,0
Formosa	–	22,2	31,9	66,8	69,7	78,4	89,9	94,1
Jujuy	13,9	22,7	43,4	67,8	78,0	86,9	94,7	96,0
La Pampa	–	6,4	31,2	78,2	83,4	87,7	94,3	96,3
La Rioja	24,0	16,8	50,6	77,3	84,9	88,9	94,6	95,8
Mendoza	12,4	30,0	45,3	79,8	82,3	85,7	93,0	96,3
Misiones	–	19,4	52,1	78,0	78,7	80,6	90,5	92,3
Neuquén	–	7,7	26,0	56,4	70,6	82,5	91,9	96,9
Rio Negro	–	21,5	27,6	63,8	73,6	80,7	91,1	96,4
Salta	13,9	20,8	43,8	66,8	76,5	82,9	93,0	94,5
San Juan	33,7	52,5	50,3	74,5	83,4	86,6	93,9	96,2
San Luis	15,2	25,0	53,5	76,2	83,4	87,7	93,8	95,2
Santa Cruz	–	5,5	37,7	68,5	81,9	90,7	95,5	97,7
Santa Fe	21,5	28,6	44,3	74,1	84,6	88,7	94,0	97,9
Santiago del Estero	11,0	13,8	39,5	64,0	80,7	86,8	92,9	92,8
Tucumán	12,1	25,2	50,3	75,2	79,7	85,8	94,1	94,9
Tierra del Fuego	–	36,8	40,6	80,6	74,0	90,8	95,1	98,1
Total país	20,0	31,0	48,0	73,5	85,6	87,7	93,4	95,7

– No corresponden datos, eran parte integrante de territorios nacionales.

... No hay datos

Las fechas corresponden a los censos de población.

Fuente: Braslavsky, C. y Krawczyk, N.(1988), La escuela pública, Flacso, Bs.As. Para 1980 y 1991 datos elaborados por Tiramonti, G., "Quiénes van a la escuela hoy en la Argentina", en Tiramonti, G. y otros (1995), Las Transformaciones de la educación en diez años de democracia, Flacso, Bs.As.

En cuanto a la legislación, la Constitución Nacional de 1853, otorgaba al Congreso de la Nación el dictado de las normas principales que estructuraran al sistema en su conjunto, siguiendo a Paviglianiti (1988): *"le correspondía dictar las bases orgánicas de la educación argentina, es decir, los principios, estructuras, grandes líneas de contenidos, gobierno y financiamiento del sistema, con vigencia en todo el territorio de la República"*[6].

A pesar que la Constitución Nacional de 1853 estableció un sistema federalista y descentralizado de gobierno, las relaciones informales de poder entre el gobierno nacional y los gobiernos provinciales fueron creando una marcada tendencia a la centralización. La situación se planteó en forma más aguda en las provincias más condicionadas y dependientes, fundamentalmente desde el punto de vista económico.

En los niveles medio y superior (universitaria y no universitaria) las cláusulas constitucionales admitían la acción concurrente tanto de la Nación como de las provincias en la creación y administración de establecimientos educativos. Fue la Nación quien, inicialmente, logró el mayor desarrollo de estos niveles y recién en la segunda mitad del siglo XX las provincias tomaron mayor iniciativa.

Desde los orígenes del estado nacional el SEN fue considerado, por los miembros de la clase política argentina, como un excelente instrumento de inculcación del nuevo orden social.[7] Así es que, tanto en la legislación vigente como

---

6. Sin embargo, es importante advertir que el Congreso de la Nación tardó 140 años en acordar la promulgación de un ley orgánica de carácter nacional cuyo contenido retomaremos más adelante.

7. Existen numerosos debates respecto a la naturaleza de la estrategia de expandir el SEN. Algunos autores como Tedesco destacan la dimensión política de la inculcación: el sistema educativo habría sido impulsado para educar a los futuros ciudadanos en el reconocimiento de las normas cívicas y pautas culturales de una nueva nación. Otros, como Puiggrós, destacan la naturaleza económica no tan explícita, aunque presente, en el deseo por "disciplinar" a los gauchos (la "barbarie") y a los inmigrantes pobres y con pocos conocimientos científicos que arribaban a Bs. As.

en la participación paulatina y progresiva de la Nación en la creación y administración de establecimientos, en prácticamente todos los niveles y modalidades, se fue configurando un sistema educativo nacional fuertemente centralizado y en expansión, correlato de las políticas de un Estado nacional controlado por la oligarquía terrateniente local que disponía de un gobierno central fuerte y conservador.

DÉFICIT FISCAL Y CUESTIONAMIENTO AL MODELO DE ESTADO PRINCIPALISTA CENTRALIZADO

Como se puede observar en el apartado anterior la tensión entre "centralismo" y "federalismo" (mayor poder y autonomía de las provincias) signó el desarrollo de la educación argentina desde el siglo pasado, más marcadamente desde la sanción de la ley Láinez. Asi es que, la importancia del MCE de la Nación como prestador directo de servicios educativos fue creciendo sustancialmente, "hacia 1952, teniendo en cuenta la matrícula para el total del país y para el conjunto del sistema educativo, era el principal prestador con el 47,3% del total; los gobiernos de provincia tenían el 42,5% y el sector privado el 10,2%" (Paviglianiti, 1988).

El Gobierno Nacional se había hecho cargo de la dirección y financiamiento de una importante proporción de la educación primaria y media a través de las escuelas en los territorios nacionales y de su participación en jurisdicción provincial. Esta política no se vio alterada ni siquiera durante los gobiernos de J. D. Perón entre los años 1945-1955.

A partir de los años 1955-1960 comienza a cuestionarse el rol del Gobierno Nacional como prestador de los servicios sociales que garanticen el cumplimiento de los derechos a la educación y a la salud. Si bien estas tendencias y propuestas ya existían, no constituyeron de hecho las políticas públicas que se ejecutaron desde el gobierno nacional. Las nuevas políticas cuestionaron el carácter distribucionista del gobierno nacional y tendieron a trasladar el peso de la responsabilidad del sector público a las provincias y municipios, más como un medio de descargar del presupuesto nacional el peso de la atención de los gastos sociales, que como un nuevo proyecto de redefinición de la organización federal del país. Como afirma Paviglianiti (1991):

> "En cada una de las crisis económicas que se dieron a partir de 1958, en las que se planteó como salida la reducción del presupuesto nacional para disminuir el déficit fiscal, los dos sectores más afectados han sido salud y educación. En muchos momentos han seguido historias paralelas, porque se les aplicó el mismo tipo de medidas: la transferencia masiva y compulsiva de gran parte de los servicios nacionales a las provincias o municipios, el arancelamiento de los servicios públicos, hasta entonces gratuitos; el congelamiento de la expansión de los servicios que quedaron a cargo del Gobierno Nacional. Aquellos servicios que continuaron funcionando, lo hicieron sobre la base de una drástica disminución de los salarios del personal junto con la paralización del equipamiento y mejoramiento de la infraestructura física y dejando libradas a las instituciones públicas y a sus usuarios la carga de encontrar recursos para mantenerse en funcionamiento, porque estos recursos fueron suprimidos o limitados a expresiones mínimas".

ETAPAS DEL PROCESO DE TRANSFERENCIA (1955 – 1996)

El proceso de transferencia de los servicios educativos de los diferentes niveles se llevó a cabo en diferentes momentos históricos, cada uno de ellos coincidentes con medidas tendientes a la reducción del gasto fiscal por parte del estado nacional. A continuación detallaremos las etapas con los niveles afectados en cada una de ellas.

Podemos especificar y ejemplificar la aplicación de este tipo de medidas en cuatro períodos históricos concretos en la Argentina – entre 1955 y 1962, entre 1966 y 1970, entre 1976 y 1982 y entre 1989 y 1996. La política de transferencia de los servicios nacionales a las provincias se inició en 1961 y prosiguió luego en los gobiernos de facto y conservadores.

1º Etapa:

La política de transferencia de los servicios nacionales de educación básica de los años 1961-1962 (Presidente: Frondizi – Ministro de Educación: Mac' Kay) se inició con la promulgación de dos leyes de presupuesto (Leyes 15021 y 15796) que permitían al gobierno nacional convenir con los gobiernos provinciales el traspaso de los servicios nacionales – no sólo educación– a sus respectivas jurisdicciones. Ante la resistencia de las provincias a ratificar los convenios, el Poder Ejecutivo dictó un decreto de transferencia masiva y obligatoria que posteriormente quedó sin efecto (Decreto 495/62). Sólo se concretó la transferencia de 23 escuelas que funcionaban en la provincia de Santa Cruz.

2º Etapa:

En el año 1966 asume un nuevo gobierno de facto y durante el período 1968/70 se retoma la política de transferencia de los servicios nacionales a las provincias. En reuniones de ministros llegaron al acuerdo de que las transferencias debían hacerse sólo a solicitud de las provincias. Se celebraron 6 convenios de transferencias de los cuales sólo se ratificó la mitad.[8]

La política de transferencia de los años 1968-1970 (Presidente de facto: Onganía – Ministro de Educación:Pérez Guilhou) dejó como saldo el traspaso de 680 escuelas primarias a las provincias de Buenos Aires y Río Negro y quitó al Gobierno Nacional la posibilidad de incrementar sus servicios al derogar la Ley Lainez impidiendo la creación de más escuelas nacionales en las provincias.

---

8. Es interesante observar, en las objeciones que presentaban las jurisdicciones para no solicitar la transferencia, la ausencia de un proyecto educativo explícito que orientara el debate. Se referían principalmente a aspectos de infraestructura, administrativos y legislativos, entre otros, edificación escolar ruinosa, equipamiento deficitario, estructuras inadecuadas de los organismos de gobierno escolar locales, diferencias de remuneraciones de los docentes, deficiencias de la legislación escolar de las provincias, regímenes previsional y asistencial no unificados, ausencia de órganos especializados en las administraciones locales (Kisilevsky, M., 1991).

3º Etapa:

Entre 1978 y 1980 (Presidente de facto: Videla-Ministro de Educación: Catalán) se realizó el traspaso unilateral de casi todos los servicios pre-primarios, primarios en edad escolar y primarios de adultos a las provincias, sin otorgarles financiamiento adicional. Así, la educación básica, bajo atención del Gobierno Nacional, que en 1952 estaba en un 45% quedó sólo en el 2%; un proceso similar ocurrió en el sector salud: el gobierno nacional quedó a cargo de sólo el 2% de los servicios asistenciales con internación. En el área educativa no se establecieron contenidos mínimos de enseñanza, ni criterios para la validación de títulos; no se fijaron pautas salariales básicas, ni nuevas formas de financiamiento. Tampoco se redefinió el rol del Ministerio de Educación que había dejado de tener las funciones tradicionales de prestador en estos niveles del sistema.

4º Etapa:

En febrero de 1990 el Poder Ejecutivo Nacional (Presidente: Menem – Ministro de Educación: Salonia) ingresa a través del Senado un nuevo proyecto de transferencia, esta vez de los establecimientos de nivel medio y de los institutos de educación superior no universitario nacionales, en el que no se prevee el financiamiento a las provincias de lo que se transfiere.

El proceso de transferencia se da en el marco de la reforma del Estado y como salida a la crisis fiscal registradas durante las hiperinflaciones de los años 1989 y 1990. La transferencia consistió en el traspaso a las 23 provincias argentinas y a la MCBA de 3.578 establecimientos medios públicos y privados y de 86.374 cargos docentes. El proceso estuvo avalado por la ley 24.049 que definió un sistema de "precoparticipación" de recursos fiscales para financiar el costo de la transferencia a las jurisdicciones.

Fuentes: Paviglianiti, N. (1991), Neoconservadurismo y educación, Ed. Quirquincho., Bs. As.; Bravo, H. F. (1994), La descentralización educacional., CEAL, Bs.As.; Kisilevsky, M. (1991), La relación entre la nación y las provincias a partir de la transferencia de los servicios educativos del año 1978, CFI, Bs. As.

En el caso de la universidad, en los períodos anteriormente señalados, se ejecutaron políticas que tendieron a favorecer el desarrollo de un sector privado universitario y a generar tecnologías de control político y financiero sobre las universidades nacionales[9].

En materia de enseñanza privada para los restantes niveles, es importante subrayar que entre 1958 y 1964 se produjo la liberalización de las disposiciones de fiscalización, de tal manera que se posibilitó que el sector privado compitiera en mejores condiciones con la escuela pública, que era entonces la de mejor calidad y mayor prestigio. Se fue estructurando un circuito diferencial en planes de estudio y organización pedagógica, con un organismo representante de sus intereses dentro de la administración pública, junto con una creciente disponibilidad de los recursos públicos mediante el otorgamiento de subsidios.

En relación al financiamiento, la evolución de la composición del gasto, por tipo de dependencia jurisdiccional, presenta modificaciones en materia de responsabilidad educativa originado por las primeras etapas del proceso de "devolución" de los servicios a las provincias. Mientras que en 1960 se registra un predominio de la administración central, la década del setenta marca un traslado del gasto hacia las jurisdicciones provinciales (Cuadro Nº 2). A partir de la transferencia de las escuelas primarias de 1978 el Estado Nacional practicamente desaparece como prestador del servicio.[10]

---

9. La Ley Domingorena promulgada en 1958 autoriza la creación de universidades privadas habilitadas para el otorgamiento de credenciales profesionales hasta el momento monopolizadas por las universidades públicas. Esta ley benefició fundamentalmente a los sectores confesionales (fundamentalmente la Iglesia Católica) que crearon en pocos años un número importante de instituciones de nivel superior universitario y no universitario.

10. En esta etapa se transfirieron 6779 establecimientos y 44050 agentes nacionales distribuidos en: 86,2% docentes; 2,4% administrativos; 0,2% profesionales; 1,7% mantenimiento y producción y 9,5% servicios generales.

"En este sentido, el proceso que aunque con un incipiente inicio en la década del 60 toma fuerza y mayor definición a partir de 1978 cuando, en plena dictadura militar, el gobierno nacional decidió transferir a las provincias la totalidad de los establecimientos de nivel primario, tanto común como de adultos. La iniciativa estaba fundamentada principalmente en el propósito del Ministerio de Economía de la Nación de reducir el gasto público, bajo una concepción de `estado subsidiario'" (González, 1994).

Cuadro N° 2. Distribución del gasto público en educación por dependencia de gobierno. Ejecución presupuestaria 1961 – 1986 (%)

Jurisdicción	1961 – 65	1966 – 70	1971 – 75	1976 – 80	1981 – 86
Nación	60	59	57	48	37
Provincias y MCBA	40	41	43	52	63

Fuente: Petrei H. y Montero, M. E. (1989), Ensayos en Economía de la Educación, Ed. Petrei, Bs.As.

Cuadro Nº 3: Distribución funcional del gasto en educación. Gobierno Nacional. 1961 – 1986. (%)

Período	Elemental	Medio	Superior	sin discriminar
1961-65	34,1	20,6	29,2	12,1
1966-70	31,4	23,2	26,3	19,1
1971-75	31,7	33,7	24,2	10,4
1976-80	18,4	46,7	29,2	5,7
1981-85	4,0	53,5	34,4	8,2
1986-87	6,1	42,4	45,3	8,2

Fuente: Petrei H. y Montero, M. E. (1989), Ensayos en Economía de la Educación, Ed. Petrei, Bs.As.

Con respecto a la última etapa de transferencia de servicios educativos de nación a las provincias la modalidad de financiamiento se instrumentó por la vía de la retención de la masa coparticipable de impuestos nacionales de la suma correspondiente al costo de dicha transferencia y su posterior distribución a las provincias, conforme al costo calculado por el MCE. Por otra parte, Senén González sostiene que "al igual que en 1978, esta transferencia se hizo sin recursos adicionales, sólo con la promesa del Ministerio de Economía y del Secretario de Hacienda de que la situación fiscal iba a mejorar y los recursos excedentes alcanzarían a las provincias para solventar los mayores costos derivados de la recepción de los servicios".

El proceso estuvo avalado por la ley 24.049 que definió un sistema de "precoparticipación" de recursos fiscales para financiar el costo de la transferencia a las jurisdicciones. A partir de 1992, la Secretaría de Hacienda de la Nación comenzó a retener y retransferir de la parte correspondiente a las provincias en el Régimen de Coparticipación Federal de Impuestos, un importe equivalente al total del financiamiento de los servicios educativos transferidos. En cuanto a las obras públicas que al momento de disponerse la transferencia se encontraban en ejecución, la Nación garantizó que serían transferidas a la jurisdicción correspondiente una vez finalizadas.

En la actualidad, el instrumento previsto para garantizar la prioridad política y la función social de la inversión en educación es el Pacto Federal Educativo[11] ratificado por el Congreso Nacional y las legislaturas provinciales. Este pacto fue suscripto en septiembre de 1994 y tiene cinco años de duración (hasta diciembre de 1999). El objetivo del mismo es generar condiciones para garantizar la aplicación y paulatina implementación de la Ley Federal de Educación, para lo cual prevee diversas fuentes de financiamiento.

---

11. Previsto en el art. 63 de la Ley Federal de Educación promulgada en 1993.

PROBLEMAS RECURRENTES

Del análisis de las etapas del proceso de transferencia surgen elementos comunes que permiten hipotetizar la existencia de líneas de continuidad en las orientaciones políticas de los diferentes gobiernos en los últimos treinta años. Las medidas adoptadas posibilitaron desresponsabilizar al Estado Nacional en la prestación directa de los servicios y como veremos a partir de la sanción de la Ley Federal de educación en 1993, de otorgarle al MCE facultades reguladoras sobre las prestaciones.

a) Motivación financiera de la transferencia.

Las cuatros etapas del proceso de (des)centralización en Argentina fueron motivadas por razones financieras orientadas al "achicamiento" del presupuesto público destinado a políticas sociales. Se trata de un proceso de ajuste de las cuentas del gobierno nacional tendiente a descargar el costo del SEN en las jurisdicciones, disminuyendo así, ante los organismos internacionales, los indicadores de la crisis económica, fundamentalmente fiscal, en el orden central.

Algunos trabajos (Kisilevsky, 1991; Aguerrondo, 1991) sostienen, además, que la transferencia profundizó un problema de distribución de recursos no resuelta entre la Nación y las provincias. Las transferencias se hicieron prácticamente sin recursos específicos, ya que no se modificó el régimen de distribución de impuestos entre la nación y las provincias. Como afirma Kisilevsky, para la transferencia de 1978:

> "Si la Nación, por [las] distorsiones `verticales' [de poder] se había apropiado, previamente a la transferencia, de impuestos que en definitiva pertenecían a las provincias, no parece adecuado que las propias jurisdicciones hagan frente a los nuevos gastos con

recursos propios. El agravante de la situación de desequilibrio fiscal emergente fue que no se actualizaron los valores constantes ni se aumentaron los índices [en los fondos] de la coparticipación."

Cabe resaltar que las primeras etapas del proceso de descentralización encontraron algunas resistencias en las autoridades jurisdiccionales que limitaron su alcance. Pero durante los gobiernos de facto, especialmente en la última dictadura militar, las resistencias pudieron ser doblegadas por la fuerza.

Respecto a la última etapa de transferencia de servicios, si bien es impulsada por un gobierno elegido democráticamente, sus políticas fiscales dieron continuidad a las acciones iniciadas en 1976, en un contexto de crisis económica, sumamente agravado por el estancamiento económico y la deuda externa, y bajo la presión directa de los organismos internacionales de financiamiento (B.M. y F.M.I.) que sujetan los créditos a la consecución de políticas de "ajuste estructural".

Además del objetivo financiero que impulsó las diferentes etapas de transferencia se le suma la histórica dependencia financiera de los estados provinciales respecto del estado nacional.

"Si bien formalmente la mayor parte de los ingresos de origen nacional que perciben las provincias lo es en virtud de una delegación de su potestad tributaria al Estado Nacional, en los hechos las partes intervinientes han actuado históricamente como si los recursos fueran nacionales y el gobierno central los cediera a las provincias a través de la estructura creada por la ley de Coparticipación Federal de impuestos.(...)

Esta dependencia que se manifiesta para el conjunto de las jurisdicciones deviene en desventajas para algunas y ventajas para otras (...). Para las provincias más grandes o, en el caso que nos interesa, para las *redistribuidoras*, la situación es doblemente desfavorable: por la dependencia y por la perdida de ingresos que supone la redistribución" (Narodowsky, 1995).

b) Falta de diagnósticos previos y de proyecto educativo orientador.

En ninguna de las etapas se previó la realización de diagnósticos previos que permitieran evaluar el impacto que ocacionaría la transferencia compulsiva de los servicios, habida cuenta de que muchas de las jurisdicciones no estaban en condiciones de garantizar un servicio educativo para toda la población. Tampoco se han registrado documentos relevantes que presentaran un proyecto educativo justificando la conveniencia pedagógica de las medidas adoptadas. Todo indica que el proceso fue encarado como un asunto meramente administrativo (orientado por principios económicos restrictivos), no obstante significar un cambio profundo en la función del gobierno nacional en el área.[12]

Es posible detectar, igualmente, un proyecto político que se intenta instalar. Detrás del discurso federalista se esconde la promoción de un estado subsidiario. La subsidiariedad no debe entenderse únicamente como privatización de los servicios, sino fundamentalmente como el proceso por el cual el estado central se desentiende, se desresponsabiliza por la administración del servicio y por garantizar la igualdad de acceso a un mínimo de educación de calidad para todos los ciudadanos. Un estado que delega su responsabilidad en las provincias (y estas a su vez podrían hacerlo sobre los municipios) sobre el gasto y la administración y sólo se reserva funciones reguladoras.

---

12. Quizás sea elocuente observar el cinismo con qué el Ministro de Educación de la última dictadura militar, Juan José Catalán, negaba el carácter administrativo y financiero de la transferencia de 1978: "No tiene ni hace una connotación de tipo económica ni presupuestaria de la cual la Nación pretenda sacar ganancia. Esto sería considerar que el gobierno nacional desprecia a la educación pública argentina."

c) Ausencia de administradores calificados en las jurisdicciones.

El proceso se implementó sin prever modelos alternativos o transitorios de gestión de los servicios transferidos. Esto generó situaciones muy heterogéneas debido a que las provincias tienen profundas diferencias en cuanto a su capacidad institucional y administrativa. Algunas – las menos – han integrado en forma armónica y sin demasiados conflictos la totalidad de los servicios con su propio sistema educativo, mediante procesos de negociación y concertación que involucraron, en primer lugar, al gobierno nacional y luego a los actores provinciales: sindicatos, docentes, iglesia, propietarios de establecimientos. En cambio otras jurisdicciones necesitan más tiempo y esfuerzo, sobre todo en el armado de una capacidad gerencial, ya que las administraciones públicas adolecen de debilidades estructurales en cuanto a formación de personal calificado, obsolescencia tecnológica y escasez de financiamiento (Paviglianiti, 1991).

La escasa preparación del personal de las administraciones provinciales para cumplir funciones ampliadas, más complejas y calificadas, sumado a la premura y la falta de financiamiento con que fueron resueltas las transferencias, generaron un sinnúmero de dificultades y problemas administrativos y pedagógicos potenciando la ineficiencia y deterioro de la calidad de los servicios. Asimismo, este desequilibrio reforzó indirectamente la valoración por la tradición centralista, surgiendo un importante caudal de demandas hacia el MCE.

d) Ausencia de tecnologías necesarias para la gestión.

Gran parte de las jurisdicciones carecen de las tecnologías administrativas imprescindibles para la gestión. Cuentan con débiles equipos de planeamiento, falta de sistemas de planificación, e insuficiente coordinación entre los procesos de planificación educativa, de planificación presupuestaria y de asignación efectiva de recursos. A esto se le suma la existencia de organigramas "inflados", direcciones cuyas misiones y funciones no se cumplen; la "inexistencia de procesos de planeamiento estratégico por parte de la conducción político-administrativa; plantas de personal rígidas ya sean las administrativas o las específicas de cada servicio, con objetivos poco claros y grandes falencias en cuanto a su capacitación" (Narodowsky, P. 1995). Los procedimientos admi- nistrativos son obsoletos y escasamente informatizados.

e) Ausencia de datos en relación al sistema educativo.

Tanto las administraciones provinciales como la administración central cuentan con sistemas de información restringidos o inexistentes y las estadísticas educativas desactualizadas o insuficientemente desagregadas. La producción de datos presenta baja rigurosidad metodológica en su generación, transmisión y tratamiento. El equipamiento informático insuficiente y la carencia de sistemas de comunicación impiden la circulación fluída de la información.

En este sentido, el MCE ha efectuado recientes avances en la construcción de datos sistemáticos sobre docentes y establecimientos, a partir de la implementación del Censo Nacional de Docentes y Establecimientos Educativos, pero la falta de tradición en acumulación y construcción de datos que permitan efectuar comparaciones y marcar tendencias históricas, plantea los límites en la utilización de la información para la toma de decisiones de política educativa, tanto a nivel nacional como jurisdiccional.

f) Modelos de gestión provincial inspirados en los del nivel nacional.

Los modelos de conducción de las provincias se inspiraron en los del nivel nacional. Sin embargo, la supresión en 1978 del Consejo Nacional de Educación (órgano de gobierno del nivel primario nacional) no derivó en cambios similares en las jurisdicciones provinciales. En la actualidad, se verifican extendidamente conducciones duales en los sistemas educativos jurisdiccionales, que se componen de Ministerios de Educación y Consejos Provinciales o Consejos Generales de Educación. El carácter colegiado de estos Consejos, integrados por distintos sectores de la comunidad, no garantizó sin embargo mayor representatividad.

Los sistemas educativos provinciales reprodujeron estructuras de conducción y administración centralizadas, que tendieron a concentrar decisiones en los niveles superiores, quienes, sin embargo, enfrentan dificultades para implementar políticas que incidan en el comportamiento de la institución escolar. Salvo escasas excepciones, los intentos de reforma que se generan tienen un carácter fragmentario y son fácilmente afectados por los cambios políticos. Por otra parte, los procesos de decisión no incluyen mayoritariamente mecanismos de participación, lo que dificulta la necesaria democratización de la gestión.

g) Resquebrajamiento del movimiento sindical docente.

Probablemente este ha sido, junto con el financiero, el objetivo estratégico más exitoso de las políticas de ajuste en educación. Si bien la reducción salarial, en los últimos 25 años, se ha registrado en todos los sectores del trabajo, el deterioro de los niveles salariales de los docentes en Argentina ha alcanzado niveles insospechados.[13] Algunos indicadores, expresados en términos comparativos, presentan la tremenda gravedad del deterioro (Cuadro N° 4).

---

13. Los docentes argentinos han visto desaparecer sus salarios mucho más profundamente que otros trabajadores, inclusive, que muchos sectores de personal no calificado de algunas actividades industriales (Gentili, 1994).

Considerando, en valores constantes, la evolución del salario docente se verifica que:

– mientras que a un maestro de grado, en 1975, le correspondía 3951 australes, en 1992, su salario había descendido a 1256 australes;

– el de un profesor de nivel medio (por 30 horas de clase semanales) de 7295 en 1975 a 2389 en 1992 (Gurman, citado por Gentili, 1994).

Cuadro Nº 4: Evolución del salario docente para tres categorías. 1975 – 1992 (en australes constantes de 1988)

Año (1)	Maestro	Prof. Media	Prof. Univ.(2)
1975	3.951	7.295	17.129
1976	2100	3.171	5.785
1977	1.923	4.086	8.895
1978	2.553	5.430	11.005
1979	2.657	5.708	11.563
1980	3.147	6.783	13.949
1981	3.318	6.564	13.524
1982	2.607	4.890	9.957
1983	3.023	6.077	12.604
1984	3.881	6.485	12.084
1985	3.353	5.200	8.547
1986	2.532	4.242	6.280
1987	2.694	4.441	7.116
1988	2.135	4.177	7.655
1989	1.781	3.442	7.113
1990	1.476	2.855	5.311
1991	1.344	2.519	4.926
1992 (3)	1.265	2.339	4.600

(1) Se consideran los promedios anuales.

(2) Corresponde a maestro de grado de escuela primaria, profesor de enseñanza media con 30 hs. cátedra y profesor universitario categoría titular con dedicación exclusiva. En todos los casos se consigna el salario correspondiente a 24 años de antiguedad.

(3) Se considera el promedio hasta el mes de Mayo.

Fuente: Datos elaborados por Bernardino Gurman sobre información oficial del Ministerio de Educación de la Nación y la Secretaría de Hacienda.

La reacción de los sindicatos docentes ha sido, al menos, intentar detener la caída de los niveles salariales, pero las acciones gremiales se vieron obstaculizadas – y en alguna medida perdieron eficacia – por la fragmentación social causada por el hecho de que las jurisdicciones comenzaron a pagar diferentes salarios por el mismo trabajo y modificaron la obra social y el régimen jubilatorio del personal transferido.

La ausencia de resguardo de los derechos adquiridos de los docentes fue, por lo tanto, otra de las consecuencias indirectas de la transferencia compulsiva de los servicios realizada sin la concertación con los actores sociales directamente afectados.

h) La descentralización no significó mayores niveles de democratización del SEN.

La provincialización del SEN hasta el momento no ha significado más que un movimiento de "recentralización" a nivel de las jurisdicciones de la estructura de administración del sistema provincial; una mayor carga presupuestaria para las jurisdicciones exacerbando las diferencias entre provincias "ricas" y "pobres"; y un creciente deterioro en la calidad de los servicios educativos ofrecidos.

El camino hacia una efectiva democratización del gobierno y la administración del sistema educativo, con la participación real y organizada de la sociedad civil en instancias intersectoriales en los diversos niveles (desde los ministerios provinciales hasta llegar a los propios establecimientos) supone, a su vez, enfrentar fuertes tradiciones burocráticas y elementos clientelares propios de la cultura política argentina.

EL ESTADO REGULADOR. UN "MINISTERIO SIN ESCUELAS"

Simultaneamente con la última etapa de transferencia de servicios educativos a las jurisdicciones provinciales el MCE de la Nación comenzó un proceso de reformulación de objetivos y de reestructuración de su estructura orgánica, para adaptarlo a su papel de *"ministerio sin escuelas"*. Esta nueva etapa se caracteriza por una recentralización de funciones de dicho ministerio. En este sentido, la Ley Federal de Educación Nº 24.195, sancionada en abril de 1993, define el nuevo rol de la Nación alrededor de tres ejes: *"coordinar y regular el sistema educativo en su conjunto; evaluar la calidad de la educación que se imparte en el país y nivelar las desigualdades regionales, provinciales y sociales en materia educativa"* (MCE, 1994).

Los documentos oficiales emanados del MCE de la Nación resaltan la importancia del nuevo rol asumido, caracterizado, en forma general, por *"fijar y resguardar la política educativa nacional"*, amparado en lo legislativo, en la Ley Federal de Educación, en el marco de las leyes de Reforma del Estado (Ley 23.696) y en la última etapa de transferencia de servicios educativos nacionales a las provincias y a la MCBA (Ley 24.094). Desde nuestro punto de vista, lo que oculta este nuevo rol es una fuerte re-concentración en la definición de políticas para el sector, con la implementación de nuevos y más sofisticados mecanismos de control y regulación y con una sumisión poco creativa a las exigencias de los organismos internacionales a la hora de negociar los créditos.

La Ley Federal de Educación determina una nueva estructura del sistema educativo, integrado por la Educación Inicial, constituída por el Jardín de Infantes de 3 a 5 años, siendo obligatorio el último año; la Educación General Básica, obligatoria, de 9 años de duración a partir de los seis años, e integrada por tres ciclos; Educación Polimodal, de tres años de duración como mínimo; Educación Superior (universitaria y no universitaria) y Educación Cuaternaria.

En la actualidad, se atraviesa una etapa de transición entre los dos sistemas (el que rige en la actualidad[14] y el que establece la nueva ley de educación), habiéndose acordado hasta el momento entre las jurisdicciones, en el seno del CFCyE, los Contenidos Básicos Comunes (CBC) de la Educación Inicial y de la Educación General Básica. Cada jurisdicción determinará las sucesivas etapas de implementación de acuerdo con las propias condiciones, habiendo concertado una estrategia de implementación gradual y progresiva, acordando criterios cualitativos y metas cuantitativas en todas las etapas y aspectos que implica la aplicación de la Ley Federal de Educación (MCE, 1994).

De acuerdo con las nuevas funciones adoptadas por el ministerio se definieron ejes prioritarios (presentados más arriba) a ser desarrollados mediante programas concretos diseñados y operacionalizados desde el MCE. A continuación presentaremos los que, a nuestro juicio, se constituyeron en programas claves de la estrategia político-coeducativa del gobierno y que sirvieron de bastión para prestigiar las iniciativas del ministerio central:

* Sistema Nacional de Mejoramiento de la calidad de la educación

El objetivo es desarrollar un sistema nacional de evaluación externa de la calidad educativa mediante el uso de pruebas estandarizadas, para ser aplicadas a alumnos de todos los ciclos, niveles y regímenes, estableciendo así criterios nacionales para la medición de la calidad educativa del sistema en todas las jurisdicciones. Hasta el momento, se han realizado dos grandes operativos de evaluación de

---

14. El sistema que rige hasta el momento está constituido por cuatro niveles: Inicial (no obligatorio) de 3 a 5 años; Primario (obligatorio) de 6 a 12 años; Medio (no obligatorio) de 13 a 17 años y Superior (universitario y no universitario).

la calidad de la educación que fueron duramente criticados por los gremios docentes y por especialistas en educación. "Los sistemas nacionales de evaluación de la calidad deberían ser entendidos (...) como un nuevo estilo de gestión político-educativa, que permite retener en los niveles centrales la capacidad de control sobre el sistema educativo, sin intervenir directamente en su gestión" (Diker, 1996).

Además, los datos de los operativos fueron empleados por el gobierno para construir un "ranking" de la calidad entre las jurisdicciones y para "culpabilizar (através de los medios de comunicación) a los docentes de los magros resultados obtenidos".[15] En los hechos, los resultados solamente sirvieron para confirmar las tendencias históricas del sistema, los promedios más elevados se registraron en las jurisdicciones que concentran a la población con mejor situación socio-económica y cultural.

* Plan Social Educativo

Por medio de este programa el MCE financia y ejecuta acciones para establecimientos educativos en situación desfavorable en las jurisdicciones. Para su programación y ejecución el Plan Social atendió a los siguientes criterios: *"focalización de acciones y recursos; participación comunitaria; revalorización del trabajo docente; atención a prioridades pedagógicas y articulación de acciones con las autoridades provinciales para articular esfuerzos y resultados"* (MCE, 1994). Las acciones se han dirigido a abastecer de material didáctico a las escuelas más necesitadas, a otorgar fondos para reparación de infraestructura, etc.

---

15. El ministro de educación entonces, Rodriguez, propuso también la necesidad de evaluar a los propios docentes e instalar entre ellos mecanismos de premios y castigos.

* Programa de los Contenidos Básicos Comunes (CBC)

La definición de los CBC se convirtió en una herramienta estratégica para permitir la organización de un SEN articulado. Los CBC son la definición de un *"conjunto de saberes relevantes que integrarán el proceso de enseñanza en todo el país"*, concertados en el seno del CFCyE. A partir de los mismos cada jurisdicción elaborará los diseños curriculares para cada nivel y ciclo. La definición de los CBC se convierte así en una *"herramienta estratégica para permitir la organización de un Sistema Educativo descentralizado e integrado"* (Resol. 33/93 del CFCyE, dic. 1993). En la definición de los CBC participaron sectores académicos y políticos. El proceso de inclusión y exclusión de contenidos más actualizados y democráticos se vió limitado por la presión en el debate de la Iglesia Católica que logró que algunos ejes conceptuales fueran literalmente excluídos de la primer versión de los CBC aprobada para la EGB.[16]

* Programa Nacional de Capacitación y Formación docente

Este programa fue pensado como un mecanismo de reciclaje y actualización disciplinar de docentes en ejercicio, con el propósito de capacitarlos en contenidos y competencias relativas a la nueva estructura del SEN y a los CBC. En tanto la modalidad de intervención de la capacitación tiene como finalidad abarcar cuantitativamente a todos los docentes de todos los niveles del país, en plazos relativamente cortos, quedan reservas con respecto al impacto sobre las prácticas reales y la posibilidad de transferencia a las mismas.

---

16. Entre los temas eliminados se encontraban el concepto de "género" y la teoría de la evolución de Darwin.

Por su parte, en cuanto a la formación docente el propósito de nación es asesorar a las jurisdicciones en la reestructuración global del subsistema superior de formación docente. Esta reestructuración incluye: la transformación institucional y curricular de los Institutos Formadores, la apertura de nuevas carreras, el reagrupamiento de institutos, etc. Desde nuestro punto de vista, se trata – en algunos casos – de convertir a los Institutos que tradicionalmente han formado docentes en estructuras académicas similares a las universidades o – en otros – fusionarlos a universidades ya existentes; todo ello sin un diagnóstico preciso de las bondades de concentrar en las universidades toda la formación docente y desconociendo la tradición acumulada por los Institutos de Formación Docente.[17]

Las acciones hasta ahora impulsadas desde el *ministerio sin escuelas"* constituyen, entonces, uno de los pilares de un modelo de Estado que, a nivel central, no presta directamente el servicio educativo, pero define las metas que deben ser alcanzadas, interviene selectivamente para su cumplimiento y evalúa resultados obtenidos.[18]

PARA FINALIZAR

Tal como queda demostrado en el desarrollo del artículo, se ha dado una fuerte correlación, en las diferentes

---

17. Cabe aclarar que en nuestro país la formación de docentes de los niveles primario e inicial se concentran en casi su totalidad en los institutos superiores, nacidos bajo la tradición normalista.

18. Resulta interesante observar como el MCE reproduce con las jurisdicciones similares estrategias de intervención que los Organismos Internacionales de financiamiento aplican al gobierno nacional para el otorgamiento de los créditos. Fundamentalmente, la sujeción de la distribución de fondos de inversión en el área a cambio del exhaustivo cumplimiento de las metas, aprobadas en el CFCyE, pero definidas por el gobierno nacional.

etapas del proceso de transferencia, entre un determinado modelo de estado que comienza a perfilarse a mediados de la década de los cincuenta y que se cristaliza y radicaliza en los noventa y un modelo de (des)centralización adoptado por los diferentes gobiernos de turno, más motivado por razones de "ajuste de cuentas fiscales" que por la intencionali-dad de impulsar modelos de gestión democráticos y participativos al interior del SEN.

La tradición centralista no desaparece en tanto que promueve determinadas relaciones entre la nación y las provincias, caracterizadas más por la sumisión y el acatamiento por parte de las segundas, que por la creatividad y el ejercicio de la autonomía que garantizaría un régimen federal.

En el contexto actual caracterizado por la reconversión del estado, las provincias se encuentran obligadas a asumir la responsabilidad de la prestación de la totalidad de los servicios educativos en todos los niveles y modalidades, salvo la educación universitaria[19]; y tienen la facultad, formalmente, para diseñar y articular los componentes de sus sistemas. Pero, en la práctica, las jurisdicciones se encuentran fuertemente condicionadas para la definición de metas educativas por la dependencia financiera de nación y por restricciones técnico-políticas.

REFERÊNCIAS BIBLIOGRÁFICAS

BRASLAVSKY, C. y KRAWCZYK, N. *La escuela pública*, FLACSO, Bs. As., 1988.

---

19. Aunque existe desde algunos sectores del gobierno central voluntad de provincializar las universidades.

BRASLAVSKY, C. y TIRAMONTI, G. *Conducción educativa y calidad de la enseñanza media*, FLACSO/Miño y Dávila, Bs. As. 1990.

BRAVO, H.F. *La descentralización educacional. Sobre la transferencia de establecimientos*, CEAL, Bs. As. 1994.

CARNOY, M. y de MOURA, C. *¿Qué rumbo debe tomar el mejoramiento de la educación en América Latina?*, Seminario sobre reforma educativa – BID, Bs. As. 1996.

GENTILI, P. *Poder económico, ideología y educación*, FLACSO, Bs. As. 1994.

HEVIA RIVAS, R. *Política de descentralización en la educación básica y media en América Latina*. Estado del Arte, UNESCO, Santiago. 1991.

KISILEVSKY, M. *La relación entre la nación y las provincias a partir de la transferencia de los servicios educativos del año 1978*, CFI, Bs. As. 1991.

NARODOWSKY, P. Cómo se administra y financia el sistema educativo. En: TIRAMONTI, G. y otros *Las Transformaciones de la educación en diez años de democracia*, FLACSO, Bs. As. 1995.

OSZLAK, O. *La formación del Estado Argentino*, Bs. As. 1976.

PAVIGLIANITI, N. *Neoconservadurismo y educación*, Ed. Quirquincho, Bs. As. 1991.

_____. *Diagnóstico de la Administración Central de la Educación*, Ministerio de Educación y Justicia, Bs. As. 1988.

_____. *El derecho a la educación. Una construcción histórica polémica*, CEFyL, Bs. As. (mimeo). 1993.

PETREI, H. y MONTERO, M.E. *Ensayos en Economía de la Educación*, De. Petrei, Bs. As. 1989.

SENÉN GONZÁLEZ, S. *Una nueva agenda para la descentralización educativa*, En: Revista Iberoamericana de Educación, Nº 4, Organización de Estados Iberoamericanos, España. 1994.

TERIGI, F. *Aportes para el debate curricular: sobre conceptos, procedimientos y actitudes*, En: Novedades educativas Nº 64, Bs. As. 1996.

TIRAMONTI, G. *Quiénes van a la escuela hoy en la Argentina.* En: TIRAMONTI, G. y otros Las Transformaciones de la educación en diez años de democracia, FLACSO, Bs. As. 1995.

DOCUMENTOS

Ley de transferencia de servicios educativos Nº 24.049 (1992), Congreso de la Nación argentina, Bs. As.

Ley Federal de Educación Nº 24.195 (1993), Congreso de la Nación argentina, Bs. As.

Ministerio de Cultura y Educación, Red Federal de Información (1994), Información del Sistema Educativo Argentino, Bs. As.

Ministerio de Cultura y Educación (1994), Acciones desarrolladas: Mayo 1993-Abril 1994, Bs. As.

6.
A MUNICIPALIZAÇÃO DO ENSINO NO BRASIL

Romualdo Portela de Oliveira*

A expressão "municipalização do ensino", quando utilizada para o ensino fundamental, pode ser entendida de duas maneiras diferentes, a saber:

a) como a iniciativa, no âmbito do Poder Municipal, de expandir suas redes de ensino, ampliando o nível de atendimento por parte desta esfera da administração pública;

b) como o processo de transferência de rede de ensino de um nível da Administração Pública para outro, geralmente do estadual, para o municipal.

Nada há a objetar quanto ao uso da expressão no primeiro sentido. Ao contrário, os municípios que tiverem condições devem expandir os níveis de atendimento do ensino fundamental[1], numa perspectiva de compartilhar responsabilidades com o estado.

---

* Professor Doutor do Departamento de Administração Escolar e Economia da Educação da Faculdade de Educação da USP.

1. Neste texto, a expressão "ensino fundamental" será entendida como o ensino de oito séries, antigo ensino de primeiro grau.

A expressão "municipalização do ensino", em nosso debate contemporâneo, tem sido empregada com o segundo sentido. Tal utilização, necessariamente, se relaciona com a discussão em torno das competências das diferentes esferas da administração pública para com a educação e, de forma mais geral, com o papel do Estado em garantir educação fundamental para toda a população.

Neste texto, analiso a proposição de municipalização do ensino sustentada por duas matrizes ideológicas, a do pensamento católico e a dos organismos internacionais, particularmente o Banco Mundial[2]. A partir de uma crítica a essas concepções, analiso o equacionamento dado à questão da distribuição de competências pela Constituição Federal de 1988, concluindo com a observação que o texto constitucional deixou a questão da distribuição de competências em aberto, apresentando como alternativa unificadora a concepção de Plano Nacional de Educação.

DUAS MATRIZES IDEOLÓGICAS DA MUNICIPALIZAÇÃO DO ENSINO

Hoje, a municipalização do ensino no Brasil sustenta-se ideologicamente nas formulações difundidas por duas instituições, a Igreja Católica e os organismos internacionais, particularmente o Banco Mundial. No que diz respeito especificamente à educação, a Igreja Católica entende ser esta uma função da família, ou, segundo os termos tradicionais do discurso católico, *"direito natural*

---

2. É possível defender-se a municipalização do ensino a partir de outro referencial, mas tal defesa tem interesse apenas histórico, não fazendo parte da polêmica atual no Brasil. Nessa perspectiva, podem ser citados os trabalhos de Anísio Teixeira (1967:55-56) e o comentário de José Mario Azanha (1991). Da mesma forma, o debate corrente nos Estados Unidos sobre a distribuição de competências (cf. Hannaway e Carnoy, 1993).

dos pais". Este dever é articulado com a liberdade de escolha do tipo de educação a ser destinado aos filhos por parte dos pais[3]. Um discurso que é ilustrador desta concepção encontra-se na seguinte fala do deputado constituinte de 1946, José Carlos de Ataliba Nogueira, professor da Faculdade de Direito do Largo de São Francisco, representante do pensamento católico mais conservador. Ao discutir as competências das diferentes esferas da administração para com a educação, articula a ideia de municipalização com a privatização, nos seguintes termos:

> "Eis o Estado Federal na sua verdadeira e precípua função, função complementar, supletiva. No Brasil quem deve dar o ensino, são os particulares. Eles que façam o ensino. Não podendo os particulares, façam-no as entidades públicas: em primeiro lugar o Município, em segundo o Estado, em terceiro a União" (Anais da Assemgubleia Constituinte de 1946, Comissão da Constituição, V. III, 1948:199).

O deputado por São Paulo explicita uma concepção privatista e entende que a educação deve ser pública enquanto exceção. Esta é, de fato, a concepção católica sobre o assunto.

No período final da ditadura militar de 1964, tempo em que a "Teologia da Libertação" possuía a hegemonia na Igreja Brasileira, difundiu-se a concepção corrente de municipalização[4].

Os dois argumentos mais sistematicamente apresentados nessa "versão progressista" são os da descentralização administrativa e o da participação.

---

3. Em trabalhos anteriores (1990:166-176 e 1995:15-19), analiso as concepções católicas sobre educação e suas implicações para a política educacional.

4. Ver, entre outros, Moacyr Gadotti & José Eustáquio Romão (1993), Genuíno Bordignon (1993) e João Pedro da Fonseca (1990 e 1995).

O argumento da descentralização baseia-se em uma ambiguidade. Pode-se ter um processo de municipalização em que o poder não seja descentralizado, mudando-se apenas a esfera administrativa responsável pela gestão do ensino. A julgar pela prática política vigente na maioria das administrações municipais no Brasil, esta deve ser a tendência predominante.

Teoricamente, este raciocínio provém de uma confusão bastante comum, que consiste na sinonimização de "descentralização" com "municipalização" (cf. Bordignon, 1993). Pode-se ter uma sem a outra e vice-versa. Por exemplo, mantida a responsabilidade estadual por um dado sistema de ensino, pode-se implementar um amplo processo de descentralização na tomada de decisões e, inversamente, ter-se um processo de municipalização sem qualquer característica descentralizadora, pelo menos para a base do sistema, se a gestão municipal for centralizadora e autoritária[5].

"Descentralização" pode ser entendida tanto como o processo de transferência de encargos quanto de poder. Dessa forma, a municipalização é, certamente, a transferência de encargos de uma esfera à outra, mas isso não significa, necessariamente, um processo de "democratização", sentido com o qual é positivamente percebido pelo senso comum.

---

5. Entre os inúmeros exemplos que comprovam esta assertiva, cite-se o relato de uma Diretora de Escola Estadual em uma cidade do interior paulista, que na vacância do cargo de Vice-Diretor poderia indicar, provisoriamente, um ocupante para o mesmo. Rapidamente, recebeu a visita do Prefeito Municipal, sugerindo-lhe a indicação de determinada pessoa, caso contrário, a partir de então, ela não "contaria mais com qualquer colaboração por parte da Prefeitura Municipal". Imagine-se no caso desta escola estar administrativamente subordinada ao município.

O segundo argumento, o de possibilitar maior participação da população, reduz a complexa questão da participação apenas a um problema de "espaço – população". Se a população estiver mais próxima, "fisicamente", do centro de tomada de decisões, estas serão tomadas de maneira mais democrática. O argumento é pobre. Em primeiro lugar, porque desconsidera que parte significativa da população brasileira se encontra em municípios com mais de 100.000 habitantes, onde o acesso aos centros de tomada de decisão nem sempre é fácil do ponto de vista físico-geográfico[6]. Mesmo nas cidades pequenas, onde esta proximidade de fato existe, para ser levado em conta como um argumento consistente deveria se escudar em uma comprovação de que nestes municípios a gestão dos serviços públicos que já estão a cargo do município é, de fato, mais democrática. Uma das formas de comprovação disso poderia ser a utilização de exemplos do sistema de saúde, já municipalizado, que, infelizmente, não apresenta nem melhoria dos serviços prestados, nem maior democratização de sua gestão.

Como nenhum dos dois argumentos pode ser comprovado com facilidade, ao contrário, é mais fácil recusá-los, tanto logicamente quanto à luz da experiência, resta-nos a seguinte questão: isto não é percebido ou este discurso encobre uma concepção mais complexa e, portanto, sua defesa utilizando este referencial ideológico "democrático" envolve uma visão estratégica diferenciada? Aqui, explicita-se uma das contradições da chamada

---

6. Segundo dados da Pesquisa Nacional por Amostra de Domicílios (PNAD), de 1993, 78,3% da população brasileira vivia na região urbana. Este mesmo dado no censo de 1991 era de 75,6% (cf. Homepage do IBGE:http:// www.embratel.net.br/infoserv.html). No Anuário Estatístico da Fundação IBGE, em 1993, estima-se que aproximadamente 50% da população brasileira vivia em 183 municípios com mais de 100.000 habitantes. (cf. AEB, 1994:2-15 a 2-35).

"Teologia da Libertação" em termos de educação, qual seja a de que não conseguiu formular um projeto, para a educação escolar[7] pública, que explicitasse sua "opção preferencial pelos pobres", acabando por tentar dar justificativas "progressistas" para as tradicionais bandeiras conservadoras da Igreja, de defesa do ensino privado. Jair Militão da Silva (1983:68), ao estudar a escola católica na grande São Paulo, observa que, para estas, a *"opção preferencial pelos pobres"* transformou-se em *"uma opção preferencial pela classe média"*. Tal conclusão parece sustentar-se também para o restante do país.

Uma outra vertente que tem dado argumentos a favor da municipalização é a difundida pelo Banco Mundial, cujo argumento principal é o da "racionalização". Rigorosamente, esta concepção já está presente nas recomendações de organismos internacionais desde os anos sessenta, incorporando-se, pelo menos em parte, na Lei 5692/71 (cf. Arelaro, 1980), entretanto, a ofensiva nesta perspectiva neste momento parece ser mais generalizada, atingindo não apenas o Brasil, mas outros países.

Para o Banco Mundial, a ideia da municipalização aparece como solução "racional" de combate ao desperdício de recursos na educação brasileira[8]. A lógica do "Estado Mínimo" e da desobrigação do Estado para com as suas responsabilidades em relação à educação fundamental, tão do agrado dos neoliberais, se levada às últimas consequências, tem um inequívoco sentido privatizante, como ocorreu no Chile nos últimos anos. No curto prazo, tem o sentido de desobrigar as esferas federal e es-

---

7. Esta opção se manifestou apenas na área da educação popular, com significativo envolvimento do clero e do laicato, incluindo-se, nesse contexto, as experiências práticas de Paulo Freire no Brasil antes de 1964 (cf. Beisiegel, 1982).

8. Para uma análise mais detalhada desta lógica, ver os trabalhos de Marília Fonseca (1992 e 1995) e Maria de Fátima Félix Rosar (1995).

tadual do ensino fundamental e transferir a responsabilidade pela sua oferta para os municípios. Na hipótese destes não conseguirem dar conta da demanda, uma das alternativas que lhes resta é a iniciativa privada.

Não é de somenos importância o fato de que tal concepção tenha constado do programa de educação do atual Governo Federal, bem como do de vários governos estaduais do mesmo partido (cf. Cunha, 1995).

Para além da discussão do modelo de sistema educacional desejado, em termos práticos, o equívoco de tal proposta encontra-se em propor a transferência de redes desconectada da discussão da discriminação de rendas. Os impostos estão associados a determinada esfera administrativa e, portanto, a transferência de encargos sem a correspondente transferência de recursos na forma de "capacidade arrecadadora de tributos" significa possibilitar a desobrigação de quem transfere encargos e a sobrecarga de quem os recebe. Não havendo transferência da "capacidade arrecadadora", o mecanismo que resta é o do repasse de recursos via "convênios". Para gerir a rede estadual que lhe é transferida, o município recebe um determinado montante de recursos. A opção mais aceita atualmente para estimar tal montante é fixar-se um "custo-aluno" e transferir recursos proporcionalmente ao total de alunos atendidos. O inconveniente deste mecanismo é que a esfera que passa a se responsabilizar pela gestão não tem qualquer garantia de que os recursos serão repassados na data prevista, ou mesmo se serão repassados, não sendo raro o repasse em dia para os aliados políticos e o atraso deste para os adversários.

Por esse mecanismo, se houver transferência de redes, a esfera que fizer a transferência se desobriga de suas responsabilidades, reservando para si as tarefas de repasse de recursos, a fiscalização, a avaliação, a normatização, etc., mas, objetivamente, desresponsabilizando-se do atendimento e da garantia de manutenção de padrões de qualidade de prestação dos serviços educacionais. Nessa perspectiva, é criticável a proposta de criação do Fundo de Valorização do Magistério, apresentada pelo Governo Federal, pois ela possibilita o "desembarque" da União das responsabilidades para com a manutenção do ensino fundamental[9].

A proposta de municipalização do ensino constitui alternativa antidemocrática e excludente, quer se insira numa perspectiva religiosa, quer se insira numa perspectiva "racionalizadora" de cunho neoliberal. Entretanto, estabelecer um pacto federativo que discrimine as responsabilidades das diferentes esferas da Administração Pública (União, Estados, Distrito Federal e Municípios) para com a educação, é um dos aspectos mais importantes da Constituição Federal de 1988 que deve ser regulamentado pela legislação complementar, ou seja, há casos notórios de divisão de responsabilidades desiguais e irracionais entre estados e municípios. Por exemplo, no estado de São Paulo há municípios com grande capacidade arrecadatória que não mantêm rede própria de ensino fundamental e outros com pequena arrecadação que mantêm rede própria.

A forma como o tema é disciplinado na Constituição Federal de 1988 pode ajudar à compreensão e equacionamento desta questão.

---

9. O Fundo de Valorização do Magistério modifica o processo de distribuição dos recursos para a educação fundamental. Ele modifica o artigo 60 das Disposições Constitucionais Transitórias que, pelo texto Constitucional de 1988, prevê que 50% dos recursos orçamentários da União, Estados e Municípios sejam aplicados no ensino fundamental e erradicação do analfabetismo, passando a prever a aplicação de 60% para Estados e Municípios, desobrigando a União da aplicação de percentual mínimo de recursos orçamentários, representando uma clara desobrigação da União para com este nível de ensino.

A DISTRIBUIÇÃO DE COMPETÊNCIAS NA CONSTITUIÇÃO FEDERAL

A Constituição da República Federativa do Brasil, de 5 de outubro de 1988, no Título III – "Da Organização do Estado", Capítulo II – "Da União", artigo 22, afirma:

> "Compete privativamente à União legislar sobre:
> (...)
> XXIV – diretrizes e bases[10] da educação nacional.
> (...)
> Parágrafo único. Lei complementar poderá autorizar os Estados a legislar sobre questões específicas das matérias relacionadas neste artigo."

As prescrições em nível estadual e municipal devem submeter-se à legislação federal[11]. Por isso, toda a legislação educacional de estados e municípios deverá se adequar à Constituição Federal e à Lei de Diretrizes e Bases da Educação Nacional quando esta vier a ser aprovada.

José Cretella Jr. sintetiza esta assertiva nos seguintes termos:

> "(..) aos Estados-membros cabem todos os poderes, exceto (a) os que a Constituição, explícita ou implicitamente, reservou à União, (b) os que a Constituição conferiu, explícita ou implicitamente, aos Municípios."

---

10. José Cretella Jr. observa que: "(...) o vocábulo 'diretrizes' é completo. Diz tudo. Ao contrário, 'diretrizes e bases' é expressão redundante" (1991:1595).

11. Há que se observar que não é impossível a aprovação de determinada legislação no âmbito estadual e/ou municipal que contrarie a legislação federal. O reconhecimento de sua inconstitucionalidade pode vir apenas após um pronunciamento do Supremo Tribunal Federal. Um exemplo conhecido desse processo foi a declaração de inconstitucionalidade da eleição de diretores de escola que, entretanto, constava do texto de dez Constituições Estaduais de 1989 (cf. Oliveira e Catani, 1993a: 69-73).

Em outras palavras, é da competência dos Estados-membros, residualmente, tudo aquilo que a Constituição não reservou à União ou aos Municípios, remanescendo ou sobrando aos Estados-membros o resto distribuído, constitucionalmente, entre o centro, a União, e a periferia, o Município" (1991:1600).

Prosseguindo na análise do Texto Constitucional, no artigo 23, afirma-se que:

> "É competência comum da União, dos Estados, do Distrito Federal e dos Municípios:
> (...)
> V. proporcionar os meios de acesso à cultura, à educação e à ciência;
> (...)
> Parágrafo único. Lei complementar fixará normas para a cooperação entre a União e os Estados, o Distrito Federal e os Municípios, tendo em vista o equilíbrio do desenvolvimento e do bem-estar em âmbito regional."

Este artigo prescreve, através da noção de `competência comum', as responsabilidades de todas as esferas para com a garantia do "acesso à cultura, à educação e à ciência", como também indica a perspectiva de cooperação das três esferas da administração pública com vistas ao "equilíbrio do desenvolvimento e do bem-estar em âmbito regional." Entretanto, é necessário salientar, tal artigo tem um caráter programático, cuja eficácia legal só se observará por inteiro a partir de uma adequada regulamentação e implementação prática.

A seguir, o artigo 24 prescreve que:

> "Compete à União, aos Estados e ao Distrito Federal legislar concorrentemente sobre:
> (...)
> IX – educação, cultura , ensino e desporto;
> (...)
> XV – proteção à infância e à juventude;
> (...)

§ 1º. No âmbito da legislação concorrente, a competência da União limitar-se-á a estabelecer normas gerais.

§ 2º. A competência da União para legislar sobre normas gerais não exclui a competência suplementar dos Estados.

§ 3º. Inexistindo lei federal sobre normas gerais, os Estados exercerão a competência legislativa plena, para atender a suas peculiaridades.

§ 4º. A superveniência de lei federal sobre normas gerais suspende a eficácia da lei estadual, no que lhe for contrário."

Este artigo detalha bastante o que já está previsto, em termos gerais, no artigo 22. Em primeiro lugar, explicita a ideia das competências concorrentes, atribuindo as responsabilidades tanto à União quanto aos Estados e Municípios. José Cretella Jr. entende por competência concorrente à

"(...) possibilidade jurídica de várias pessoas jurídicas políticas poderem legislar sobre determinada matéria. A Constituição Federal é que irá determinar se pessoas jurídicas políticas, que não a União, podem legislar, editando leis (a) ora suprindo a ausência de normas federais sobre determinada matéria, (b) ora adicionando pormenores à regra federal básica editada" (Cretella Jr., 1991:1598).

O Texto também avança, no § 1º, no detalhamento do que cabe à União, limitando sua atuação ao estabelecimento de "normas gerais". Admite-se, também, a competência complementar dos Estados, na hipótese da existência de legislação federal e competência plena na hipótese de inexistência de legislação federal[12].

---

12. Insere-se, neste caso, a ideia de determinado estado federado elaborar sua legislação educacional complementar à Constituição Federal e à sua Constituição Estadual antes da aprovação da LDB. O risco que se corre neste caso é o de necessitar-se reformular tal legislação quando da aprovação da legislação federal complementar. Entretanto, não se pode desconhecer que em havendo iniciativa no âmbito estadual, pode-se " induzir" a legislação federal.

Em seguida, no capítulo III, "Dos Estados Federados", do mesmo título, no artigo 25, prescreve-se que:

"Os Estados organizam-se e regem-se pelas Constituições e leis que adotarem, observados os princípios desta Constituição.

§ 1º. São reservadas aos Estados as competências que não lhes sejam vedadas por esta Constituição."

Este princípio, fundamental no regime federativo, delega aos Estados todas as competências que não lhes forem explicitamente negadas pela legislação federal[13].

Finalmente, no que diz respeito aos Municípios, no capítulo IV, "Dos Municípios", do mesmo Título, artigo 30, prevê-se que:

"Compete aos Municípios:

I – legislar sobre assuntos de interesse local;

II – suplementar a legislação federal e a estadual no que couber;

(...)

VI – manter, com a cooperação técnica e financeira da União e do Estado, programas de educação pré-escolar e de ensino fundamental;"

Este artigo repete a discriminação de competências já explicitada para o caso da União e dos Estados. A novidade é a explicitação das responsabilidades dos municípios na manutenção, "com a cooperação técnica e financeira da União e do Estado", de "programas de educação pré-escolar e de ensino fundamental." Na medida em que esta competência não é "exclusiva", a indicação acaba

---

13. Esta ideia, no âmbito da legislação comparada, é contemplada na 10ª Emenda à Constituição Americana que afirma: "Os poderes não delegados aos Estados Unidos pela Constituição, nem por ela negados aos Estados, são reservados aos Estados ou ao seu povo" (cf. Senado Federal, 1987:429).

não tendo caráter organizador do sistema, mas apenas indicativo. De qualquer forma, é significativo que esta explicitação de responsabilidades seja feita apenas para o município, apesar de não vedar a atuação das demais esferas nesses níveis de ensino, ao contrário, explicita a responsabilidade da União para com o ensino fundamental.

O artigo 32, parte do capítulo V, "Do Distrito Federal e dos Territórios", § 1º, atribui ao Distrito Federal as competências legislativas tanto dos Estados quanto dos Municípios.

Na parte específica da educação, Título VIII, "Da Ordem Social", capítulo III, "Da Educação, Da Cultura e Do Desporto", seção I, "Da Educação", artigos 205 a 214, prevê-se, no artigo 211, que:

> "A União, os Estados, o Distrito Federal e os Municípios organizarão em regime de colaboração seus sistemas de ensino.
>
> § 1º. A União organizará e financiará o sistema federal de ensino e o dos Territórios, e prestará assistência técnica e financeira aos Estados, ao Distrito Federal e aos Municípios, para o desenvolvimento de seus sistemas de ensino e o atendimento prioritário à escolaridade obrigatória.
>
> § 2º. Os Municípios atuarão prioritariamente no ensino fundamental e pré-escolar."

Aqui aparece a principal inovação do Texto de 1988 sobre o tema. Ao admitir-se a constituição de um "sistema municipal de educação", deu-se estatuto jurídico à ação de uma esfera da administração que se subordinava aos sistemas estaduais, cuja atuação anterior se dava apenas por delegação do respectivo sistema estadual. Entretanto, há a necessidade de se regulamentar, via legislação complementar (a LDB, por exemplo), as atribuições deste sistema. Após a aprovação da LDB, parece ser necessária legislação municipal organizando-o. Por enquanto, só é possível a organização de tal sistema a partir de delegação de competências por parte do Conselho Estadual de Educação (cf. Boaventura, 1996).

Por estes dispositivos, percebe-se que a distribuição das competências é bastante elástica, permitindo que, em princípio, cada nível da Administração Pública atenda a qualquer nível de ensino. Mesmo a prescrição de que os Municípios atuarão "prioritariamente" no nível fundamental e pré-escolar, não tem caráter imperativo.

Alguns estados, como São Paulo, transferiram toda a sua rede de pré-escolas para os municípios, transformando-a, de fato, em responsabilidade municipal. Observe-se que a declaração do direito à educação pré-escolar, prevista na Constituição Federal (CF, art. 208, IV), tenderá a aumentar a demanda por este nível de ensino, e esta incidirá, portanto, sobre os municípios. Esta perspectiva tem de ser levada em conta na distribuição de competências, pois trata-se de uma nova faceta do Direito à Educação garantida pela Lei Maior.

No caso do ensino fundamental, a ideia de se atrelar a responsabilidade pela sua oferta a determinada esfera – por exemplo, exclusivamente a cargo dos municípios – não foi levada adiante pela diversidade do atendimento em nível nacional. Enquanto que em São Paulo 78,7% das matrículas é de responsabilidade estadual, em muitos estados, particularmente no Nordeste, a matrícula se concentra nas redes municipais. Um exemplo ilustrativo desta afirmativa é o Maranhão, onde 63% da matrícula total é municipal e apenas 24,8% é estadual (cf. *Anuário Estatístico do Brasil*, 1994:2-174 e 2-176).

A Constituição Federal, ao detalhar as competências dos diferentes níveis da Administração Pública para com a educação, não impediu sua atuação em qualquer deles, mas procurou estabelecer competências "prioritárias", claramente a União com o terceiro grau e os Municípios com a pré-escola. O Ensino fundamental é de competência "dupla", tanto municipal quanto estadual. Apesar de ser previsto "prioritariamente" como responsabilidade do município, com a incorporação da educação infantil, que abrange a educação de zero a seis anos[14] – ao sistema educacional e explicitando-se sua responsabilidade para o município, os encargos para esta esfera da administração aumentam muito, acabando por "forçar" o Estado a atender também a parte da demanda nesse nível.

Ainda no âmbito legal, há dois outros dispositivos a se considerar nesta discussão, a vinculação constitucional de recursos à educação e a previsão do Plano Nacional de Educação.

A vinculação constitucional de recursos à educação é prevista no artigo 212, nos seguintes termos:

> "A União aplicará, anualmente, nunca menos de dezoito e os Estados, o distrito Federal e os Municípios vinte e cinco por cento, no mínimo, da receita resultante de impostos, compreendida a proveniente de transferência, na manutenção e desenvolvimento do ensino."

Além disso, quatro estados vincularam 30%, São Paulo, Goiás, Mato Grosso do Sul e Piauí, e três vincularam 35%, Mato Grosso, Rio Grande do Sul e Rio de Janeiro (cf. Oliveira & Catani, 1993a:34).

Vários municípios ampliaram, também, em sua Lei Orgânica Municipal, a alíquota a ser vinculada. Apenas a título exemplificativo, pode-se citar os casos dos municípios de São Paulo e Santos no estado de São Paulo, que ampliaram suas vinculações para 30% (cf. Oliveira e Catani,

---

14. É essa a interpretação que o projeto de LDB, aprovado no Senado Federal (Projeto Darci Ribeiro), dá a essa educação (art. 27), dividindo-se tal nível em creches (até os três anos de idade) e pré-escolar (dos quatro aos seis anos).

1993b); em pesquisa abrangendo dez municípios baianos, Edivaldo Boaventura et alli (1995:16), constataram que dois deles, Vitória da Conquista (art. 129, § 1º) e Feira de Santana (art. 142), ampliaram o percentual previsto na CF para 30%; em pesquisa abrangendo 85 municípios pernambucanos, Ana Maria Cunha Dubeux (1996:23) constata que apenas Petrolina (art. 146) amplia a alíquota da vinculação, prevendo aplicação de 30% dos impostos municipais e 25% do fundo de participação, e Alberto Damaceno e Paulo Correa (1996:1) em estudo sobre as Leis Orgânicas Paraenses observam que Abaetetuba vincula 35%.

É importante ressaltar-se que tal vinculação foi estabelecida independentemente da discussão das competências das diferentes esferas, podendo, inclusive, ocasionar certa disfuncionalidade, pois determinada competência pode estar a cargo de determinada esfera e os recursos necessários ao seu atendimento com outra. Nessa hipótese, a esfera responsável pelo atendimento da demanda fica dependente dos repasses de recursos da outra, ampliando, em muito, o já tradicional mecanismo da subserviência ao nível administrativo mais alto ou a possibilidade de retaliação aos não aliados políticos[15].

Dessa forma, a discriminação de responsabilidades, na forma como foi estabelecida pela Constituição Federal, não equacionou o problema, não tendo, inclusive, uma diretriz para seu futuro equacionamento na legislação complementar. Apesar de conter vários artigos a respeito, a matéria permanece em aberto, possibilitando variados arranjos administrativos.

No âmbito legal, aparentemente, o dispositivo que se introduziu com vistas a evitar a imprecisão das competên-

---

15. José Marcelino de Rezende Pinto (1989) constata a impossibilidade financeira de tal processo sem uma ampla redistribuição das fontes de recursos.

cias – o que dificilmente seria evitável pela diferenciação do tipo de atendimento em nível nacional, foi a ideia de Plano Nacional de Educação. Este dispositivo está previsto no artigo 214, nos seguintes termos:

"A lei estabelecerá o plano nacional de educação, de duração plurianual, visando à articulação e ao desenvolvimento do ensino em seus diversos níveis e à integração das ações do Poder Público que conduzam à:

I – erradicação do analfabetismo;

II – universalização do atendimento escolar;

III – melhoria da qualidade de ensino;

IV – formação para o trabalho;

V – promoção humanística, científica e tecnológica do País."

A previsão de um plano de "duração plurianual, visando à articulação e ao desenvolvimento do ensino em seus diversos níveis e à integração das ações do Poder Público", é o mecanismo adotado pela Lei Maior para evitar a dispersão, sobreposição e desarticulação da ação das esferas do Poder Público e garantir uma clara distribuição de responsabilidades. Esta concepção, tributária do racionalismo dos "Pioneiros da Educação Nova"[16], tem sido sistematicamente desconsiderada na concepção e elaboração da Política Educacional no Brasil. A experiência brasileira de elaboração de Planos de Educação tem sido a de dar a estes um caráter de mera formalidade e não o de diretriz para a política educacional. Seu objetivo é dar à ação política um caráter mais racional, diminuindo as influências de fatores conjunturais, tais como mudanças de

---

16. Ver a respeito o "Manifesto ao Povo e ao Governo", de 1932, e a importância atribuída lá ao Plano Nacional de Educação (cf. Azevedo, 1958:55-81).

governo, de ministros ou secretários de educação (cf. Nascimento, Melchior e Oliveira, 1987).

Se implementada, sua consequência mais imediata seria a necessária articulação das diferentes esferas da administração pública no cumprimento de seus deveres constitucionais para com a educação. Com um adequado Plano de Educação, que pode ser concebido, tanto em nível nacional, estadual, regional e municipal, compatibilizar-se-ia, por exemplo, a capacidade arrecadadadora de cada município, o atendimento da demanda e o papel equalizador das demais esferas da administração pública, complementando as deficiências locais, regionais e estaduais. O resultado é que através da ideia de "Plano" entende-se a educação como uma responsabilidade do Poder Público, em sentido amplo, não importando a esfera sob cuja responsabilidade direta se encontre o atendimento à população. É através da integração das diferentes esferas da administração pública, embutida na ideia de Plano de Educação que se concebe adequadamente as utopias da escola única, do "Sistema Nacional de Ensino" e, do ponto de vista do aluno, da igualdade de oportunidades.

A integração das diferentes esferas da administração pública transcende os arranjos localizados e os conluios partidários. Supõe-se que a missão educativa do Estado esteja acima dos interesses partidários e de grupos. Entretanto, isso não acontece. Há, portanto, a necessidade de estabelecerem-se mecanismos que permitam o planejamento da educação para além do horizonte de um governo, ou, até mesmo, de um Ministro ou Secretário da Educação.

A forma mais eficaz de se estabelecer esta desvinculação entre o Plano de Educação (de longo prazo) e a duração de um governo, é a criação de organismos que não estejam atrelados ao administrador de plantão. Tais organismos devem ter a participação da sociedade civil organizada, com mandatos diferenciados dos governantes. Note-se que a concepção de gestão democrática no âmbito do Sistema de Ensino, entendida como o processo de participação dos diferentes setores da comunidade escolar nas decisões da política educacional em nível de sistema, justifica-se, também, do ponto de vista da eficiência, pois não há nada mais "ineficiente" do que políticas educacionais abandonadas a cada mudança de governo ou mesmo de ministro ou secretário de educação.

Uma formulação que procurou responder a essa necessidade informou as propostas de composição do Conselho Nacional de Educação presentes nas primeiras versões do Projeto de LDB. Por exemplo, no Projeto aprovado na Comissão de Educação da Câmara dos Deputados – Relatório Jorge Hage, artigo 24, a composição proposta era a seguinte:

"I – 4 conselheiros escolhidos livremente pelo presidente da República por indicação do ministro de Estado responsável pela área da Educação, observados critérios de representatividade regional e cobertura dos diferentes níves e modalidades de ensino;

II – 3 conselheiros integrantes dos sistemas de ensino dos Estados, indicados por entidades nacionais que congreguem os secretários responsáveis pela educação nas unidades federadas e os órgãos normativos dos respectivos sistemas;

III – 3 conselheiros integrantes dos sistemas de ensino dos Municípios, indicados por entidade nacional que congregue os dirigentes municipais de Educação;

IV – 3 conselheiros indicados pela entidade nacional que congregue os Reitores das Universidades do País, sendo 1 representando as universidades federais, 1 as estaduais e 1 as privadas;

V – 2 conselheiros indicados pelas instituições de Ensino Superior não universitárias, sendo um deles representando as públicas e outro as privadas;

VI – 1 conselheiro indicado pela entidade nacional representativa dos estabelecimentos privados de ensino básico;

VII – 2 conselheiros indicados pela entidade representativa do magistério superior, sendo 1 da rede pública e 1 da rede privada;

VIII – 2 conselheiros indicados pela entidade representativa do magistério do ensino básico, sendo 1 da rede pública e 1 da rede privada;

IX – 2 conselheiros indicados pela entidade representativa dos trabalhadores não docentes da educação, sendo 1 da rede pública e 1 da rede privada;

X – 2 conselheiros indicados por entidades nacionais representativas dos estudantes de nível médio e superior;

XI – 3 conselheiros indicados por associações ou sociedades científicas nacionais que congreguem pesquisadores nas áreas da educação, da ciência e da tecnologia e da comunicação;

XII – 1 conselheiro representante da área de fomento à pesquisa do sistema de Ciência e Tecnologia, indicado pelo Ministério responsável pela área;

XIII – 1 conselheiro representante da área cultural-artística, indicado pelo Ministério responsável pela referida área;

XIV – 2 conselheiros representantes do Sistema de Formação Profissional, indicados pelo Conselho Nacional de Formação Profissional, previsto nesta lei;

XV – 1 conselheiro representante da área de Comunicação, indicado pelo Conselho de Comunicação Social, previsto no art. 224 da Constituição, que não seja parlamentar;

XVI – 1 conselheiro indicado por entidade nacional que congregue associações comunitárias que realizem experiências populares de educação;

XVII – 1 conselheiro indicado por entidade nacional que congregue as instituições que atuam na área de proteção da criança e do adolescente, especialmente na saúde e na alimentação."

Os Conselhos Estaduais e Municipais poderiam ter composição semelhante, pelo menos em linhas gerais. Assim, no âmbito de cada circunscrição abrangida por um Conselho destes (municipal, regional, estadual e federal), definir-se-ia a contribuição de cada esfera da administração pública para com o atendimento da demanda por educação, já hierarquizada pelos preceitos constitucionais, priorizando-se o ensino fundamental, seguido pela educação infantil e pelo ensino médio, e, apenas depois de atendida a demanda por estes níveis de ensino, é que se contemplaria o ensino superior, para além dos níveis de atendimento atuais[17].

Outra forma de equacionar a questão foi parcialmente implementada durante a gestão Luiza Erundina na prefeitura do município de São Paulo, através dos CRECES – Conselhos de Representantes dos Conselhos de Escola. Tais conselhos eram formados em nível de NAE – Núcleos de Ação Educativa – antigas Delegacias Municipais de Educação, e compostos por representantes eleitos pelos conselhos das escolas abrangidas pelo NAE. A ideia seguinte seria constituir um Conselho Municipal de Educação com representantes eleitos pelos CRECES (cf. Jacobi, 1994, e Adrião-Pepe, 1995).

Na medida em que tais concepções não se transformam em realidade, não existindo em muitas regiões sequer reuniões informais entre diferentes esferas para o atendimento da demanda, a disparidade na distribuição das responsabilidades é mais determinada pela história de expansão da rede de ensino em cada região do que por qualquer distribuição racional de competências.

Assim, de tempos em tempos, se retomam propostas de transferências de redes, ou de partes delas, de uma es-

---

17. Entendo que há necessidade de se expandir o ensino superior no Brasil, entretanto, tal expansão deve estar articulada com o atendimento da demanda dos outros níveis de ensino, prioritários dentro de uma perspectiva de democratização das oportunidades de escolarização para todos (ver a respeito Helene e Oliveira, 1993:16-36).

fera para outra. A mais comum destas propostas é a de municipalização, que, como procurei demonstrar neste texto, não necessariamente significa descentralização ou democratização, se inserindo mais em um processo de desobrigação de determinada esfera do que em uma alternativa plausível para equacionar os principais problemas do ensino fundamental no Brasil.

REFERÊNCIAS BIBLIOGRÁFICAS

I. Documentos Oficiais

Anuário Estatístico do Brasil. Rio de Janeiro, FIBGE. 1992.

BRASIL. *Anais da Assembléia Constituinte de 1946. Comissão de Constituição*. Rio de Janeiro, Senado Federal, 1948. Vol. III.

_____. Senado Federal, Subsecretaria de Edições Técnicas. *Constituição do Brasil e Constituições Estrangeiras*. Brasília, 1987. Vols. 1, 2 e 3.

_____. *Constituição da República Federativa do Brasil de 1988*. Diário Oficial da União, 05/10/1988.

Lei de Diretrizes e Bases da Educação Nacional: texto aprovado na Comissão de Educação, Cultura e Desporto da CD/ com comentários de Dermeval Saviani. et al. São Paulo: Cortez, ANDE, 1990.

Lei de Diretrizes e Bases da Educação Nacional: texto aprovado na Câmara dos Deputados.

Lei de Diretrizes e Bases da Educação Nacional: texto aprovado no Senado Federal.

II. Textos Citados

ADRIÃO-PEPE, Theresa Maria de Freitas. *Gestão Democrática nas Escolas da Rede Municipal de São Paulo*: 1989-1992. São Paulo, FEUSP, 1995. Dissertação de Mestrado.

ARELARO, Lisete Regina Gomes. *Descentralização na Lei 5692/71*: coerência ou contradição? São Paulo, FEUSP, 1980. Dissertação de Mestrado.

AZANHA, Jose Mario Pires. (1991), Uma ideia sobre a municipalização do ensino. *Estudos Avançados,* 12(5).

BEISIEGEL, Celso de Rui. (1982), *Política e Educação Popular:* a teoria e a prática de Paulo Freire no Brasil. São Paulo: Ática, 1982.

BOAVENTURA, Edivaldo Machado; FREIRE F°, Índio; PASSOS, Fernando Nogueira. A educação nas Leis Orgânicas dos Municípios Baianos. Relatório do Projeto de Pesquisa "Uma proposta de estudo sobre a educação nas Leis Orgânicas dos Municípios Baianos". CNPq – Salvador, FE-UFBA, 1995 (mimeo).

_____. (1996), O município e a educação. In: BOAVENTURA, Edivaldo Machado. *Políticas Municipais de Educação.* Salvador, EDUFBA.

BORDIGNON, Genuíno. Democratização e Descentralização da educação: políticas e práticas. Brasília, *Revista Brasileira de Administração da Educação,* 9(1):71-86, jan./jun., 1993.

CRETELLA Jr., José. . *Comentários à Constituição Brasileira de 1988.* Vol. III – arts. 18 a 22. 2. ed. São Paulo: Forense Universitária, 1991.

_____. *Comentários à Constituição Brasileira de 1988.* Vol. IV – arts. 23 a 37. 2. ed. São Paulo: Forense Universitária, 1992.

CUNHA, Luiz Antônio. *Educação Brasileira*: projetos em disputa. São Paulo, Cortez, 1995.

DAMACENO, Alberto & CORREA, Paulo César. *O Financiamento da Educação nas Leis Orgânicas Municipais Paraenses.* Caxambu, Comunicação Apresentada na 19ª Reunião Anual da ANPEd, 1996.

DUBEUX, Ana Maria Cunha. *A Educação nas Leis Orgânicas Municipais em Pernambuco.* São Paulo, FEUSP, 1996. Mestrado em Educação. Relatório de Qualificação.

FONSECA, João Pedro da. Municipalizar, verbo intransitivo. *Revista da Faculdade de Educação*. São Paulo, 13(1/2):132-47. jan./dez, 1990.

_____. *Poder Local e Municipalização*: em busca da utopia – Um Estudo no Município de Jacuí (MG). São Paulo, FEUSP – Tese de Livre-Docência, 1995.

FONSECA, Marília. *La Banque Mondiale et L'éducation au Bresil (1971-1990)*. Paris, Universite de Paris V – Thèse de Doctorat en Sciences de l'Éducation. 2 vols, 1992.

_____. O Banco Mundial e a Educação Brasileira: uma experiência de cooperação internacional. In: OLIVEIRA, Romualdo Portela de. *Política Educacional*: Impasses e alternativas. São Paulo: Cortez, 1995.

GADOTTI, Moacyr & ROMÃO, José Eustáquio. *A Educação e o Município*: sua nova organização. Brasília, MEC (Cadernos de Educação Básica – Série Inovações – 3), 1993.

HANNAWAY, Jane & CARNOY, Martin. *Decentralization and school improvement: can we fulfill the promise?* San Francisco: Jossey Blass, 1993.

HELENE, Otaviano & OLIVEIRA, Romualdo Portela de Oliveira. Subsídios para a formulação de uma política de expansão do Ensino Superior no Estado de São Paulo. São Paulo, *Cadernos ADUSP* (1):16-36, 1993.

JACOBI, Pedro Roberto. *Descentralização, Política Municipal de Educação e Participação no Município de São Paulo*. Brasília, INEP – Série Documental: Relatos de Pesquisa, n. 15, mar.1994, 1994.

MANIFESTO AO POVO E AO GOVERNO: A reconstrução educacional no Brasil. In: AZEVEDO, Fernando de. (), *A Educação entre dois mundos:* problemas, perspectivas e orientações. São Paulo: Melhoramentos, 1958 (Obras Completas – Vol. XVI).

MEDINA, A.V. A. Tarefas ou Poder, o que descentralizar? *Cadernos de Pesquisa*. São Paulo (60):45-7, fev., 1987.

NASCIMENTO, Francisco João, MELCHIOR, José Carlos de Araújo & OLIVEIRA, Romualdo Portela de. Reflexões a respeito de um Plano Nacional de Educação. *Educação Brasileira*. Brasília, Conselho de Reitores das Universidades Brasileiras, 9(19):15-22, 1987.

NASCIMENTO, J.C. do. Municipalização do ensino, debate e conjuntura. *Cadernos de Pesquisa*. São Paulo (60):48-50, fev., 1987.

OLIVEIRA, Romualdo Portela de. *Educação e Sociedade na Assembleia Constituinte de 1946*. São Paulo, FEUSP, 1990. Dissertação de Mestrado.

_____. *Educação e Cidadania*: O Direito à Educação na Constituição de 1988 da República Federativa do Brasil. São Paulo, FEUSP, 1995 Tese de Doutorado.

OLIVEIRA, Romualdo Portela de CATANI, Afrânio Mendes. *Constituições Estaduais Brasileiras e Educação*. São Paulo, Cortez, 1993a.

_____. Leis Orgânicas e Educação em Vinte Municípios Paulistas. *Revista da Faculdade de Educação*, 19(2):257-274, jul.-dez., 1993b.

PINTO, José Marcelino de Rezende. *As implicações financeiras da municipalização do ensino de primeiro grau*. Campinas, FE-UNICAMP, 1989. Dissertação de Mestrado.

ROMÃO, José Eustáquio. Municipalização e salário-educação. *Educação e Sociedade*, 30.

ROSAR, Maria de Fátima Félix. *Globalização e Descentralização*: o processo de desconstrução do sistema educacional brasileiro pela via da municipalização. Campinas, FEUNICAMP, 1995. Tese de Doutorado.

SILVA, Jair Militão da. (), *A Escola Católica*: uma contribuição ao estudo das escolas católicas em São Paulo. São Paulo, PUC-SP, 1983. Dissertação de Mestrado.

TEIXEIRA, Anísio. *Educação é um direito*. 2. ed. São Paulo, Nacional, 1967.

7.
O CONSELHO NACIONAL DE EDUCAÇÃO E A GESTÃO DEMOCRÁTICA

Carlos Roberto Jamil Cury*

Não se pode dizer que a Constituição Federal, no que se refere ao capítulo sobre a educação, não haja incorporado em seu texto os clamores dos educadores que, exigindo a democratização da sociedade e da escola pública brasileiras, buscaram traduzi-los em preceitos legais.

As críticas saídas dos movimentos de docentes tocavam duas frentes: aquela que exigia a democratização escolar enquanto expansão, gratuidade, qualidade, financiamento e outra que acentuava tanto a valorização do trabalho docente em novas estruturas internas das redes escolares quanto a qualificação dos sujeitos do ato pedagógico. Sob esta perspectiva, as críticas incidiam em torno de relações autoritárias advindas de órgãos centrais, em torno das pressões clientelísticas na indicação e investidura de autoridades pedagógicas e, finalmente, sobre a própria ambiência nas unidades escolares.

---

* Professor Titular da Faculdade de Educação da UFMG e presidente da Câmara de Educação Básica do Conselho Nacional de Educação

Estas críticas se combinavam não só com as denúncias de rebaixamento cada vez maior de indicadores sociais, como distribuição concentrada de renda, saúde precária, falta de moradias, mas também com as primeiras iniciativas tendentes à derrubada do regime ditatorial.

O sucesso na retomada do Estado de Direito, através da redemocratização política, foi fundamental para que, no processo constituinte de 1987, os representantes das populações afetadas pela ausência de uma democratização substantiva pudessem inserir e formalizar na Carta Magna princípios e garantias tendentes à declaração e efetivação dos direitos sociais.

O capítulo da educação incorporou várias dimensões deste clima de busca de cidadania política e social (Cury, 1989). Clima do qual se pode dizer que está enucleado pela valorização da democracia como saída para as mazelas do país.

É dentro deste quadro que o art. 206 irá expressar princípios inerentes à transmissão do ensino nas redes escolares. E nele encontraremos mais que princípios. Estão lá tanto as enunciações específicas, a propósito da valorização do trabalho docente, quanto a inovação trazida pela *"gestão democrática do ensino público, na forma da lei"* (inciso VI). Sobre isto, algumas considerações são possíveis.

A primeira delas se refere à formalização deste princípio em uma Constituição. Ela é uma conquista da qual os educadores não podem se alhear. Quem ajudou a produzir a lei tem por obrigação se aproximar mais e mais dos representantes, até porque a regulamentação específica do princípio constante do art. 206 exigirá uma lei complementar.[1]

---

1. Sobre esta correlação participação x gestão escolar, cf. Ghanem, 1995.

Entretanto, este princípio e seu modo de formulação são inéditos para nós e não aparecem em outras Constituições Federais, e mesmo em leis infraconstitucionais. Além disso, este princípio se viu reproduzido nas Constituições Estaduais e nas Leis Orgânicas Municipais (Catani e Oliveira, 1993), o que obriga os interessados no assunto a se debruçarem sobre suas realidades regionais e locais.

Outro ponto a se considerar é que, na formulação legal, o princípio democrático da gestão está adstrito ao *ensino público*. Com muita propriedade, quando relatora da Lei de Diretrizes e Bases da Educação Nacional, a deputada Ângela Amin se perguntava: qual deveria ser a gestão do ensino nas escolas particulares? Advogando a extensão do princípio às escolas privadas, a relatora se viu frente a argumentações contrárias da parte de líderes do sistema particular de ensino. Na verdade, a relatora fazia eco às demandas dos docentes dos sistemas públicos e privados que, em proposições anteriores, já estendiam o princípio da gestão democrática a qualquer modalidade de ensino sob o argumento de que o oposto da democracia é o autoritarismo. A pergunta que se pode fazer é a seguinte: e o silêncio sobre o caráter democrático da gestão na rede privada significa o quê ?

A terceira observação a se fazer é sobre a própria noção de gestão democrática. Sendo a transmissão de conhecimento um serviço público, o princípio associa este serviço à democracia. Isto quer dizer que aí está implicada uma noção de participação na *gestio rei publicae*. Lembrando-se que o termo gestão vem de *gestio,* que, por sua vez, vem de *gerere* (trazer em si, produzir), fica mais claro que a gestão não só é o ato de administrar um bem fora-de-si (alheio) mas é algo que se traz em si, porque nele está contido. E o conteúdo deste bem é a própria capacidade de participação, sinal maior da democracia. Só que aqui é a gestão de um *serviço público*, o que (re)duplica o seu caráter público (re/pública).

Este princípio já vem sendo realizado de vários modos no conjunto das administrações públicas de ensino no Brasil, através de Estados e Municípios. Certamente, um balanço de tais iniciativas é interessante para se avaliar a pluralidade e a riqueza que se vê contida na aspiração de participação.[2]

De todo modo, talvez seja importante reter que o princípio da gestão democrática tem um interlocutor (oculto?) que é o autoritarismo hierárquico de que se revestiu tanto a administração das redes quanto a própria relação pedagógica. E ela possui uma intencionalidade clara: ou a *gestio rei publicae* inclui a participação dos envolvidos na educação escolar ou ela não é pública e aí o que se lhe segue é a *gestio negotiorum*.

Finalmente, a gestão democrática conhece alguns constrangimentos legais que, de certo modo, já são uma antecipação realizada do "na forma da lei". Esse é o caso da Lei nº 8.069/90. Menos conhecida e não menos importante, esta lei do Estatuto da Criança e do Adolescente abre pistas interessantes. Não só seu espírito participativo e aberto deve ser considerado, mas também o capítulo sobre o direito dos menores à educação, cultura, esportes e lazer. Bastante elucidativos são seus artigos 15, 53, 54 e 58. Mas vale a pena a reprodução do parágrafo único do art. 53 que diz: *É direito dos pais ou responsáveis ter ciência do processo pedagógico, bem como participar da definição das propostas educacionais.*

Será, pois, sob este princípio, que serão feitas propostas diversas para a refundação da administração da edu-

---

2. As reuniões da Associação Nacional de Profissionais da Administração da Educação (ANPAE) têm sido uma oportunidade de se confrontar experiências. Sua revista dá indicações a este respeito.

cação, considerando-se sua destinação pública e seu caráter re-publicano.

Uma das instâncias desta administração tradicionalmente existente em nosso país foi a presença normativa, deliberativa e consultiva, primeiro, do Conselho Nacional de Educação (1931-1961), depois, Conselho Federal de Educação (1962-1994) e agora (através da Lei n. 9.1313/95), da recriação do primeiro.

Até chegar a esta formulação legal última, muitas outras foram gestadas. Contudo, havia uma inspiração que não deixou de ser contemplada em nenhuma delas: a referência à sociedade civil como uma fonte de sua constituição. Propostas mais *civilistas* faziam desta fonte *aquela* por excelência. Outras, mais conservadoras, a tinham apenas como desaguadouro de iniciativas de "sábios esclarecidos". Finalmente, outras faziam do mesmo um órgão, por assim dizer, híbrido. Constituído de várias matrizes pelo cruzamento de fontes civis e estatais, este foi o caminho da lei n. 9.131/95 após (inicialmente) a edição de medida provisória.

O novo Conselho Nacional de Educação, cuja metade de seus 24 membros é indicada por associações científicas e profissionais e – após dois turnos de votação – é nomeada pelo Presidente da República[3], é um órgão de Estado, é colaborador do Ministério da Educação e do Desporto, e, nestas duas características, ele deve "assegurar a participação da sociedade no aperfeiçoamento da educação nacional" (art. 7º).

Esta modalidade de participação da sociedade civil na indicação de metade de seus membros, não existente

---

3. Ao menos nesta primeira constituição a Presidência da República abriu mão de indicar 10 membros e assim a totalidade dos membros foi apontada pelas associações, menos os 2 membros do MEC que o são *ex officio*.

no antigo CFE (cujas indicações faziam parte da barganha política tradicional[4]), se viu acompanhada de uma perda de atributos normativos terminais[5].

Em termos comparativos, não se pode deixar de indicar (e discutir as consequências), de um lado, o caminho aberto e democrático da indicação de seus membros e, de outro, a transferência e perda de alguns dos atributos do ex-CFE para o MEC.

Órgão de Estado subordina-se à Constituição e dela deve retirar os princípios norteadores de sua doutrina; órgão de Estado permanece como tal, apesar e além da rotatividade dos governos. Órgão de colaboração (com funções consultivas e deliberativas) do "governo" do Ministério da Educação, face às exigências executivas deste poder da República, deve dialogar com as autoridades federais da educação o aperfeiçoamento de suas iniciativas. Mas é um órgão destinado a assegurar a participação da sociedade civil nos destinos da educação brasileira.

Esta tríplice dimensão mediadora se vê bafejada pelo princípio maior da "gestão democrática" e o modo de indicação de seus membros é uma explicitação da norma "na forma da lei". Isto não deixa de ser um ideal a ser perseguido por outras instâncias administrativas, normativas e consultivas (estaduais, municipais e mesmo nas unidades escolares) que tenham a ver com a educação escolar.

Desta maneira, os fins devem estar inerentes aos meios e a participação (imediatamente incluída no princípio da gestão democrática) deve estar contida nos instrumentos mediadores da política nacional (aí compreendido também o CNE), da política estadual, municipal e no

---

4. Sobre este assunto, consulte-se: Valle, 1996; Rocha, 1984 e Guimarães.

5. Sobre este assunto, consulte-se : Alves, 1996.

âmbito das unidades escolares. Neste sentido, a participação como fonte da gestão será tanto direta como no caso de consultas, assembleias, encontros ou mesmo questionários, quanto mediata através de órgãos colegiados como conselhos escolares, conselhos municipais, estaduais e o próprio conselho nacional.

A gestão democrática do ensino público supõe a transparência de processos e de atos. Ao caráter público e aberto se opõe o privado e o secreto. O segredo é a dimensão daquele que se tem como a sede e a fonte do poder e, portanto, nada deve à cidadania. Por esta via pode-se mesmo chegar a "déspotas esclarecidos", mas que não deixarão de ser déspotas. O privado é a dimensão daquele que presta serviços sob sistema contratual de mercado. E mesmo aí, dada a complexidade social e a dimensão de consumidor contida na cidadania, o privado não é absoluto.

A gestão democrática do ensino público não anula, mas convive com certas especificidades hierárquicas da escola. Por princípio, o professor detém um conhecimento cujo conteúdo – presume-se – não é dominado pelo estudante. A transmissão de conhecimentos não é igual à venda de mercadorias postas à disposição de clientes no mercado. A relação posta na transmissão de conhecimento implica a hierarquia de *funções* (mestre/aluno) e isto não quer dizer nem hierarquia entre *pessoas* e nem quer dizer que o aluno jamais chegue à condição de mestre. Pelo contrário, a relação de conhecimento existente na transmissão pedagógica tem como fim, não a perpetuação da diferença de saberes, mas a parceria entre os sujeitos. Além disso, a relação de conhecimento quanto mais serve (não se esquecer da natureza de serviço público inerente à transmissão do conhecimento) mais se multiplica e, ao contrário de uma apropriação privada, mais se socializa.

Embora se possa dizer estas qualidades de outros princípios da educação, essas duas novidades no âmbito da legislação educacional: gestão democrática (art. 206, VI da Constituição Federal) e (re)criação do Conselho Nacional de Educação (lei 9.131/95), possuem entre si, em maior ou menor grau, uma relação com os avanços da própria formalização em lei da derrubada de critérios autoritários ou privatistas e da assunção de critérios de participação.

O desafio posto aos sujeitos interessados na educação escolar e sua qualidade será o de encontrar, no interior destes avanços, o caminho consequente e viável de sua efetivação.

REFERÊNCIAS BIBLIOGRÁFICAS

ALVES, J. R. M. Conselho Nacional de Educação: nova fonte de jurisprudência do Direito Educacional. *DIREITO EDUCACIONAL*, nº 35, Rio de Janeiro, 1995.

CATANI, A. M. e OLIVEIRA, R. P. de. *Constituições Estaduais Brasileiras e Educação*. São Paulo: Cortez, 1993.

CURY, C. R. J. A Educação e a Nova Ordem Constitucional. *ANDE*, nº 14, S. Paulo, 1989.

GHANEM, E. (org.) *Participação Popular na Gestão Escolar*. São Paulo: Ação Educativa, 1995.

GUIMARÃES, M. Os Conselhos de Educação: atribuições e competências. *PROBLEMAS BRASILEIROS*, São Paulo, nº 208, 1982.

ROCHA, L. M. da F. *A expansão do ensino superior e o Conselho Federal de Educação 1968-1980*. Brasília, 1984 (dissertação: mestrado, UNB).

VALLE, I. R. *Burocratização da Educação: um estudo sobre o Conselho Estadual de Educação de Santa Catarina*. Florianópolis, UFSC, 1996.

8.
A POLÍTICA DE EDUCAÇÃO DE JOVENS E ADULTOS ANALFABETOS NO BRASIL

Celso de Rui Beisiegel*

ANTECEDENTES

Só é possível falar na existência de uma política de educação de jovens e adultos analfabetos no Brasil a partir da década de 1940. É bem verdade que já antes disso, durante toda a Primeira República e até mesmo no Império, foram muito frequentes as referências ao ensino noturno de adultos. Mas, tudo o que se fez foi sempre muito pouco significativo sob o ponto de vista do número de educandos envolvidos. Além disso, desde o Ato Adicional de 1834, as questões da educação fundamental das crianças e, por extensão, também dos adultos, haviam sido atribuídas aos governos provinciais, obrigando-se o governo central a atendê-las somente no Município da Corte. Já na República, a Constituição de 1891 deu continuidade àquela orientação descentralizadora para a educação popular. Por isso mesmo, as iniciativas foram sempre esparsas e descontínuas, nunca deram forma a uma ação

---

* Professor Titular de Sociologia da Educação da Faculdade de Educação da USP.

mais global e sistemática dirigida à massa de jovens e adultos analfabetos. A única ação de amplitude nacional, mas também numericamente pouco expressiva, foi a realizada pelo Exército, nas escolas regimentais[1] criadas, a partir de 1913, para proporcionar educação primária aos recrutas analfabetos.

No início da década de 1940, era ainda muito reduzido o número de jovens e adultos analfabetos alcançados pela educação escolar supletiva. O "Histórico da Educação de Adultos no Brasil"[2], editado pelo Ministério da Educação e Saúde, em 1949, registra os seguintes dados sobre o atendimento da população no ensino supletivo:

Ano	Unidades escolares	Matrícula efetiva
1935	1.168	70.106
1940	1.696	95.281
1943	1.809	94.291

Embora os números apontem para um atendimento ainda muito limitado, nessa época, a situação da educação popular já caminhava para mudanças significativas. Desde sua instalação no poder, em 1930, o Governo Vargas, devido ao seu forte impulso centralizador, viera progressivamente construindo uma infraestrutura institucional capaz de pelo menos dar início ao enfrentamento dos grandes problemas educacionais da Nação. O Recensea-

---

1. Decreto nº 10.198, de 30 de abril de 1913, que criou as escolas regimentais. A Lei nº 5.632, de 31 de dezembro de 1928, estabeleceu que o ensino das escolas regimentais compreenderia a instrução primária elementar, ministrada aos soldados analfabetos por professores civis. A instrução elementar dos recrutas analfabetos foi objeto de outras providências legais na década seguinte. Cf. "Histórico da Educação de Adultos no Brasil" – Ministério da Educação e Saúde, RJ, 1949, p.12.

2. "Histórico da Educação de Adultos no Brasil" – op. cit., p. 12.

mento Geral de 1940, um dos produtos do processo de modernização do Estado, colocara em grande evidência a gravidade da situação educacional, revelando, entre outras realidades inquietantes, que mais da metade da população de maiores de 15 anos era constituída por jovens e adultos analfabetos. Criado logo no início do Governo Vargas, ainda em 1930, o Ministério da Educação e Saúde viera sendo progressivamente diversificado mediante a instalação de novos órgãos e já reunira, a esta altura, um contingente significativo de educadores profissionais, que encontravam nos dados do Recenseamento um forte apoio para o incremento de suas atividades. A importância relativa da atuação desses educadores deve ser adequadamente compreendida. Os grupos que assumiram o poder após a Revolução de 30 incluíram também as massas populares urbanas entre os diversos segmentos sociais em que procuravam encontrar sustentação política. As ações voltadas para a valorização das condições de vida desses segmentos da população tinham seus fundamentos nessas necessidades políticas dos novos governantes. Os quadros intelectuais iriam traduzir essas necessidades em formas particulares de atuação. E o trabalho dos educadores produziu importantes consequências: já em 1942, pelo Decreto-Lei nº 4.958, de 14 de novembro, foram instituídos o Fundo Nacional do Ensino Primário e o Convênio Nacional do Ensino Primário, com a finalidade explícita de possibilitar a ampliação e a melhoria do sistema escolar primário de todo o País. Logo em seguida, o Decreto nº 6.785, de 11 de agosto de 1944, definiu a fonte dos recursos federais destinados à constituição do Fundo. Um pouco depois, em 25 de agosto de 1945, o Decreto nº 19.513, que regulamentou a concessão dos auxílios do Fundo Nacional do Ensino Primário às unidades federadas, no item 2 de seu artigo 4º, estabeleceu que 25% de cada auxílio federal seria aplicado na educação primária de adolescentes e adultos analfabetos, observados os termos de um plano geral de ensino supletivo, aprovado pelo Ministério da Educação e Saúde. Coroando este conjunto de iniciativas, através da Portaria n.º 57, de 30 de janeiro de 1947, o Ministério da Educação e Saúde autorizou a organização de um Serviço de Educação de Adultos no Departamento Nacional de Educação, possibilitando o início dos trabalhos da Campanha Nacional de Educação de Adultos. Concretizava-se, assim, finalmente, já no Governo Dutra, sob um novo arcabouço jurídico-político, uma campanha de educação de jovens e adultos analfabetos cuja preparação fora iniciada ainda nos tempos do Estado Novo.

Esta sequência de eventos é relevante. Ela permite qualificar, corretamente e com clareza, a importância da atuação da UNESCO na implementação de uma política de educação de jovens e adultos analfabetos no Brasil. Na verdade, já se atribuiu à organização internacional a paternidade dos movimentos de educação de adultos nos países membros, nos primeiros anos do após-guerra. Mas, a relação de causalidade é inversa e muito mais complexa. A origem da preocupação está nos próprios países-membros, em nações que já vinham buscando encontrar formas de atuação junto às respectivas massas iletradas: no Brasil, no México, no Irã, na Índia, na Colômbia, em Cuba, no Egito, etc. Os representantes destes países é que conseguiram situar a educação das massas iletradas como o "projeto número um" da UNESCO[3]. Depois disso, a pregação internacional em favor desta "educação de base" das massas iletradas retornaria aos países que lhe deram origem, atuando agora como elemento de legitimação e de reforço do trabalho dos quadros locais em sua luta pela promoção da educação de adolescentes e adultos analfabetos. Por isso mesmo, a atuação da organização internacional não deve ser menosprezada. Os educadores locais seguramente encontraram um impor-

---

3. Beisiegel (1974:78 e seguintes).

tante elemento de legitimação e apoio na ação desenvolvida pela UNESCO.

A CAMPANHA DE EDUCAÇÃO DE ADULTOS

A Campanha de Educação de Adultos foi concebida por Lourenço Filho, seu idealizador e primeiro coordenador, como um amplo movimento de mobilização nacional em favor da educação de jovens e adultos analfabetos. Mediante a instalação do maior número possível de classes noturnas de ensino de adultos nas áreas rurais e urbanas de todo o território do País, a coordenação da Campanha pretendia, progressivamente, com o tempo, estender a educação primária à totalidade dos jovens e adultos ainda iletrados. Acompanhando a conceituação desenvolvida na UNESCO, falava-se na universalização da "alfabetização funcional", da "educação fundamental" ou da *"educação de base"* – mas Lourenço Filho esclarecia que essa educação de base era a oferecida pela escola primária, consistindo em conhecimentos de leitura, escrita e cálculo, além de noções gerais de história, geografia, ciências, higiene, saúde e civismo. Em conferências pronunciadas em 1948, Lourenço Filho afirmava que:

> "...no caso específico do Brasil, atribuía-se ao ensino supletivo o esforço de fornecer a todos a educação de base ou educação fundamental, entendendo-se por educação de base o processo educativo dedicado a proporcionar a cada indivíduo os instrumentos indispensáveis da cultura do seu tempo, em técnicas que facilitassem o acesso a essa cultura – como a leitura, a escrita, a aritmética elementar, noções de ciências, de vida social, de civismo, de higiene – e com as quais, segundo suas capacidades, cada homem pudesse desenvolver-se e procurar melhor ajustamento social" (Beisiegel, 1974:93).

Essa educação de base corresponderia, assim, exatamente aos conteúdos da escola primária.

Entendia-se que a educação do adulto teria consequências também sobre a educação das crianças.

"A valorização da escola entre os adultos das comunidades rústicas estenderia os efeitos da Campanha à própria educação das crianças. O nível de vida, em cada comunidade, condicionaria as possibilidades de desenvolvimento da educação das crianças: se um meio adverso lhes impede o desenvolvimento, o meio culturalmente elevado produz um efeito contrário. A criança alfabetizada, em um meio de adultos analfabetos, não logra modificar a situação dos adultos. Mas, o adulto provido de alguma instrução, em meio igualmente rude, pode contribuir para transformá-lo, seja atuando no seio do lar, sobre os filhos, seja nas suas relações mais extensas, sobre toda a comunidade" (Beisiegel, 1974:97).

Atuando diretamente sobre as populações adultas e, indiretamente, também sobre a população infantil, a Campanha estaria contribuindo para a realização do ideal de educação para todos.

A ação da Campanha estava claramente orientada para o atendimento às exigências da cidadania. O esforço de educação popular então realizado visava, segundo Lourenço Filho (1949):

"à recuperação de grandes massas da população que viviam praticamente à margem da vida nacional (...), era necessário educar o adulto, antes de tudo, para que esse marginalismo desaparecesse e o País pudesse ser mais homogêneo, mais coeso e mais solidário – e para que cada homem ou mulher melhor pudesse ajustar-se à vida social e às preocupações do bem-estar e do progresso social" (p. 7).

Atendendo a critérios definidos já no Decreto nº 19.513, que em seu artigo segundo determinava que os auxílios federais do Fundo Nacional de Ensino Primário seriam distribuídos a cada um dos Estados e Territórios de acordo com as suas maiores necessidades[4], a Campanha, nos seus primeiros anos de funcionamento, distribuiu, entre as unidades federadas, os seguintes números de classes de educação de adultos:

ano	número de classes	
	da Campanha	total nacional
1947	10.416	11.945
1948	14.110	15.527
1949	15.204	16.300
1950	16.500	17.600

O número de jovens e adultos então atendidos nessas classes era inegavelmente expressivo. Os relatórios de atividades do Serviço de Educação de Adultos registram os seguintes resultados nesses primeiros anos de atuação da Campanha:

ano	Matrícula efetiva
1947	473.477
1948	604.521
1949	665.000
1950	720.000

Há poucos dados disponíveis sobre o número de alunos aprovados nesses cursos. Os relatórios do Serviço de

---

4. Beisiegel (1974:91 e seguintes).

Educação de Adultos registravam 213.749 aprovações para 1947, e 295.395 para 1948. Admitindo, para os anos seguintes, as mesmas taxas de aprovação observadas nesses dois anos anteriores, o Serviço concluía que *"o número de alunos aprovados em exames regulares no período de 1947 a 1950 seria superior a 1.200.000 adolescentes e adultos"* (Beisiegel, 1974:123).

Os procedimentos adotados para a realização dos trabalhos estavam definidos nos termos dos "Convênios Especiais" celebrados entre o Ministério da Educação e Saúde e os Estados e Territórios. De acordo com esses convênios, competia à União o planejamento geral, a orientação técnica e o controle global dos serviços, bem como a prestação de auxílio financeiro (para pagamento de *pró-labore* aos docentes e para a cobertura de despesas com administração e iluminação das salas) e o fornecimento de material de leitura. As unidades federadas, por sua vez, se comprometiam a criar um Serviço, ou Comissão, com a incumbência de superintender as atividades e a instalar, prover com pessoal docente e fazer funcionar as classes de ensino supletivo previstas para seus respectivos territórios no planejamento geral da Campanha. Desse modo, como contrapartida ao recebimento dos auxílios federais, os Estados e Territórios se obrigavam a realizar os trabalhos de educação de adultos programados pelo Governo da União. A exigência de criação de um serviço ou de uma comissão de educação de adultos teve consequências importantes, pois favoreceu a inserção da educação supletiva entre as atividades regulares dos sistemas estaduais de ensino, estendendo, assim, a influência da Campanha por um largo período.[5]

---

5. Beisiegel (1974:133 e seguintes).

OUTROS MOVIMENTOS

Desde o início de sua implantação, a Campanha de Educação de Adultos procurou evitar a concentração dos trabalhos nas grandes aglomerações urbanas. Os critérios de distribuição dos cursos pelas unidades federadas já evidenciavam essa preocupação. Além de dimensionarem o número de classes atribuídas a cada unidade a partir dos respectivos índices relativos de analfabetismo, esses critérios consideraram ainda, numa segunda etapa dos cálculos, as porcentagens de analfabetos registradas em cada um dos municípios dos Estados e Territórios.[6] A referência para a distribuição dos recursos deslocava-se, assim, da unidade para os seus municípios, obrigando à disseminação das classes por todas as regiões. Reforçando ainda mais as providências adotadas com essa intenção, os "Acordos Especiais" celebrados a partir de 1948 obrigavam os Estados e Territórios a instalar os cursos acrescidos nesse ano de preferência em núcleos de populações rurais, e pelo menos um deles em cada escola rural construída com os recursos do Fundo Nacional do Ensino Primário.

A preocupação especial da Campanha com a educação das populações rurais ficou evidenciada também na organização das denominadas "Missões Rurais de Educação de Adultos". Concebidas como instrumento de "soerguimento geral das condições de vida material e social de pequenas comunidades", as "missões" deveriam atuar na "organização social da comunidade, mediante a ação de conjunto de técnicos e especialistas". As "missões" não poderiam ser entendidas como agências de assistência ou auxílio fugaz às populações. Buscariam uma atuação mais profun-

---

6. "Planejamento Geral da Campanha" – Ministério da Educação e Saúde, RJ (1947:6).

da, no esclarecimento das condições de vida das populações, suas técnicas de trabalho, condições de saúde e aspirações culturais, constituindo-se, assim, "no instrumento mais completo de educação de base já experimentado, visando à recuperação educativa dos adultos, orientação e reorientação de adolescentes, e educação das crianças".

Constituída ainda em 1950, a primeira "Missão Rural" reunia um médico, dois agrônomos, um veterinário, uma enfermeira e educadora sanitária, uma especialista em economia doméstica, um assistente social e dois funcionários operacionais (um operador de rádio e cinema e um motorista). Os trabalhos foram iniciados no Município de Itaperuna, no Estado do Rio de Janeiro, e deveriam ter prosseguimento, em seguida, nos municípios de Bom Jesus de Itabapoana (RJ), Tombos e Muriaé (MG) e Guacuí e São Gonçalo (ES). Atuando por prazo limitado em cada localidade, as "missões" deveriam articular-se com as autoridades locais, com as associações, as igrejas, escolas e serviços sociais que já existissem ou que viessem a ser criados por sua influência. Deveriam ainda identificar e instruir os elementos locais mais capazes, para que atuassem na consolidação e na continuidade dos trabalhos.

A CAMPANHA NACIONAL DE EDUCAÇÃO RURAL

A experiência das "missões rurais" foi consolidada em 1952, com a aprovação, pelo Ministro da Educação e Saúde, do Regulamento da Campanha Nacional de Educação Rural.[7] Promovida pelo Ministério através do Departamento Nacional de Educação, a Campanha deveria levar a *educação de base* ao meio rural brasileiro, medi-

---

7. Cf. Campanha Nacional de Educação Rural. Regulamento. In: Bittencourt, A. (org.) – Fundos e Campanhas Educacionais, Vol. 1 (1942 a 1958). Ministério da Educação e Cultura, RJ (1959:177).

ante a criação de "*missões rurais, centros de treinamento de líderes rurais e centros sociais e a promoção de cursos de aperfeiçoamento, semanas educativas, cursos e conferências, campanhas educacionais e outras modalidades de educação de base ou fundamental*" (Bittencourt, 1959:178). O regulamento da Campanha definia essa educação de base como o "mínimo de educação geral que tem por objeto ajudar as crianças, adolescentes e adultos a compreenderem os problemas peculiares ao meio em que vivem, a formarem uma ideia exata de seus deveres e direitos individuais e cívicos e a participarem eficazmente do processo econômico e social da comunidade a que pertencem". Essa educação proporcionaria aos indivíduos e às comunidades os "conhecimentos teóricos e técnicos indispensáveis a um nível de vida compatível com a dignidade humana e com os ideais democráticos" (...) e necessários à absorção eficaz das atividades dos serviços especializados de medicina, agronomia e higiene.[8] O "Relatório dos Trabalhos Realizados pelo Departamento Nacional de Educação", de 1955, relaciona atividades da Campanha de Educação Rural em quase todos os Estados da Federação.[9] Nesse ano, foram realizados investimentos de recursos da Campanha na organização e instalação de um *Centro Regional de Educação de Base* em Colatina – Espírito Santo; em *Cursos de Treinamento de Professores Rurais* – Bahia, Minas Gerais, Maranhão e Pernambuco; em *Centros de Orientação de Líderes Locais* – São Paulo, Ceará, Maranhão e Rio Grande do Norte; em *Centros de Treinamento e Cooperativismo* – São Paulo; em *Missões Rurais* – Rio Grande do Sul, Rio Grande do Norte, Bahia, Paraíba, Rio de Janeiro, Ceará, Maranhão, São Paulo, Minas Gerais e Rio de

---

8. Bittencourt (1959:177).

9. Relatório dos trabalhos realizados em 1955. Departamento Nacional de Educação. Ministério da Educação e Cultura, RJ (1956:177 e seguintes).

Janeiro; em *Centros Sociais de Comunidade* – Bahia, Minas Gerais, Rio Grande do Sul, Rio de Janeiro, Alagoas, Rio Grande do Norte, Ceará e Pernambuco. Observa-se, pois, que os trabalhos iniciados em 1950 haviam adquirido um notável impulso. Em 27 de março de 1956, o Decreto nº 38.955 consolidou as disposições anteriores relativas à Campanha de Educação Rural.[10]

A CAMPANHA NACIONAL DE ERRADICAÇÃO DO ANALFABETISMO

O final da década de 1950 assistiu ainda ao lançamento da Campanha Nacional de Erradicação do Analfabetismo. Atendendo a disposições da Lei nº 3.327-A, de 3 de dezembro de 1957, o Ministério da educação e Cultura baixou a Portaria nº 5-A, de 9 de janeiro de 1958, que instituía a Campanha de Erradicação do Analfabetismo, a realizar-se mediante o desenvolvimento de um plano piloto em um Município de cada uma das regiões Norte, Nordeste, Leste, Centro-Oeste e Sul do País.

No que pode ser entendido como uma pretensão de revisão crítica de tudo o que até então viera sendo feito pelo Ministério no campo do combate ao analfabetismo, o "Plano Piloto de Erradicação do Analfabetismo" afirmava já não ser cabível atuar através de movimentos com objetivos semelhantes aos propostos pelos sistemas de ensino do Século XIX. Já não era o caso de promover uma campanha que simplesmente procurasse proporcionar à população a mera capacidade de ler. O analfabetismo, enquanto fenômeno social, *"teria causas sociais e econômicas, que deviam ser conhecidas, a fim de que, compreendendo-o na sua inter-relação e no seu con-*

---

10. Bittencourt (1959:367).

texto, fosse finalmente possível submetê-lo a controle"
(Bittencourt, 1959:482).

O programa de trabalho preparado para a Campanha previa, inicialmente, o aprofundamento dos estudos sobre os problemas sociais, econômicos e culturais das áreas selecionadas para o Plano Piloto. Em seguida, preconizava uma ação de ampliação e melhoria dos sistemas de ensino primário locais, envolvendo a melhor preparação do magistério e a criação de classes de emergência para menores ainda analfabetos na faixa de 11 a 15 anos de idade. Propunha, também, a reorganização dos currículos das escolas primárias de modo a valorizar os fatos e experiências locais com um "sentido progressivista", de modo a resolver os principais problemas do Município. Recomendava a transformação das pequenas escolas rurais em centros de *reuniões da população* local para recreação e *estudo de seus problemas*. O programa previa, ainda, um amplo movimento de educação de base para a população rural, envolvendo preparação específica dos professores e desenvolvimento de cooperativas. Propunha a realização de campanhas periódicas dedicadas à divulgação de conhecimentos sobre questões tais como reflorestamento, combate à erosão e criação de gado leiteiro e de aves para a exportação.

Os recursos disponíveis possibilitavam o início da Campanha em pelo menos uma das regiões relacionadas no Plano Piloto. Selecionou-se para isso o Município de Leopoldina, na zona da mata de Minas Gerais. Logo em seguida, foram iniciadas as atividades nas outras localidades escolhidas para o Plano Piloto: Timbaúba, no Nordeste, Catalão, em Goiás, Júlio de Castilhos, no Rio Grande do Sul e, finalmente, Santarém, na região Norte.[11] Nos anos seguintes, a Campanha expandiu suas atividades para outros Mu-

---

11. Paiva (1973: 219 e seguintes).

nicípios. Em 1961, entrou em fase de regressão para logo depois ser extinta. Independentemente de seus resultados, a Campanha Nacional de Erradicação do Analfabetismo foi importante, porque marcou o início de uma nova etapa nas discussões sobre a ação educativa da União junto às massas iletradas. Seus organizadores entendiam que a mera alfabetização do adulto não tinha significado. Toda a prioridade seria dada à educação de crianças e aos jovens para quem a educação ainda pudesse significar alteração de perspectivas existenciais. Em algumas de suas propostas e justificativas, procurava-se examinar em maior profundidade o peso dos condicionamentos socioculturais na situação de jovens e adultos analfabetos. É como se uma compreensão da educação enquanto fator de progresso do meio estivesse sendo invadida por outra, segundo a qual a mudança do meio seria o elemento privilegiado, inclusive enquanto fator de mudança da situação educacional. Por outro lado, é necessário salientar, também, que as críticas dos organizadores da Campanha aos trabalhos realizados anteriormente expunham de modo exemplar um dilema que sempre acompanhou e que continuaria acompanhando os trabalhos de educação de adultos no País. Como conciliar as exigências de *qualidade da atuação* com os desafios colocados pela intenção de alcançar a *grande massa de analfabetos*? Ou, em outras palavras, como atender, ao mesmo tempo, à educação das grandes massas de adultos analfabetos e às exigências de aprofundamento dos trabalhos? Mas, neste final da década de 1950, a educação de adultos analfabetos começava a enfrentar críticas orientadas por outras perspectivas de compreensão dos desafios educacionais do País.

POLÍTICA E EDUCAÇÃO DE ADULTOS

A partir da segunda metade da década de 1950, a educação de jovens e adultos analfabetos passou progressivamente a inscrever-se no quadro mais amplo dos grandes embates político-ideológicos do final do período populista. Toda essa etapa de nossa história foi marcada por crescente exacerbação da disputa política e ideológica. Correntes ideológicas, organizações políticas, movimentos estudantis, associações religiosas, igrejas..., enfim, diferentes portadores de projetos alternativos de futuro para a sociedade disputavam o exercício de influência sobre a população. A educação, sobretudo a educação de jovens e adultos, com muita frequência passou a ser compreendida por esses atores como instrumento de formação de agentes de construção do futuro desejado.

Trabalhos realizados no Instituto Superior de Estudos Brasileiros (ISEB) definem bem esta perspectiva de entendimento do processo educativo. Em Ideologia e Desenvolvimento Nacional, um texto resultante de aula inaural pronunciada na abertura de um dos cursos do Instituto, em 1956, Álvaro Vieira Pinto já explicitava claramente esse entendimento, ao defender uma educação comprometida com a promoção da ideologia do desenvolvimento nacional: *"O que parece necessário, é imprimir novo rumo a nossa educação, a fim de orientá-la, sem compromisso com qualquer credo político, no sentido da ideologia do desenvolvimento econômico e social"* (Beisiegel, 1984:51 e seguintes). Tudo aquilo que na superfície das coisas aparecia sob a forma de reivindicações populares, na essência constituía a expressão do imperativo nacional do desenvolvimento: somente a promoção do País à conquista de si mesmo podia levar à criação das condições indispensáveis ao atendimento das exigências das massas. Ao intelectual cabia captar estas expressões da atualidade do ser nacional na consciência de um número cada vez mais amplo de brasileiros e, a partir dos conteúdos apreendidos nessas consciências, formular um projeto de desenvolvimento e devolvê-lo depois às suas origens populares, para unificar e acelerar o envolvimento consciente do povo na construção do futuro.[12] E seria exatamente esta, para o isebiano, a função social do processo educativo. A educação era entendida como instrumento de difusão e promoção desse projeto de desenvolvimento nacional.

Mas, a principal matriz das orientações da educação popular enquanto meio de formação das consciências começava a aparecer sobretudo na atuação da Igreja Católica. O principal empreendimento da Igreja na educação popular, na época, o Movimento de Educação de Base (MEB), encontra suas origens em atividades precursoras desenvolvidas nas arquidioceses de Natal e Aracaju através de escolas radiofônicas.

> "Experiências localizadas e propostas de escolas radiofônicas existiram no País durante muito tempo. Como antecedentes mais próximos, vale registrar: a) o SIRENA – Sistema Radioeducativo Nacional, criado pelo MEC em 1958, que tinha, em 1960, 47 emissoras irradiando programas educativos e 22 em instalação; b) as escolas radiofônicas do Serviço de Assistência Rural – SAR, da diocese de Natal, em funcionamento desde 1958 e inseridas no trabalho do SAR de organização e desenvolvimento de comunidades.(...) c) o Sistema Radioeducativo de Sergipe, da arquidiocese de Aracaju, em convênio com o SIRENA e outros órgãos federais. Ainda convém lembrar a existência da RENEC – Representação Nacional das Emissoras Católicas, órgão do Secretariado Nacional de Ação Social da CNBB, que tinha um setor de educação de base. No final de 1960, a RENEC promoveu em Aracaju o 1º Encontro de Educação de Base, onde se considerou a possibilidade de instalar escoas radiofônicas em outras dioceses. Logo após, inici - aram-se os entendimentos entre a CNBB, representada por Dom José Távora, arcebispo de Aracaju, e Jâ-

---

12. Beisiegel (1984:177 e 178).

nio Quadros, eleito, mas ainda não empossado....
Uma última referência àquela que é tida como fonte
principal – a experiência de Sutatenza, de Mons. Sal-
cedo, ligada à Acción Cultural y Popular da Colômbia, que teve influência direta na experiência de Natal" (Wanderley, 1984:48).

O Movimento de Educação de Base foi oficializado
pelo Decreto nº 50.370, de 21 de março de 1961, que estabeleceu as linhas gerais do convênio então celebrado
entre o Governo da União e a CNBB. Nos termos desse
convênio, o governo federal financiaria os trabalhos de
educação popular programados pela CNBB para as regiões subdesenvolvidas do Norte, do Nordeste e do Centro-Oeste do País. Realizado sob a responsabilidade da
CNBB, o MEB foi conduzido por leigos, em geral provenientes das organizações do laicato católico.

A unidade nuclear de atuação do MEB era o "sistema ra-
diofônico de educação de base", responsável pelas ações de
planejamento, seleção e preparação dos animadores e moni-
tores voluntários, coordenação e execução do programa local de educação de base. O conjunto dos sistemas locais de
um mesmo Estado era coordenado por uma Equipe Estadual. Essas equipes estaduais subordinavam-se ao Conselho Diretor Nacional, constituído por 9 bispos e arcebispos e dois leigos, sendo um deles representante do Presidente da República.[13] De acordo com os dados fornecidos por Luiz Eduardo
Wanderley, no início de 1964, o MEB atingia 15 unidades federadas: Amazonas, Pará, Maranhão, Piauí, Ceará, Rio Grande do Norte, Paraíba, Pernambuco, Alagoas, Sergipe, Bahia,
Minas Gerais, Goiás, Mato Grosso e o território de Rondônia.
Eram mantidos em funcionamento 55 sistemas radiofônicos

---

13. Wanderley (1984:52).

de educação de base. Os trabalhos dependiam da atividade de 25 emissoras de rádio, envolvendo 6.218 escolas radiofônicas em março de 1964. *"O número de alunos concluintes no período de 1961/1965 foi de cerca de 380.000, com um pico de 146.310 em setembro de 1963. Os alunos concentravam-se entre os 15 e 30 anos, mas com número apreciável de menores de 15 anos. A evasão ficava por volta de 25%"* (Wanderley, 1984:60).

As aulas elaboradas pelas equipes centrais eram transmitidas às escolas radiofônicas, onde um monitor voluntário estabelecia as ligações entre seus conteúdos e a atividade dos alunos e, em seguida, promovia debates sobre os temas focalizados pelo professor-locutor. Examinavam-se, nas aulas, novas técnicas agrícolas e as então denominadas "microexperiências coletivas", como o mutirão, as cooperativas, as roças comunitárias e os clubes de vendas. Cabia, ainda, ao monitor, fazer da escola radiofônica um elemento dinamizador da comunidade, mediante a promoção de campanhas de saúde e de sindicalização, a fundação e apoio ao desenvolvimento de cooperativas e clubes de moradores. Os trabalhos da escola radiofônica orientavam-se para a conscientização, procurando despertar nos educandos a necessidade de engajamento em organizações profissionais, em organizações de classe e em grupos voltados para o desenvolvimento das comunidades. A partir de 1962, foram progressivamente reforçadas as atividades orientadas para a politização, a educação sindicalista e o processo de sindicalização rural. Wanderley (1984) definiu com rara felicidade as orientações então imprimidas ao movimento pelos seus coordenadores: *"um pequeno grupo de minha geração viveu o fascínio histórico da elaboração de um projeto global de alternativa de mudança social para o Brasil (...) Acreditamos na utopia concreta da edificação de uma sociedade mais justa e humana, que superasse o capitalismo e fosse além dos impasses do socialismo"* (p.12). O MEB continuou atuando até hoje. No entanto, como outros movimentos de educação popular empreendidos nesta fase final do estado populista, também foi profundamente afetado pela revolução de abril de 1964.

Outros movimentos educacionais de orientação marcadamente política foram iniciados nos primeiros anos da década de 1960. Entre eles, o Movimento de Cultura Popular (MCP) do Recife, a Campanha de Pé no Chão Também se Aprende a Ler, da Prefeitura de Natal, e os Centros Populares de Cultura, da União Nacional dos Estudantes (UNE).

O Movimento de Cultura Popular do Recife foi criado em maio de 1960. Era inicialmente a concretização de uma ideia do prefeito Miguel Arraes, posteriormente ampliada por seus assessores.

> "A princípio, o MCP consistia na criação de escolas para o povo, aproveitando salas de associações de bairros, de entidades esportivas, de templos religiosos – e aí instalando móveis simples, toscos, fabricados nas oficinas da Prefeitura. No começo, era só um plano de alfabetização de adultos, completando o vazio deixado pela rede escolar mantida pelo Estado e por particulares" (Beisiegel, 1984:120).

> "Logo depois de eleito para a Prefeitura Municipal do Recife, Arraes chamou-me e disse que *durante a campanha defendera certas posições e que havia sido eleito no âmbito de um compromisso de fazer alguma coisa para melhorar as condições de vida do povo*. A Prefeitura não tinha recursos, pouco podia fazer. Aliás, o povo sabia disso. Mas, *alguma coisa sempre podia ser feita*. Então Arraes expôs sua ideia: a população pobre do Recife estava completamente desprovida de escolas. Por isso, pensava em aproveitar os espaços disponíveis em igrejas, templos, clubes, sedes de associações populares e outros locais para a instalação de salas de aula. As carteiras seriam fabricadas e consertadas nas oficinas da Prefeitura. O dinheiro necessário talvez pudesse ser arrecadado entre os comerciantes, os industriais, a população em geral" (Beisiegel, 1984:204).

"Chamados a colaborar com a Prefeitura, intelectuais e artistas ampliaram os planos iniciais, elastecendo os horizontes do movimento. Tratou-se, em primeiro lugar, de fundar uma entidade jurídica, com estatuto, sede, diretores e corpo de colaboradores. Na própria discussão dos estatutos, as ideias cresceram, dilatando o campo da iniciativa, antes definindo-a conceitualmente. Era o ano de 1960, fértil em iniciativas dessa natureza em todo o território nacional. Visava o MCP, além da alfabetização, elevar o nível cultural das massas, conscientizando-as paralelamente" (Beisiegel, 1984:120).

O "Plano de Ação do Movimento de Cultura Popular", apresentado no Seminário de Alfabetização e Cultura Popular realizado no Recife, em setembro de 1963, relata que as atividades iniciais do Movimento se orientaram, fundamentalmente, no sentido de conscientizar as massas, através da alfabetização e educação de base.

"A realidade de um Estado com enorme índice de analfabetismo exigia esforços urgentes a fim de incorporar à sociedade os milhares de proletários e marginais do Recife, dotando-os de uma nova consciência. Com o tempo, foi o MCP diversificando seu campo de ação, e novos tipos de contato com a massa se foram forjando: teatro, núcleos de cultura popular, meios informais de educação, canto, música e dança popular, artes plásticas e artesanato..." (Beisiegel, 1984:120).

O principal articulador do movimento, o professor Germano Coelho, então Secretário Municipal de Educação, em entrevista concedida a *O Metropolitano*, no início de 1961, relatava que, menos de um ano depois do início dos trabalhos, o MCP já contava com um Núcleo Central, instalado em propriedade da Prefeitura, construíra sua Galeria de Arte Popular, às margens do Capibaribe e contava com 58 Associações de Cultura Popular espalhadas pelo Recife e vinculadas ao Núcleo Central. Estavam sendo construídos o Teatro do Arraial Velho, uma biblioteca infanto-juvenil e um prédio para a Divisão de Artesanato e Artes Plásticas. Organizava-se, no Núcleo Central, uma divisão de rádio, televisão e imprensa. Pensava-se em utilizar a futura estação de rádio da Universidade do Recife na campanha educativa já desencadeada. Previa-se, para breve, a instalação de aparelhos receptores de rádio em cada uma das sedes das Associações de Cultura Popular.[14] Ainda em 1961, o movimento iniciou os trabalhos de educação através de escolas radiofônicas experimentais. *O Livro de Leitura para Adultos*, de Josina de Godoy e Norma Coelho, também conhecido na época como a "cartilha do MCP", foi originalmente elaborado para atender às necessidades dessa rede de escolas. Os conteúdos desse importante livro de leituras revelam claramente a vinculação da educação de adultos às orientações político-ideológicas do movimento político então articulado em torno da figura de Miguel Arraes.[15]

As origens do movimento conhecido como Campanha de Pé no Chão Também se Aprende a Ler, de Natal, são muito semelhantes às do movimento do Recife. Encontram-se nas suas raízes as mesmas carências educacionais que deram origem ao MCP. Buscando atender ao imenso vazio de oferta de oportunidades de educação escolar para as populações mais pobres da cidade, em sua primeira passagem pela Prefeitura de Natal (1956 a 1959), Djalma Maranhão, homem originalmente vinculado ao Partido Comunista Brasileiro, havia desenvolvido um programa de criação de escolinhas de ler, escrever e contar para atender às populações mais pobres do Município. Esse programa seria retomado, reformulado e ampliado logo no início de sua segunda passagem pela Prefeitura.

---

14. Beisiegel (1984:122).

15. Beisiegel (1984:124 e seguintes).

"Em 1960, em Natal, o discurso político muitas vezes nasce de baixo para cima, a partir das classes subalternas. Os quadros políticos que integravam a equipe de Djalma Maranhão (...) vão levar para os Comitês, que se fundam, principalmente na periferia da Cidade, a discussão nacional dos problemas brasileiros (o imperialismo, a dependência econômica, a SUDENE, o latifúndio, a oligarquia, o colonialismo cultural) *e vão receber dos integrantes dos Comitês as lições das realidades das coisas (a falta de água, de escolas, de hospitais, de emprego, de transporte, de garantias de direitos,* etc.). Esses dois discursos se somam e, pouco a pouco, vão constituindo a plataforma política. Quando, no final da campanha, os 240 Comitês se reúnem, setorialmente, em Convenções de Bairros, discutem e aprovam o programa político-administrativo do futuro Prefeito. Os jornais da época guardam as notícias dessas Convenções de Bairro, quando foi possível à população propor e organizar um programa de governo para o Município. De janeiro a outubro, um profundo trabalho de conscientização política havia frutificado. Esse será o programa colocado nas mãos do Prefeito, diretamente pelo povo, (...) *a reivindicação da escola emerge em todas as Convenções de Bairros; em geral, encabeçando as listagens elaboradas a partir dos Comitês"* (Goes, 1980:34).

Procurando atender ao programa assim elaborado, a Prefeitura retomou logo em 1961 as atividades das escolinhas de ler, escrever e contar, mediante a organização de um curso de emergência de preparação de 250 professores leigos. Em seguida, é instalada a escola conhecida como o Acampamento Escolar – abrigada em diversos galpões rústicos, cobertos de palha de coqueiro, em chão de terra batida. Em 1961, já havia nove acampamentos escolares espalhados nos bairros da periferia. Em 1962, a campanha de alfabetização passa a estender-se também aos adultos analfabetos, mediante a organização de equipes de estudantes secundaristas voluntários, que atendem a grupos de educandos através de visitas domiciliares. Acompanhando as experiências realizadas pelo MCP do Recife, a Campanha de Pé no Chão iniciou em 1962 a instalação de suas praças de cultura. Nesse mesmo ano foi criado o Centro de Formação de Professores. Ainda em 1962, inauguram-se as atividades da "Campanha de Pé no Chão também se aprende uma profissão". Em agosto de 1963, os oito cursos profissionais iniciados em fevereiro do mesmo ano já entregavam 148 certificados – em corte e costura, enfermagem de urgência, sapataria, marcenaria, barbearia, datilografia, artesanato e encadernação.[16] Um pouco depois, em setembro, já estavam funcionando 17 cursos profissionalizantes, com matrícula igual a cerca de 700 crianças, jovens e adultos. Ao ser suprimida pelo movimento civil-militar de abril de 1964, a Campanha de Pé no Chão já atendia, em suas diversas atividades, a mais de 17 mil alunos.

O Centro Popular de Cultura (CPC) da UNE foi constituído em 1961. A partir de 1962, novos centros foram sendo criados em todo o País. Resultando sobretudo da atuação de jovens artistas e intelectuais originalmente reunidos em torno do Teatro de Arena, em São Paulo, e, depois, no Rio de Janeiro, os CPC encontraram no teatro de rua a sua principal forma de atuação. Mas, adotaram também outros procedimentos, organizando cursos, encontros, festivais, produzindo filmes e promovendo cursos de alfabetização de adultos. Como bem observou Vanilda Pereira Paiva (1973), não obstante sua diversidade, os diferentes centros populares de cultura *se uniam em torno do objetivo principal, o de contribuir para o processo de transformação da realidade brasileira..."* (p. 233).

Muitos outros movimentos de educação popular foram iniciados nos primeiros anos da década de 1960. Os

---

16. Goes (1980:72).

documentos produzidos no âmbito do Primeiro Encontro Nacional de Alfabetização e Cultura Popular, realizado no Recife, em setembro de 1963, anotam a existência de 44 organizações de alfabetização e cultura popular.[17]

No segundo semestre de 1963, organizou-se, em Brasília, uma Comissão Nacional de Alfabetização, com a finalidade de preparar a realização de um programa abrangente de alfabetização de adultos. Os objetivos eram extremamente ambiciosos e não escondiam as orientações eminentemente políticas do empreendimento. Falava-se, explicitamente, na intenção de preparar 4 milhões de novos eleitores para 1965. Após intensa disputa entre as diversas facções envolvidas na organização dos trabalhos, prevaleceu a posição dos grupos que defendiam a realização do programa mediante o emprego do método Paulo Freire de alfabetização.

Desenvolvido inicialmente no âmbito do MCP do Recife e, depois, no Serviço de Extensão Cultural da Universidade de Pernambuco, o método Paulo Freire de Alfabetização sintetiza, de modo exemplar, as orientações e as vicissitudes da educação popular praticada nesse período. Ao realizar a alfabetização no âmbito de um processo mais amplo de discussão e reflexão crítica sobre as condições da vida coletiva das classes dominadas, o método favorecia a "politização" ou o desenvolvimento de uma "consciência de classe" entre os jovens e adultos envolvidos nos trabalhos.

> "Ao ser levado à prática, nos primeiros anos da década de 1960, o Método Paulo Freire de Alfabetização foi envolvido ao mesmo tempo que também envolvia a educação de adultos analfabetos no clima de tensões sociais e políticas que então conturbavam a vida coletiva no País. É bem verdade que a crescente diluição dos limites entre o trabalho educativo e a atividade política não estava ocorrendo somente nas expe-

---

17. Goes (1980:48).

riências de alfabetização realizadas mediante o emprego do método de Paulo Freire. Nessa época, a intensa invasão do educacional pela atividade política ou, na outra face do mesmo fenômeno, a igualmente intensa invasão da política pelos educadores marcavam a prática educativa em quase todas as suas realizações. Geralmente bem dissimulada sob mantos ideológicos diversos, a dimensão política inerente ao processo educativo explicitava-se, agora claramente, nos diferentes setores da atividade educacional. Na exacerbação do confronto entre as facções, a educação de adultos analfabetos, como as demais especialidades da atuação educativa, viu examinadas, discutidas e exploradas as suas virtualidades formadoras de indivíduos orientados para as várias modalidades de aceitação ou recusa das formas de organização vigentes na sociedade. Na educação de adultos analfabetos, esta politização foi particularmente acentuada. E não é difícil compreender por que: afinal, os movimentos de educação de adultos encontravam um denominador comum na imensa clientela de homens e mulheres em faixas etárias potencialmente mobilizáveis a curto prazo para a atividade política. E a expectativa de obtenção de rendimentos imediatos realmente estimulava os investimentos políticos nesse setor do ensino. Por isso mesmo, quaisquer que fossem as suas características, a educação de adultos então empreendida mediante o emprego do método de Paulo Freire não poderia ter ficado imune à generalizada politização do processo educativo.

No método, porém, esta politização não era somente um produto da conjuntura marcada pela radicalização das disputas em torno das posições de poder. Pelas suas características, ao desenvolver a alfabetização no interior de um processo mais amplo de *conscientização*, o método já explicitava, no próprio fluir da atividade educativa, as possibilidades de atuação política intrínsecas aos trabalhos de educação das massas de adolescentes e adultos analfabetos do País" (Beisiegel, 1984:193).

Às vésperas da Revolução de 1964, o método de Paulo Freire já vinha sendo praticado por grande parte dos movimentos de educação popular então realizados no País, e surgia como um dos principais objetos das críticas dos defensores da "ordem" social então ameaçada.

"As intenções do educador, as orientações cristãs de sua atividade, o humanismo que impregnava a sua prática pedagógica, nesta conjuntura realmente eram irrelevantes. Na ordem social fundada na tensa articulação de interesses opostos e antagônicos, as práticas que pudessem contribuir para a explicitação das origens das dificuldades da vida das populações desfavorecidas, inevitavelmente, provocariam reações entre os interesses dominantes ameaçados. E as reações seriam tão mais exacerbadas quanto mais se mostrassem eficazes os procedimentos que as motivavam. Por mais paradoxal que possa parecer, o melhor teste da eficácia do método de Paulo Freire talvez tenha sido exatamente o peso das reações contrárias que desencadeou" (Beisiegel, 1984:252).

Menos de um mês após a vitória do movimento civil e militar que depôs o Presidente João Goulart, a Portaria nº 237, de 14 de abril, revogava todas disposições relativas ao Programa Nacional de Alfabetização e o novo Governo iniciava o processo de apuração de responsabilidades pela atuação "subversiva" desenvolvida na área da educação.

A EDUCAÇÃO DE JOVENS E ADULTOS ANALFABETOS APÓS 1964

A criação do Movimento Brasileiro de Alfabetização – Fundação MOBRAL – nos termos da Lei nº 5.379, de 15 de dezembro de 1967, foi a primeira iniciativa importante dos governos da Revolução na educação de jovens e adultos analfabetos.

Antes disso, o governo da União procurou atuar indiretamente, apoiando e financiando os trabalhos da Cruzada ABC. Esta Cruzada, originalmente vinculada a um grupo de professores do colégio evangélico Agnes Erskine, de Pernambuco, logo após a Revolução de 1964, iniciou trabalhos de educação junto a bairros pobres do Recife. Após experiência piloto financiada pela USAID e pela Fundação Agnes Erskine, o programa expandiu-se para todo o grande Recife, Paraíba e Sergipe. Ainda de acordo com as informações levantadas por Vanilda Paiva em 1967, os trabalhos da Cruzada ABC, apoiados financeiramente pelo governo da União, já se estendiam também aos Estados de Alagoas, Ceará, Rio de Janeiro e Guanabara. Além dos recursos obtidos junto ao governo da União, a governos estaduais e a USAID, a Cruzada conseguiu levantar recursos de entidades privadas, tais como Bradesco e igrejas evangélicas da Holanda e da Alemanha. Esses recursos possibilitaram o alargamento das atividades, que atingiram 98.877 educandos em 1966, 164.797 em 1967, 186.851 em 1968 e 298.422 em 1969. Depois disso, diversos fatores levaram à progressiva extinção da Cruzada, nos anos seguintes.[18]

Segundo Haddad, desde sua criação, em 1967, até meados de 1969, o MOBRAL, vinculado ao Departamento Nacional de Educação, dedicou-se prioritariamente a sua própria estruturação. Atuando indiretamente, mediante convênios com entidades públicas e privadas, promoveu atividades de alfabetização e programas articulados nos campos de saúde, recreação, civismo etc.[19] Em 1969, o Movimento é desvinculado do DNE e altera suas orientações, propondo-se, agora, a realização de uma campanha de alfabetização em massa. Entregue a Mário Henrique Simonsen, um economista de grande prestígio, a Presidência do órgão consegue aprovar novos mecanismos de financiamento, que

---

18. Paiva (1973:273).

19. Haddad (1991:83).

passam a envolver a oferta de opção voluntária de 1% do imposto de renda devido pelas empresas e uma complementação igual a 24% da renda líquida da Loteria Esportiva. Nesta nova fase, o MOBRAL apresentaria três características básicas. Em primeiro lugar, assumiu uma posição de independência institucional e financeira face aos sistemas regulares de ensino e aos demais programas de educação de adultos[20]. Em segundo lugar, articulou uma organização operacional descentralizada, apoiada em Comissões Municipais, incumbidas de promover a realização da campanha nas comunidades. Em terceiro lugar, centralizou as orientações do processo educativo. Uma Gerência Pedagógica central cuidava da organização, da programação, da execução e da avaliação dos trabalhos, incumbindo-se, também, da orientação do treinamento do pessoal. Os Coordenadores Estaduais e, após 1972, também os Coordenadores Regionais estabeleciam as ligações entre a direção central e as Comissões Municipais. Articulava-se, assim, uma campanha de massa com controle ideológico e doutrinário garantido pela centralização dos objetivos e das orientações e pela base conservadora das comissões locais, constituídas em geral por representantes das comunidades mais identificados com o governo autoritário.[21] A partir de 1970, o MOBRAL atuou através do Programa de Alfabetização e do Programa de Educação Integrada, uma versão compactada das quatro séries do antigo ensino primário. Depois passou a atuar também mediante convênios celebrados com as Comissões Municipais e Secretarias de Educação e com outras entidades públicas e privadas: entre elas, a Cruzada Evangélica de Alfabetização, o Movimento de Educação de Base (MEB), o SENAC, o SENAI e a Fundação Padre Anchieta. Aprofundando a independência do Movimento diante

---

20. Haddad (1991:84).

21. Haddad (1991:85).

do sistema regular de ensino em 1973, o Conselho Federal de Educação reconheceu a equivalência do PEI ao antigo ensino primário. Em seguida, logo em 1974, o MOBRAL passou a fornecer certificados, mediante referendo das Secretarias Municipais de Ensino.

Compartilhando as avaliações triunfalistas da época do "milagre", a Presidência do órgão previa a plena extinção do analfabetismo no País num prazo máximo de 10 anos. Haddad observa, finalmente, que o Estado, através do MOBRAL, ao mesmo tempo em que inegavelmente contribuía para a continuidade do processo de democratização das oportunidades educacionais, buscava atender às suas funções de suavização dos conflitos entre as classes sociais, atuando em *"...absoluta oposição às ideias produzidas pelos movimentos anteriores a 1964..."* (Haddad, 1991:92).

Visto pela coletividade como componente indissociável do Estado autoritário, o MOBRAL não tinha condições políticas de sobrevivência após a redemocratização do País. Logo no início do governo Sarney, nos termos do Decreto 91.980, de 25/11/85, foi extinto e substituído pela Fundação Educar. O Decreto conferia à nova "Fundação Nacional para Educação de Jovens e Adultos – EDUCAR – a atribuição de *fomentar programas* destinados àqueles que não tiveram acesso à escola ou que dela foram excluídos" (DPP da FE). Do Mobral para a Fundação Educar ocorreram mudanças significativas: a nova fundação voltava a vincular-se ao Ministério da Educação e passava a atuar indiretamente, mediante apoio técnico e financeiro a Prefeituras municipais ou associações da sociedade civil.[22]

Em 11 de agosto de 1971, a Lei 5.692, nos artigos 24 a 28, havia regulamentado a inserção do ensino supletivo

---

22. Haddad e Di Pierro (1994:3).

no sistema regular de ensino. No entanto, ao longo desta década e nos primeiros anos da década de 80, os estudos correspondentes às quatro primeiras séries do ensino de 1º grau continuaram a depender principalmente dos cursos mantidos pelo MOBRAL e, após 1985, dos cursos mantidos ou apoiados pela Fundação Educar. Levantamento realizado por Haddad revela que, em 1987, somente 8 unidades da federação mantinham programas próprios de ensino nessa faixa da escolaridade.[23]

Esta rápida apresentação dos principais movimentos, campanhas e outras iniciativas de educação das massas de jovens e adultos iletrados ficaria incompleta sem a inclusão dos Centros de Estudos Supletivos. Instituídos nos primeiros anos da década de 1970, os Centros de Estudos Supletivos se inscreviam num amplo e ambicioso projeto de âmbito nacional elaborado pelo Departamento de Ensino Supletivo (DSU) do Ministério da Educação e Cultura. De certo modo, complementavam a atuação do MOBRAL, estendendo as oportunidades de estudo à faixa da escolaridade posterior às séries iniciais do ensino de 1º grau. Em estudos realizados em 1973, o DSU estimava em cerca de 21 milhões o número de pessoas na faixa etária de 15 a 39 anos ainda necessitadas de escolarização em nível de 1º grau. Cerca de 14 milhões de adolescentes e adultos, na faixa etária de 15 a 24 anos de idade, foram então considerados como a clientela potencial do ensino supletivo no País. E esta clientela potencial, constituída em sua maior parte por adolescentes e adultos já integrados no mercado de trabalho, dificilmente disporia de condições de tempo para dedicar-se à escola regular, com horário fixo e frequência obrigatória. Em publicação de 1974, o DSU declarava ser mera utopia procurar solu-

---

23. Haddad (1991:119).

ções para a problemática do ensino supletivo dentro dos modelos do ensino regular. Impunha-se a procura de novos modelos, próprios ao ensino supletivo, adequados às características de uma clientela que ficou fora da escolarização regular *"...e que hoje sente a necessidade de buscar um caminho novo que permita, a curto prazo, a melhoria de sua posição dentro de uma sociedade de mudanças rápidas"*. Assim, organizados sob esta perspectiva, os Centros de Estudos Supletivos, *"...dada a sua versatilidade, permitiriam o emprego de metodologias adequadas, que preservam o desenvolvimento e a iniciativa individual, dentro de novas formas de abordagem da clientela."* Os Centros atuariam mediante o *ensino à distância*, com utilização de blocos integrados de trabalho, baseados no princípio do ensino personalizado. Recomendava-se a adoção do estudo dirigido, da orientação individual e em grupo, do rádio e da TV, da correspondência, da instrução programada, das séries metódicas e dos multimeios. O ensino seria desenvolvido através de módulos. Cada módulo compreenderia um fascículo, abrangendo os textos a serem estudados pela clientela. A atividade nos Centros não ficaria restrita ao fornecimento do material didático ou à realização dos exames supletivos: haveria permanente esforço de orientação e de avaliação do nível de adiantamento dos clientes. O tempo dedicado ao estudo de cada um dos módulos, o ritmo de frequência aos Centros, a duração total dos trabalhos nos cursos e suas respectivas cargas horárias seriam variáveis, dependendo, sobretudo, das características individuais da clientela. No final de 1983, o MEC registrava o funcionamento de cerca de 80 Centros de Estudos Supletivos em todo o País.[24]

---

24. Beisiegel (1985:123). Cf. também "Centros de Estudos Supletivos", DSU, MEC, 1974.

A CONSTITUIÇÃO DE 1988

A Constituição Federal de 1988, no artigo 208, estendeu a garantia de ensino fundamental, obrigatório e gratuito, aos que a ele não tiveram acesso na idade própria. Mais ainda, o artigo 60 das disposições transitórias determinou que, pelo menos, cinquenta por cento dos recursos a que se refere o artigo 212 fossem aplicados na eliminação do analfabetismo e na universalização do ensino fundamental. Complementando este cerco legal à eventual desatenção dos poderes públicos para com a educação fundamental dos habitantes, a Constituição dispôs ainda, nos parágrafos 1 e 2º do item VII do artigo 208, respectivamente, que "o acesso ao ensino obrigatório e gratuito é direito subjetivo" e que "o não oferecimento do ensino obrigatório pelo Poder Público, ou sua oferta irregular, importa responsabilidade da autoridade competente". Assim, em conjunto, esses dispositivos instituíam a obrigatoriedade da oferta de ensino fundamental gratuito a crianças, jovens e adultos; identificavam a fonte dos recursos necessários a sua implementação; e fixavam as bases para a responsabilização das autoridades que não atendessem às determinações constitucionais. Parece, pois, que a própria Constituição estaria garantindo a oferta de educação básica para todos. Mas esta garantia era apenas aparente.

"O artigo 208, já mencionado, estabelece que o ensino fundamental obrigatório e gratuito para todos é dever do Estado. Mais adiante, o artigo 211 dispõe que a União, os Estados, o Distrito Federal e os Municípios organizarão em regime de colaboração os seus sistemas de ensino. O dever educacional do Poder Público se distribui, assim, entre União, Estados e Municípios. E não obstante se afirme (no parágrafo 2º do artigo 211) que os Municípios atuarão prioritariamente no ensino fundamental e pré-escolar, na verdade nada há de explícito na Constituição ou nas propostas de legislação complementar que realmente obrigue os Municípios a responderem pelos deveres constitucionais do

Poder Público na educação de jovens e adultos analfabetos. Quando mais não seja porque, em outro parágrafo (o parágrafo 1º do artigo 211), ao estabelecer que a União '...prestará assistência técnica e financeira aos Estados, ao Distrito Federal e aos Municípios para o desenvolvimento de seus sistemas de ensino e o atendimento prioritário à escolaridade obrigatória', o legislador já reconhece implicitamente que Municípios, Distrito Federal e Estados, sem o auxílio da União, podem não ter condições de atender aos seus deveres para com o ensino fundamental de toda a população. Assim, quem seria realmente responsável pelas deficiências da oferta de ensino fundamental aos jovens e adultos analfabetos? O Município? Ou os Estados, a quem desde o Ato Adicional de 1834 tradicionalmente vêm cabendo as atribuições da educação fundamental? Ou a União, por não proporcionar aos Estados e aos Municípios a assistência técnica e financeira preconizada na Constituição? Ou todos eles e, ao mesmo tempo, nenhum deles isoladamente? Da mesma forma, como qualificar o não atendimento ao artigo 60 das disposições transitórias da Constituição?" (Beisiegel, 1996:4).

As orientações do governo da União, após 1988, parecem confirmar estas observações. Não obstante a permanente reiteração dos direitos educacionais de todos os cidadãos, a União progressivamente abandonou as atividades dedicadas à educação de jovens e adultos analfabetos. Assim, logo no início do governo Collor, a Medida Provisória nº 251, de março de 1990, entre outras providências, extinguiu a Fundação Educar e colocou todos os seus funcionários em disponibilidade. É bem verdade que o Ministério da Educação, em grande parte devido às injunções da Conferência Mundial sobre Educação para Todos, realizada em Jomtien, na Tailândia, de 5 a 9 de março de 1990, no Ano Internacional da Alfabetização, empenhou-se em promover um Programa Nacional de Educação, que deveria envolver o apoio das Universidades, e lançou publicamente o Programa Nacional de Alfabetização e Cidadania. O PNAC planejou um ambicioso movimento de mobilização nacional, que deveria começar por reuniões nos municípios e culminar com uma grande reunião nacional. Todavia, a crise instaurada com o início do processo de "impeachment" e a mudança do ministério imprimiram novos rumos à política educacional para jovens e adultos analfabetos.

Em agosto de 1991, José Goldemberg assumiu o Ministério da Educação. Em seus primeiros pronunciamentos, o novo ministro declarava que a educação de adultos analfabetos deixava de representar prioridade para o MEC. Era necessário estancar a fonte de analfabetos nos primeiros anos de escola e não tentar alfabetizar os adultos[25]:

> "...o grande problema de um país é o analfabetismo das crianças e não o de adultos. O adulto analfabeto já encontrou o seu lugar na sociedade. Pode não ser um bom lugar, mas é o seu lugar. Vai ser pedreiro, vigia de prédio, lixeiro ou seguir outras profissões que não exigem alfabetização. Alfabetizar o adulto não vai mudar muito sua posição dentro da sociedade e pode até perturbar. Vamos concentrar nossos recursos em alfabetizar a população jovem. Fazendo isso agora, em dez anos desaparece o analfabetismo."[26]

O ministro Goldemberg não estava isolado nessa posição. Outros educadores, em diversos momentos, assumiram pontos de vista bastante parecidos:

> "Alfabetizar adultos é um suicídio econômico; um adulto que não sabe ler já se adaptou a esta situação."[27]

---

25. Goldemberg, J. Entrevista concedida ao jornal *O Estado de S. Paulo*, 22/08/91.

26. Goldemberg, J. Entrevista concedida ao *Jornal do Brasil* em 23/08/91.

27. Ribeiro, S. C. Revista *Veja*, 23/06/93.

"...isso não funcionou em lugar nenhum, a não ser em condições excepcionais, como em Israel, que não podem ser reproduzidas no Brasil. Nós não temos recursos para colocar um analfabeto por dez horas todos os dias na escola. É simples: não adianta oferecer a ele uma segunda chance dentro do mesmo sistema no qual já fracassou. Melhor investir para que o sistema de educação básico passe a funcionar."[28]

Pelo menos no plano das formulações teóricas, a gestão de Murílio Hingel, já no governo de Itamar Franco, foi bem mais razoável. Durante sua permanência no Ministério realizou-se, no âmbito do Plano Decenal de Educação, um importante esforço de reflexão sobre as diretrizes de uma política nacional de educação de jovens e adultos. Mas, mesmo nesse período, nada foi efetivamente realizado na prática educacional pelo governo da União. Depois disso, já na gestão do Ministro Paulo Renato, pelo menos até agora, o descomprometimento da União para com a educação de jovens e adultos teve continuidade. As expressões desse abandono são inequívocas. Durante a realização de um importante trabalho sobre as diretrizes de uma política para a educação de jovens e adultos, Haddad e Di Pierro constataram que já nem mesmo subsistem no MEC um quadro de funcionários ou um setor institucional dedicados a essa área de atuação.[29]

Guardadas as devidas cautelas, necessárias em virtude das flutuações da política da União para a educação de jovens e adultos analfabetos, é possível afirmar que, desde a extinção da Fundação Educar, encontra-se em andamento um processo de transferência das atribuições da

---

28. Castro, C. M. Revista *Veja*, 5/05/93.

29. Haddad e Di Pierro (1994).

educação supletiva, que estão sendo deslocadas para os Estados e, principalmente, para os Municípios. Mas, o número de Municípios realmente empenhados em ações concretas na educação de jovens e adultos é, ainda, muito reduzido. Assim, enquanto a transferência de competências não se concretiza efetivamente, o envolvimento dos poderes públicos com a educação básica de jovens e adultos analfabetos apresenta-se bem menor do que já foi no passado, nas décadas de 1940 a 1980.[30]

Este breve relato sobre as práticas e as ideias relativas à educação de jovens e adultos analfabetos no Brasil, após 1940, sugerem, finalmente, algumas considerações:

1) Tudo indica que as posições contrárias à prática da educação de adultos analfabetos que caracterizaram as manifestações do Ministério da Educação, no final do governo Collor, não têm como prevalecer. Entende-se, perfeitamente, que se defenda a prioridade da educação das crianças e até mesmo a extensão dessa prioridade à educação dos jovens precocemente excluídos da escolaridade regular. Mas, estas posições não justificam o abandono dos esforços dedicados à educação do adulto analfabeto. Raciocínios do tipo "custo/benefício", que parecem subsidiar as manifestações contrárias à alfabetização do adulto, estão deslocados e são inaceitáveis na educação fundamental. *A única referência aceitável na avaliação da validade da educação do adulto analfabeto está nas exigências educacionais da cidadania.*

2) As posições que situam a educação das crianças e dos adultos como alternativas exclusivas também são equivocadas. Não é razoável afirmar que a melhoria da educação das crianças venha a eliminar o analfabetismo

---

30. Beisiegel (1996:2).

da população num futuro mais ou menos próximo. Em primeiro lugar, porque

> "nunca será demais considerar que não há esperança de grandes milagres, a curto prazo, na educação brasileira de primeiro grau. Quaisquer que sejam as providências voltadas para a melhoria da qualidade da rede de escolas de educação básica, certamente, os seus eventuais bons resultados não serão alcançados a curto ou mesmo a médio prazos. Durante muito tempo ainda, as miseráveis condições de vida de amplos setores das classes populares e as condições de funcionamento do próprio sistema de ensino do País continuarão a produzir elevados contingentes de jovens analfabetos. O sistema escolar não pode ignorá-los" (Beisiegel, 1996:10).

3) O texto constitucional, ao estender o ensino fundamental, gratuito e obrigatório, também aos jovens e adultos que não o tiveram nas idades próprias, na verdade não garante sua realização efetiva. Mas, se é verdade que a indefinição do texto legal dificilmente possibilitaria a responsabilização direta da União, dos Estados ou dos Municípios pelo não atendimento das suas atribuições constitucionais, por outro lado,

"a legislação define claramente as obrigações educacionais dos poderes públicos e, por isso mesmo, legitima e reforça a luta pela efetivação dos direitos. É importante insistir neste ponto: a incorporação dos direitos à Constituição é apenas um momento inicial na luta pela extensão dos direitos educacionais. A efetivação desses direitos continua sendo uma questão eminentemente política ou, em outras palavras, um dos desdobramentos da luta mais ampla pela expansão e consolidação dos direitos da cidadania" (Beisiegel, 1996:15).

4) Finalmente, considerando a importância da continuidade dessa luta pela afirmação dos direitos educacio-

nais da cidadania, impõe-se insistir sobre a necessidade da continuidade do envolvimento do governo da União na educação de jovens e adultos analfabetos. As disposições do artigo 211 da Constituição sobre *a atuação solidária* dos sistemas de ensino da União, dos Estados e dos Municípios, não devem ser ignoradas pelas autoridades educacionais. Cabe perfeitamente à União determinar as diretrizes da política de educação fundamental de crianças, jovens e adultos e *contribuir para a criação das condições necessárias a sua implementação, mesmo quando a responsabilidade final das ações seja atribuída diretamente aos Estados ou aos Municípios.*

REFERÊNCIAS BIBLIOGRÁFICAS

BEISIEGEL, C. R. *Estado e Educação Popular.* São Paulo: Livraria Pioneira Editora, 1974.

_____. *Política e Educação Popular.* São Paulo: Editora Ática, 1984.

_____. O Centro Estadual de Estudos Supletivos Dona Clara Mantelli. In: *Estudos sobre o Ensino Público e a Educação Básica no Brasil.* Volume apresentado ao Concurso de Professor Titular na FEUSP, SP, 1985.

_____. Considerações sobre a política da União para a Educação de Jovens e Adultos analfabetos. *ANPED,* XIX Reunião Anual, 1996.

BITTENCOURT, A. (Org.). *Fundos e Campanhas Educacionais,* Vol. I (1942 a 1958). Ministério da Educação e Cultura, Rio de Janeiro, 1956.

GOES, M. *De Pé no Chão Também se Aprende a Ler.* Rio de Janeiro: Civilização Brasileira, 1980.

HADDAD, S.; DI PIERRO, M. Diretrizes de Política Nacional de Educação de Jovens e Adultos. *CEDI/Ação Educativa.* São Paulo, 1944.

HADDAD, S. *Estado e Educação de Adultos*. FEUSP, São Paulo, 1991. Tese de Doutorado.

LOURENÇO FILHO, M. B. *Educação de Base para Adolescentes e Adultos*. Ministério da Saúde, Rio de Janeiro, 1949.

PAIVA, V. P. *Educação Popular e Educação de Adultos*. São Paulo: Edições Loyola, 1973.

MEC. Plano Decenal de Educação para Todos (1993 – 2003). Brasília, 1993.

WANDERLEY, L. E. W. *Educar para Transformar*. Petrópolis: Vozes, 1984.

9.
REFORMA DO ESTADO E ADMINISTRAÇÃO DE PESSOAL: REFLEXÕES SOBRE A HISTÓRIA DA POLÍTICA DE GESTÃO DOS TRABALHADORES EM EDUCAÇÃO

Marisa Ribeiro Teixeira Duarte*

"**A**qui não se faz revolução alguma, nada há, pois, que separe dramaticamente um tempo do outro. E a esta altura já se pode dizer que o específico gênio político brasileiro está em descontinuar-continuando, tal como intuiu a tradição clássica do nosso pensamento social (...) Transformismo ativo, em que o termo mudar, pelo menos desde os anos 60, se vem impondo sobre o termo conservar, por força da energia do movimento dos indivíduos pobres que rompem com o estatuo de sua dependência pessoal e se constituem em portadores de interesses próprios, intentando traduzi-los em direitos e em exercício de cidadania."[1]

---

* Professora do Departamento de Administração Escolar da Faculdade de Educação da UFMG.

1. Vianna, L. W. O coroamento da era Vargas e o fim da história do Brasil. *In:* DADOS – Revista de Ciências Sociais. RJ. Vol. 39, nº 1, 1995, p. 163-172.

POLÍTICAS SOCIAIS NO BRASIL: A EMERGÊNCIA DO NOVO POR SOBRE A VELHA ORDEM

A universalização dos programas sociais no Brasil reduz-se, na expressão de Draibe, 1993, à escola de primeiro grau e ao atendimento básico à saúde. Estes serviços constituíram-se como produtos de um esforço de construção de uma política social de bases mais universais e igualitárias, apesar das dificuldades de captação e distribuição de recursos, controle de gastos, seleção e aperfeiçoamento de pessoal.

Este esforço ocorre desde as primeiras décadas republicanas. Estados subnacionais e municípios vêm construindo sistemas de ensino paralelos e, muitas vezes, complementares, em um processo no qual a expansão da oferta educacional se faz no interior de uma política de negociações e clientelismo. Com relação à distribuição territorial e social dos recursos existentes para a educação escolar, as composições políticas entre as instâncias estadual e municipais pressupunham a alternância de frações concorrentes de uma mesma classe social nas instâncias de poder.

Almeida (1995) considera, no entanto, que o sistema brasileiro de proteção social expandiu-se e ganhou suas feições características durante os dois ciclos autoritários, que consagraram o predomínio do Poder Executivo, dos processos fechados de decisão e da gestão centralizada em grandes burocracias. Esta história conduziu a expansão de órgãos administrativos do poder executivo encarregados da formulação "técnica" das políticas sociais, sem muito zelo com a implantação de procedimentos mais democráticos subsidiários à tomada de decisões. Urgências e relevância dos objetivos perseguidos constituíram, ao longo da história política do país, justificativas constantes para exclusão da participação e/ou da implementação de formas autoritárias de tomada de decisões.

Nas duas últimas décadas, assistimos à introdução de novos sujeitos nesses processos de negociação. De 1980 para cá, cresce o número de Estados e prefeituras onde partidos representativos de setores populares assumem o poder executivo. Independentemente do mérito das administrações desenvolvidas, esses partidos introduzem novas bases sociais para a negociação política, dificultando a simples reedição de velhos acordos. Trazem, também, a formulação de novos programas que produzem inversões significativas no padrão histórico de proteção social construído nos períodos autoritários. Os programas de "bolsa escolar", instituídos no Distrito Federal e em outros municípios brasileiros, são representativos dessa formulação.

A adoção dos programas de renda mínima, aliados ao princípio de permanência das crianças em escolas, ataca questões cruciais para a formatação das políticas sociais, sem romper com os princípios de igualdade e universalidade. Tais programas ampliam o atendimento com a extensão de benefícios para segmentos sociais mais vulneráveis; podem permitir acréscimos de renda às populações mais pobres; e não exigem grandes investimentos na montagem de uma burocracia fiscalizadora. Embora subsistam sérios problemas relativos ao financiamento ou, ainda, ao controle social da alocação e uso dos recursos, essas propostas projetam maior universalização do funcionamento dos sistemas públicos estaduais e/ou municipais de ensino, na extensão dos serviços oferecidos e na utilização de um aparato administrativo preexistente como premissa básica. Estes programas administrados por governos locais articulam a extensão dos programas sociais, com rotinas administrativas de maior domínio público, o que pode agilizar mecanismos de adesão e fiscalização por parte da população.

Irrompe, também, no cenário político do país, o movimento docente – a partir das lutas do ensino fundamental das redes públicas, ocorridas no decorrer dos anos 80 – onde funcionários assalariados expressam um sentimento novo: sua percepção como sujeitos de direitos frente a um poder que não os reconhece como sujeitos de equivalência. Este sentimento confronta-se com a história do Estado no país, como um poder que busca tutelar a vida social, disseminando formas autoritárias de sociabilidade. O movimento de docentes, no conjunto das lutas sociais ocorridas na década de 80, expressou um desafio para a administração dos sistemas públicos de educação na atualidade: proporcionar condições favoráveis ao debate consequente e produtivo com os diferentes setores ou grupos que vivenciam ou podem ser afetados pelas medidas adotadas.

Estes acontecimentos apontam para a reforma administrativa do Estado a necessidade da criação de espaços institucionalizados de discussão e acompanhamento dos programas sociais. Envolvem práticas diversas de participação e acesso a informações que possibilitem o estabelecimento de acordos sob uma base, a mais ampliada possível, como requisito de implementação das políticas propostas. A autonomia na formulação de políticas públicas decorre, assim, da inserção dos diferentes setores envolvidos, inclusive funcionários públicos, na arena política. No entanto, para estes, o problema do envolvimento no mercado dos interesses sociais em jogo sofre uma forte influência das condições e normas postas na carreira profissional.

No Brasil, a utilização do emprego público como forma de assegurar apoio político não constitui uma prática ultrapassada, e determina a política de administração das relações de trabalho no Estado. Pesquisar as relações de trabalho forjadas ao longo da história de expansão do Estado no país traz indicações importantes quanto à sociabilidade política. Os quesitos de impessoalidade, autonomia e responsabilidade são obscurecidos pela presença de relações que vinculam o desenvolvimento de atividades no setor público ao clientelismo e que dificultam formulações independentes e com responsabilidade.

TECNOCRACIA E CLIENTELISMO: A PRESSÃO POR EMPREGOS PÚBLICOS E A FORMAÇÃO DE QUADROS COMPONENTES

No contexto da era Vargas, Geddes (1990) destaca a criação do Departamento de Administração do Serviço Público (DASP) como uma inovação estratégica no sentido de dotar o Estado brasileiro de quadros técnicos aptos à formulação e implementação de políticas públicas. A autonomia burocrática era considerada como uma variável decisiva para o rápido desenvolvimento brasileiro liderado pelo Estado. Datam deste período as primeiras exigências de concurso como critério de ingresso permanente no serviço público. No entanto, destaca a autora, as trocas de empregos públicos por apoio político persistem, produzindo a expansão de empregos de baixo *status* simultaneamente com a formação de quadros dotados de alta competência técnica e senso de tratamento da *res publica*. Em um segundo momento histórico (década de 50), a autora focaliza a criação de agências estatais separadas do restante do funcionalismo como uma segunda estratégia para a coordenação e desenvolvimento de projetos setoriais específicos. Estes setores são representativos dos quadros técnicos responsáveis pela elaboração das políticas públicas de desenvolvimento econômico, que conduziram a aceleração dos processos de industrialização.

No entanto, a autonomia desses setores ou agências achava-se condicionada à proteção e apoio particular da presidência da República (Geddes, 1990). Enquanto o estudo considerado conclui pela importância do insulamento burocrático para uma performance eficiente na condução das políticas públicas, destacamos dois temas recorrentes nesse trabalho que apontam para um perfil das políticas de administração do setor público no Brasil, a saber, o uso do emprego público como um mecanismo de construção de apoios políticos, e a concessão de privilégios funcionais ou de carreira como uma prerrogativa do Poder Executivo.

A pesquisa histórica tem nos revelado que muitas das chamadas prerrogativas do funcionalismo decorrem do poder "autoconferido" pelos poderes executivos, nos âmbitos estadual, federal e municipal, de criar segmentos diferenciados aos quais são atribuídas vantagens significativas. Pesquisa em desenvolvimento sobre a regulamentação do trabalho docente no setor público em Minas Gerais, relativas às décadas de 30 e 40, apresenta dados sobre as estratégias adotadas em todo o Estado para a expansão do emprego e manutenção das bases de apoio político[2].

A utilização do emprego no setor público para obtenção de apoios, nas décadas de 30 e 40, recorre a nomeações de funcionários interinos ou ao pagamento de serviços extranumerários. Na maioria das vezes, o Estado paga com atrasos substanciais por serviços prestados, ou, então, normatiza sobre a relação de trabalho fixando termos que impõem sua renovação periódica, o que submete o funcionário a apoiar os encarregados desta renovação.

Uma leitura mais atenta da legislação do período nos revela o que se pode denominar como uma modernização conservadora na administração de pessoal do ensino primário. As características desse processo seriam a inovação na criação, difusão e valorização de cargos técnicos especializados, inovação na previsão de concursos para preenchimento de vagas, lado a lado com a manutenção de critérios de provimento baseados na livre nomeação do Secretário, redução de vencimentos para professores regentes e uma constante modificação das normas legais, que as inviabilizam enquanto instrumentos geradores de direitos. Ou seja, a reorganização dos qua-

---

2. Duarte, M. R. T. et al. Políticas públicas e a organização do sistema de ensino elementar, Minas Gerais, décadas de 30 e 40. Pesquisa em desenvolvimento, financiamento FAPEMIG.

dros de magistério, tratada como assunto "técnico", por atender às novas exigências pedagógicas, obscurece a permanência das "velhas" relações políticas para a grande parcela dos que trabalham nas escolas. Ao mesmo tempo, obedecendo a um padrão de gestão fundamentado no princípios do taylorismo-fordismo, a administração do pessoal docente em Minas Gerais adotava procedimentos de hierarquização funcional da carreira com a expansão dos níveis inferiores com baixos salários e atividades simplificadas.

A expansão do emprego público, que ocorre no período pesquisado, acha-se demonstrada no gráfico da p. 253, onde se verifica coincidir maiores taxas de crescimento do corpo docente do ensino primário no estado de Minas Gerais, com os períodos mais democráticos. A pesquisa realizada nas leis orçamentárias do Estado demonstram algumas das características dessa expansão. Naquele período, a previsão de despesas contemplava recursos para o pagamento do pessoal efetivo e do pessoal contratado. Os primeiros contavam com aproximadamente 6.000 docentes, em sua maioria professores de grupos escolares (cerca de 45% do total, com salários em torno de 330$000). No entanto, a hierarquia salarial contemplava mais de 15 níveis diferenciados, sendo critério orientador o tipo de escola e sua localização. Diretores de grupos escolares da Capital e os professores técnicos dessas escolas situavam-se no topo da hierarquia do pessoal docente, enquanto que os salários inferiores eram atribuídos às estagiárias das escolas isoladas, distritais ou rurais. A criação da função de estagiárias tinha por objetivo permitir o aperfeiçoamento de normalistas recém-formadas em grupos escolares. No entanto, o Executivo estadual vai nomeá-las para regência em escolas singulares, nas quais não contam com qualquer acompanhamento permanente, e justifica-se os salários mais reduzidos das normalistas por sua condição de estagiárias e pelo tipo de escola onde lecionavam.

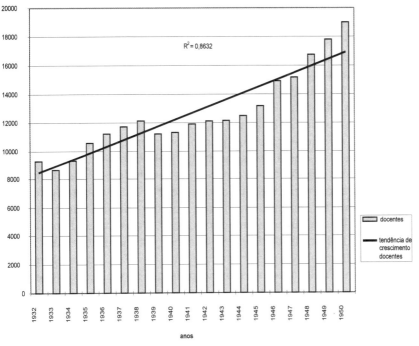

Figura 1

Outro ponto importante refere-se ao crescimento do pessoal contratado para o ensino primário. Em 1931, existiam, segundo a previsão orçamentária, 291 funções de magistério preenchidas por contratos; em 1938 este número chega a 2682. Nestes casos, o pagamento dos salários devidos requeria autorização prévia da Secretaria de Estado da Educação, podendo atrasar por vários meses, obrigando a professora a trabalhar sem receber. Acrescenta-se, ainda, que a Secretaria de Estado da Educação fixava o período de contratação com base na solicitação encaminhada pela escola ou nos recursos existentes. Para 1932, o texto da lei orçamentária explicita que os recursos existentes cobriam o pagamento das estagiárias contratadas por onze meses.

A outra face desta moeda encontra-se na expansão do chamado, no período, Corpo Técnico de Educação. Portadores de diplomas pós-normal[3], estes(as) professores(as) percebem salários mais elevados e atuam na disseminação dos novos métodos e processos de ensino e na fiscalização metodológica e administrativa do ensino primário. A legislação do período lhes assegurava gratificações, diárias além dos salários mais elevados. A exigência do diploma do curso pós-normal e de acesso por concurso não se mantém por todo o período, mas parcela significativa dos alunos formados pela Escola de Aperfeiçoamento passa a ocupar cargos técnicos na Secretaria de Estado. Importa, ainda, destacar a base social de recrutamento destas alunas, que posteriormente vão compor a elite da burocracia educacional. Consulta ao livro de notas da Escola de Aperfeiçoamento, constante no acervo do Instituto de Educação de MG, revela o sobrenome de famílias ligadas aos principais grupos oligárquicos. Constituíam, portanto, uma elite no quadro de magistério e para a administração do ensino no Estado.

Os estudos da legislação do período revelam a forte influência da legislação federal para os legisladores estaduais. Consideramos que este princípio também aplica-se a leis e regulamentos que tratam da administração do sistema público de ensino. Estas considerações nos permitem inferir que os critérios adotados para a administração do pessoal docente no Estado de Minas Gerais acham-se presentes em outras unidades da Federação. A dupla face da expansão do corpo docente – docentes com bai-

---

3. Em MG a partir de 1930 passa a funcionar a Escola de Aperfeiçoamento. Curso pós-normal, criado e incentivado por Francisco Campos, quando Secretário de Estado da Educação, vai atuar na formação dos chamados especialistas de ensino, em especial, fornecendo os quadros necessários para a composição do Corpo Técnico da Secretaria de Educação e Saúde Pública.

xa remuneração e técnicos qualificados com vencimentos significativos – possibilita assegurar lealdades às autoridades, que controlam suas carreiras.

No início da década de 30, a legislação relativa a administração de pessoal do magistério compunha capítulos específicos dos regulamentos gerais sobre ensino. No decorrer do período pesquisado, verifica-se a separação entre legislação de pessoal e legislação do ensino e a proliferação de disposições legais e infralegais que trazem modificações substantivas na regulamentação do trabalho docente no setor público. Esta separação espelha o caráter técnico que se pretendia imprimir à administração pública no período, enquanto a proliferação e constante alteração das normas legais retrata a permanência de relações precárias ou "flexíveis" que obstaculizam a efetivação de direitos. Outro aspecto desta alteração constante das normas de administração, a ser melhor investigado, refere-se à individualização de responsabilidades. Estudos iniciais demonstram que os regulamentos de administração dos sistemas públicos de ensino, embora estabeleçam obrigações diversas aos funcionários, ignoram a definição de responsabilidades.

A polarização hierárquica da carreira de magistério, sob o manto de cargos que demandam conhecimento técnico especializado *versus* cargos de baixa qualificação, legitimam procedimentos autoritários e excludentes de formulação da política educacional, presentificando uma sociabilidade política gestada nas primeiras décadas republicanas. A crítica às formas de administração burocrática e centralizada do Estado, às práticas eleitoreiras de preenchimento de cargos públicos e à permanência dos elevados índices de fracasso escolar, fortaleceu-se com a expansão dos movimentos sociais, e acha-se incorporada em diferentes medidas constantes nos programas oficiais, sejam federais, estaduais ou municipais. Porém, as diferenças de conteúdo das propostas respondem à diversidade dos interesses e ações que elaboram estas políticas. As escolhas formuladas no decorrer da administração de uma determinada política não são homogêneas. Expressam os conflitos que persistem entre interesses sociais como ações de sujeitos individuais e coletivos, que tensionam com as decisões empreendidas. A administração não se constitui como o prolongamento técnico da formulação de políticas.

REFORMA DO ESTADO E ADMINISTRAÇÃO PÚBLICA

Na atualidade, a ênfase política acha-se posta na questão da produtividade do trabalho docente e tem por suposto o desinteresse do funcionário/professor para com o destinatário dos serviços prestados. Esta premissa justifica medidas de desregulamentação de direitos e vantagens atribuídos aos professores, enquanto funcionários públicos, com a finalidade de produzir alterações que traduzam ganhos de produtividade (entendidos como redução de custos e das taxas de evasão e repetência). Justifica a ruptura com uma política de universalização dos direitos e vantagens e sua substituição pela competição no mercado por melhores condições de trabalho. Deve-se, entretanto, indagar, caso permaneçam situações de trabalho precário e hierarquias ocupacionais altamente segmentadas, se as lealdades não continuam prisioneiras da autoridade que detém o poder de empregar. E, ainda, se estas situações não obstaculizam, no interior dos sistemas de prestação de serviços, ações que possam articular um trabalho de qualidade, o reconhecimento dos pontos de vista advindos dos usuários (enquanto sujeitos organizados), com procedimentos de administração que assegurem a participação democrática.

A razão tecnocrática sobre a administração pública enfatiza a contratação de pessoal e o constante monitoramento da produtividade como requisito técnico de adminisgutração eficaz das políticas públicas. As relações de trabalho que determinam direitos e deveres são preteridas, e com elas menosprezadas as relações entre o poder e sua administração.

Lattman-Weltman (1995) sintetiza duas correntes quanto às possibilidades de implementar as reformas: concepções que veem a política como um reino menor, onde afloram interesses particularistas que devem ser agregados e direcionados por uma instância maior, e concepções que tendem a sobrepor-se a quaisquer projetos de reformas, à condição de que sua implementação não implique em obstruções ao mercado político.

As primeiras, claramente subordinadas a um *viés* tecnocrático, tendem a propugnar o insulamento dos centros de formulação de políticas de modo a torná-los mais autônomos e apartados de interesses particulares,

> "...em geral, advogam também toda uma série de medidas, seja na esfera partidária e eleitoral, seja na estrutura de interação entre os poderes, que idealmente facilitem ou induzam a supremacia do interesse supostamente mais universalista sobre os particularismos, a supremacia da maioria `moral' sobre as minorias imorais, do moderno sobre o arcaico, da razão sobre a emoção, da verdade sobre a ideologia, etc." (Lattman-Weltman, 1995:78).

A segunda corrente defende que, supostamente, se pode perder em eficiência técnico-econômica com esta aceitação da política tal como ela se dá. Mas, esta perda poderia ser amplamente compensada pela socialização de oportunidades políticas.

> "Uma e outra forma de se pensar a instrumentalidade específica da política manifestam, contudo, interesse estratégico pela 'apreensão', ou, diria eu, definição

das características e propriedades fundamentais das estruturas que condicionam o quadro de alternativas para a formulação das políticas de reforma do Estado" (Lattman-Weltman, 1995:80).

Para a razão tecnocrática, a formulação de políticas públicas envolve a tradução imediata da realidade por cientistas e técnicos, através de dados e fatos objetivos, e seu repasse aos governantes, que *"detêm o poder de apoiar (ou não) a tecnocracia e colocar seu conhecimento a serviço da sociedade"* (Lattman-Weltman, 1995:84). Em decorrência, deve-se advogar mecanismos de isolamento ou autonomia burocrática, como oportunizadores de formulação independente de políticas sociais. E, neste aspecto, a carreira assumiria importância fundamental, por permitir aos funcionários públicos formular alternativas com maior ou menor grau de independência. Lattman-Weltman, nesse estudo sobre os recursos da *mídia* no jogo da informação e da produção de consensos para reformas políticas, conclui pela importância da *"ampliação do espectro de atores estratégicos envolvidos e aptos a intervir decisivamente na economia política (e simbólica) (...) [nos espaços] do diálogo da persuasão/sedução/coerção/manipulação, da arte e da política."*

Estudos comparativos sobre a gênese e crise do Estado-de-bem-estar têm destacado a importância do exercício da política e de suas formas institucionais no processo de construção e reestruturação em curso nos países europeus. Esping-Andersen (1995:77) contrapõe, aos que exageram o grau, "que as forças globais determinam ao destino dos *welfare states* nacionais o papel dos mecanismos políticos e institucionais de representação de interesses e de construção do consenso político".

Anderson, 1995, ao retomar as origens do chamado pensamento neoliberal, diferenciando-o do liberalismo clássico, destaca no centro da polêmica a crítica ao novo igualitarismo promovido pelo Estado de bem-estar e a construção de estruturas mais universalistas de prestação de serviços. Explicita, também, a centralidade para as concepções neoliberais do desenvolvimento da desigualdade social enquanto instrumento de dinamização das economias, por incentivar a ação dos agentes econômicos. Em decorrência deste princípio, duas medidas-chaves operam para sua viabilização: privatização, a mais generalizada possível, dos serviços e patrimônio estatal, e descentralização dos procedimentos de formulação e implementação de políticas públicas.

Temas considerados secundários nos períodos de expansão econômica e administração autoritária – como procedimentos de licitação e concorrência para prestação de serviços, atribuições e competências para o exercício de funções, vinculação de recursos na elaboração, implementação dos orçamentos e prioridades de aplicação – adquirem nova vida no calor dos debates nesses momentos. O aparato de Estado ressurge como uma instância de lutas e conflitos entre os diferentes sujeitos sociais, que procuram acordar, e, utilizando uma linguagem comum, marcar a sua posição na reconstrução de uma outra ordenação social e política.

O Estado visto como prestador de serviços deve, ainda, prover adequado atendimento a necessidades concretas da população. Elevados à condição de direitos sociais demandas populares por saúde, educação, moradia requerem estruturas estatais eficazes e a adequação institucional da máquina estatal. Entretanto, no lugar de enfatizar o enxugamento do emprego público como sinônimo de maior agilidade no atendimento e eficiência na utilização de recursos, indagamos sobre a urgência de estabelecer responsabilidades com a obtenção de resultados e delimitar, com os diferentes sujeitos envolvidos, as condições materiais necessárias ao exercício das atividades. Se um novo modelo de atuação estatal deve ter em conta a eficácia no atendimento à população, administrar esta transição requer uma reflexão sobre as políticas historicamente implementadas para a gestão burocrática.

Pesquisas em desenvolvimento[4] têm assinalado para a presença das relações precárias de trabalho nos sistemas estaduais de ensino da atualidade, para a permanência de políticas de expansão do emprego público em período pré-eleitoral e, principalmente, para a continuidade de critérios de composição dos quadros de magistério, com polaridades que permitem legitimar maiores desigualdades. Estas condições produzem lealdades duradouras para com as autoridades encarregadas de renovar a relação de emprego. Lealdade ou compromisso para com aqueles que asseguram a permanência no emprego produz o desinteresse para com os consumidores dos serviços. A produtividade do trabalho docente, dadas as condições e relações de trabalho oferecidas, decorreria, para professores e funcionários públicos em geral, de uma atuação balizada por vínculos com os sujeitos organizados usuários dos serviços ou do atendimento de demandas provenientes de níveis hierárquicos imediatamente superiores.

Cury (1993), ao analisar as formulações constitucionais sobre a figura do professor, nas primeiras décadas republicanas, observa que a caracterização de um profissional do serviço público com direitos trabalhistas vai-se delineando

---

4. Duarte e Oliveira (1996) atentam para as situações de contrato precário presentes na rede pública estadual de Minas Gerais e indagam sobre os efeitos destas relações na qualidade do ensino.

com clareza, sendo as iniciativas fixadas no campo do Estado paradigmáticas para a iniciativa privada e conclui quanto à necessidade de que o professor efetive, em práticas e resultados, as obrigações inerentes ao 'dever do Estado e direito do cidadão' em expandir uma educação democrática. Este imperativo fixado para o trabalho docente no setor público requer, para sua concretização, a revisão das relações que determinam lealdades e compromissos.

A tradição jurídica francesa desde o século XIX destaca que a administração não se resume a uma técnica, antes constitui o poder público em ação. Segundo essa perspectiva, o que importa não é o objeto da Administração, mas sim a articulação política necessária entre os fins de sua atividade e os meios de que dispõe para atingi-los. A hegemonia das concepções vinculadas ao taylorismo fez situar o campo da administração na análise dos procedimentos relativos à distribuição de atividades e às prescrições que a fundamenta.

A tradição clássica da filosofia política do século XVIII, em que pese a noção uniforme de povo, ao vincular a administração pública às diferentes formas de Estado, nos ensina que a construção da ordem política se faz *pari passu* com a implementação de sua administração, na qual os autores clássicos incluem os professores. Para a tradição jurídico-administrativista, o regime de trabalho do funcionário público é imposto unilateralmente pelo Estado, mediante a lei. E os direitos e deveres atribuídos aos servidores – como garantia de impessoalidade, zelo e autonomia no trato da *res publica* – são instituídos em benefício da coletividade. As relações de trabalho aí instituídas buscam assegurar o interesse público face aos interesses particulares e vontades pessoais do soberano. Essa corrente nos ensina que em relação à vontade pessoal ou arbitrária sobrepõe-se a lei, norma abstrata, impessoal e genérica, que asseguraria independência no trato das funções públicas.

Os arranjos institucionais que regulamentam as relações de trabalho no setor público podem restringir ou ampliar o escopo para formulação de alternativas às políticas sociais. Professores do ensino fundamental e profissionais de saúde constituem parcelas do funcionalismo cujas atividades importam em vínculos diretos com a população. No entanto, o resultado dos serviços prestados respondem por um lado a demandas provenientes do mercado de interesses sociais e, por outro, a ordem institucional que tensiona com o mercado. A realização desse desafio implica na reestruturação dos órgãos estatais. Além de dotá-los de maior eficiência, exige-se, primordialmente, a institucionalização de *fóruns* democráticos de participação e deliberação. A urgência para a tomada de decisões submete-se às contingências necessárias que possibilitem a outros atores avaliar e propor quanto a sua implantação.

REFERÊNCIAS BIBLIOGRÁFICAS.

ALMEIDA, M.T. H. Federalismo e políticas sociais. *RBCS,* São Paulo nº 28, p. 88-109, 1995.

ANDERSON, P. Balanço do neoliberalismo. In: SADER, E.; GENTILI, P. *Pós-neoliberalismo: as políticas sociais e o Estado democrático.* Rio de Janeiro: Paz e Terra, 1995, p. 9-23.

DRAIBE, S. Qualidade de vida e reformas de programas sociais: o Brasil no cenário latino-americano. Lua Nova, São Paulo: 1993.

DUARTE, M.R.T.; OLIVEIRA, D.A. Política e administração da educação: um estudo das medidas implementadas no estado de Minas Gerais. Trabalho apresentado na 19ª Reunião da ANPED. Caxambu, 1996.

ESPING-ANDERSEN, G. O futuro do *welfare state* na nova ordem mundial. Lua Nova, São Paulo, nº 35, p. 73-112, 1995.

GEDDES, B. Building "State" autonomy in Brazil, 1930-1964. *Comparative Politics.* New York, nº 22, p. 217-234. jan. 1990.

LATTMAN-WELTMAN, F. Economia e política na reforma do Estado. Lua Nova. São Paulo, nº 37, p. 77-92, 1995.

10.
AVALIAÇÃO DO RENDIMENTO ESCOLAR COMO INSTRUMENTO DE GESTÃO EDUCACIONAL

Sandra M. Zákia L. Sousa*

O discurso que enfatiza a urgência de se enfrentar e resolver o deteriorado quadro da realidade educacional brasileira, particularmente do ensino básico, é hoje "unanimidade nacional". Observa-se, no entanto, que os argumentos que têm sido mais utilizados, particularmente pelos responsáveis pela gestão das políticas educacionais, não são aqueles que se sustentam na luta pela educação, enquanto direito do cidadão e condição para sua participação política e social, mas aqueles que têm enfatizado ser a educação condição para o desenvolvimento econômico e para inserção do Brasil no grupo dos países desenvolvidos. Ou seja, a educação precisa alcançar qualidade capaz de responder às demandas decorrentes das transformações globais nas estruturas produtivas e do desenvolvimento tecnológico.

Sob este argumento, vêm sendo estimuladas, pelo governo federal e por governos estaduais, iniciativas que se

---

* Professora Doutora do Departamento de Administração Escolar e Economia da Educação da Faculdade de Educação da USP.

orientam por uma visão interna da escola. Tomada como um "microssistema" educacional, ela é responsabilizada pela construção do "sucesso escolar", cabendo ao poder público a aferição da produtividade, por meio de aplicação de provas de rendimento aos alunos. Este encaminhamento, ao tempo em que se revela estimulador da competição entre as escolas, responsabilizando-as, individualmente, pela qualidade de ensino e re-situando o compromisso do poder público com seus deveres, é expressão no campo educacional da defesa do Estado mínimo, em nome da busca de maior eficiência e produtividade.

A presença e o grau em que se deve dar a ação estatal na implementação das políticas sociais, onde se situa a política educacional, são polêmicas presentes nas sociedades capitalistas avançadas, no contexto da defesa das propostas de cunho neoliberal.

Em meados dos anos setenta, com a perda de dinamismo das principais economias ocidentais, o *Welfare State* é colocado em questão, emergindo com força a tese de defesa do Estado mínimo. Em oposição à intervenção estatal, enquanto suporte estrutural de viabilização das economias capitalistas, ganha espaço o argumento da não intervenção do Estado na economia, deixando-se atuar livremente os mecanismos de mercado.

No Brasil, embora não tenhamos sequer tido como realidade o Estado social, considerando-se que a intervenção estatal delineou-se em consonância com o padrão excludente de desenvolvimento econômico, beneficiando cada vez mais segmentos menores da população, vêm ganhando espaço no debate nacional, em especial nas políticas governamentais em realização, alternativas pautadas na perspectiva neoliberal, que apontam novos modos de organização e oferta de serviços sociais e, consequentemente, educacionais.

Assumindo os pressupostos que apoiam a lógica mercantilista no campo econômico, que impõem um redirecionamento do papel do Estado na economia como condição para a eficiência e produtividade, na área educacional propostas e práticas evidenciam tal movimento, tais como as escolas cooperativas, o vale-educação, as parcerias entre Estado e empresas privadas na gestão e financiamento do ensino, a implantação de sistemas de avaliação do ensino.

Neste texto, detemo-nos em considerações relativas à avaliação do ensino fundamental que vem se realizando pelo Ministério da Educação e do Desporto (MEC), cuja concepção e moldes de atuação vêm se expandindo em todo o território nacional, por meio de iniciativas de governos estaduais, imprimindo uma lógica de gestão pautada pelo controle dos produtos e resultados educacionais. Estes resultados referem-se ao desempenho apresentado pelos alunos em testes padronizados, sendo interpretado tal desempenho como indicador da eficiência da unidade escolar, em particular, e do sistema educacional, como um todo.

Cabe lembrar que tal iniciativa se insere em uma tendência internacional de intensificação e fortalecimento de mecanismos de controle da qualidade da educação por meio da avaliação de desempenho escolar. Embora com características peculiares entre si, propostas de avaliação desempenho realizam-se na América do Norte, nos países da Comunidade Europeia e na América Latina.[1]

Tal ênfase, na medida do desempenho escolar, não leva em conta contribuições da área de avaliação educacional que alertam quanto à natureza valorativa desta

---

1. Para uma visão geral de Sistemas de Avaliação utilizados em alguns países europeus, da América do Norte e América Latina ver os artigos de Oliveira, J. B. A., 1993 e de Waiselfisz, J.,1993.

prática, ressaltando a importância da análise dos pressupostos que a informam e de suas consequências sóciopolíticas. Assim, quando o poder público se propõe ao controle da qualidade da educação, é necessário que busquemos explicitar de que qualidade se está falando.

Qualidade não é "algo dado", não existe "em si", remetendo à questão axiológica, ou seja, dos valores de quem produz a análise de qualidade. A emergência de critérios de avaliação não se dá de modo dissociado das posições, crenças, visão de mundo e práticas sociais de quem os concebe. É um conceito que nasce da perspectiva filosófica, social, política de quem faz o julgamento e dela é expressão. Portanto, os enfoques e critérios assumidos em um processo avaliativo revelam as opções axiológicas dos que dele participam.

Daí ser oportuno trazer à consideração parâmetros relativos à qualidade subjacentes à trajetória da investigação educacional, em busca da compreensão de possíveis implicações decorrentes da ênfase na medida do rendimento escolar.

AVALIAÇÃO EDUCACIONAL: DA RAZÃO "OBJETIVISTA" À RAZÃO "PLURAL E DIALÓGICA"

Uma caracterização dos pressupostos em que se assenta o modelo objetivista de produção de conhecimento é necessária, considerando ter este inspirado grande parte da pesquisa relativa à avaliação educacional no Brasil.

A racionalidade hegemônica na ciência moderna, que se estende, no século XIX, das ciências naturais para as ciências humanas, postula uma lógica objetivista e quantitativista que se reflete de modo dominante na pesquisa educacional. Como sintetiza PESSANHA (1993) "as ciências são vistas como um escalonamento de conhecimentos e saberes que têm uma espécie de rumo previamente definido. Esse rumo constitui-se de acordo com o modelo da matemática, da física e da química, que são ciências no sentido completo e rigoroso da palavra. Tudo o mais é alguma coisa que ainda está no embrião da ciência. Precisa evoluir e sobretudo quantificar-se, adquirir rigor e caráter epistêmico para só então ser respeitado como ciência".

Esta concepção refletiu-se em posturas teórico-metodológicas norteadoras da investigação educacional, incluindo-se aí a avaliação. Comentando tendências presentes no panorama da avaliação educacional, Saul (1988:42) evidencia como tal concepção, "ancorada em pressupostos éticos, epistemológicos e metodológicos que expressam forte influência do rigor positivista", traduziu-se nos estudos da área. Tendo como referência proposições de Gómez, aponta características presentes em estudos relativos à avaliação da aprendizagem e currículo pautados por esta perspectiva, as quais sintetizo a seguir: defesa do princípio de objetividade na avaliação, com destaque à fidedignidade e à validade dos instrumentos de coleta e análise de dados; o método privilegiado é o hipotético-dedutivo, sendo o tratamento estatístico dos dados e a quantificação das observações comumente utilizadas como apoio empírico para formulações teóricas; a ênfase maior da avaliação está quase totalmente nos produtos e resultados; o modelo experimental busca a informação quantitativa mediante meios e instrumentos objetivos.

Estas características valorizadas nos estudos relativos à avaliação educacional estão presentes, de modo dominante, nas pesquisas desenvolvidas no Brasil até a década de 70. O valor de um dado estudo avaliativo estava na relação direta com a adoção de um delineamento experimental, com a clareza das hipóteses a serem testadas, com a validade e fidedignidade dos instrumentos de medida utilizados. Quanto à avaliação de aprendizagem, o foco recai na definição precisa das mudanças comportamentais esperadas nos indivíduos que pudessem ser identificadas com objetividade e neutralidade pelo avaliador.

Este modelo hegemônico vem evidenciando seus limites nas ciências naturais, assim como nas ciências humanas. Perspectivas são apontadas em direção a uma outra forma de racionalidade, como diz Pessanha (1993) *"uma racionalidade do apenas provável e provisório"*, a racionalidade *"operante, aberta, crescente, temporal da razão dialógica"*.

Ao explorar algumas teses relativas ao paradigma de ciência emergente, Santos (1988) caracteriza-o não apenas como um paradigma científico (conhecimento prudente) mas um paradigma social (de uma vida decente). Tem como pressupostos, por exemplo, que: todo o conhecimento científico-natural é científico social, apontando para a ruptura com a distinção dicotômica entre ciências naturais e sociais; todo o conhecimento é local e total, constituindo-se em redor de temas que em um dado momento são adotados por comunidades interpretativas concretas (fragmentação temática e não disciplinar); os sistemas de crenças, os juízos de valor não estão antes nem depois da explicação científica da natureza ou da sociedade, mas são parte integrante dessa mesma explicação; todo conhecimento científico visa constituir-se num novo senso comum (não desprezo ao conhecimento que produz tecnologia, no entanto, o desenvolvimento tecnológico deve traduzir-se em sabedoria de vida). Assinala o autor que "nenhum de nós pode neste momento visualisar projetos concretos de investigação que correspondam inteiramente ao paradigma emergente", por ele delineado, pois este está em construção.

No que se refere à investigação educacional é possível identificar posições, que vêm sendo expressas por pesquisadores da área, que são indicativas da necessidade de uma ruptura com a racionalidade "objetivista", com a pretensa neutralidade do processo de produção do conhecimento, em direção à admissão de que a educação deve ser apreendida em seu movimento real, em sua dinâmica em dada estrutura social, a partir de um arsenal teórico que expressa o posicionamento assumido pelo pesquisador e seu compromisso com um dado projeto educativo e social. Esta compreensão supõe a construção do conhecimento da educação sem fragmentá-la ou descontextualizá-la da realidade histórico-político-social em que é produzida.

No campo da avaliação educacional, emergem pressupostos teórico-metodológicos que apontam para uma nova abordagem, cujas características foram indicadas por Saul (1988:45), tendo como fonte a análise de Gómez, as quais são a seguir reproduzidas, de modo sintético: nem a educação nem a avaliação podem ser compreendidas como processos tecnicistas desligados de valores; a avaliação não pode visar unicamente comparar, de modo asséptico, resultados conseguidos com objetivos preestabelecidos, observáveis e quantificáveis; compreender uma situação onde interagem seres humanos com intencionalidade e significados subjetivos requer levar em consideração as diferentes posições e opiniões mediante as quais os indivíduos interpretam os fatos e os objetivos e reagem nas diferentes situações; a ênfase desloca-se dos produtos para os processos da prática educativa; requer uma metodologia sensível às diferenças, aos acontecimentos imprevistos, à mudança e ao progresso, às manifestações observáveis e aos significados latentes; a informação não é unívoca, nem monopólio de um grupo ou estamento.

Veja-se que muitas das características levantadas por Pessanha (1993) e Santos (1988), relativas ao paradigma de ciência emergente, fazem-se presentes nos pressupostos teórico-metodológicos mais recentes do campo da avaliação educacional, apontando para a intencionalidade e a dimensão social do conhecimento produzido sob o pressuposto de uma razão plural e dialógica. No entanto, as contribuições presentes na literatura não têm tido força para direcionar a tendência dominante nas concepções e práticas de avaliação escolar em nossas instituições educacionais.

SOBRE AVALIAÇÃO DA APRENDIZAGEM: MARCOS INTERPRETATIVOS

Centrando-nos em considerações relativas à avaliação da aprendizagem, uma das dimensões da avaliação escolar, vale assinalar os marcos de referência da produção do conhecimento na área, entendendo-se que qualquer perspectiva de transformação de práticas vigentes supõe o desvelamento dos princípios que vêm norteando e permeando nossas concepções e vivências. Visando delinear uma visão sintética, destacamos algumas características dominantes em estudos realizados no Brasil, a partir da década de 30.

Com a criação do Instituto Nacional de Estudos Pedagógicos (INEP), em 1938, são desenvolvidas de modo mais sistemático as pesquisas em educação, sob a referência da psicologia, enquanto corpo teórico de referência.

Nas produções relativas à avaliação da aprendizagem, a ênfase recai nos testes e medidas educacionais, com vistas à mensuração de capacidades e características do aluno, refletindo o movimento ocorrido nas duas primeiras décadas deste século nos Estados Unidos. Com Robert Thorndike ganharam relevância os testes e medidas educacionais, enfatizando-se a importância de mensuração do comportamento humano, o que resultou no desenvolvimento de testes padronizados para medir habilidades e aptidões dos alunos. Embora com defasagem de mais de duas décadas, os estudos conduzidos no Brasil, em avaliação da aprendizagem, traduzem esse caráter psicopedagógico das pesquisas norte-americanas.

A busca de quantificação, de neutralidade e de objetividade da avaliação são ênfases presentes nas pesquisas da área, não se observando a emergência de proposições que se contraponham à avaliação com o sentido de verificação do desempenho escolar até os anos sessenta.

A partir de meados da década de 60, no contexto de reordenação política e social do país, passam a ser privilegiados estudos de natureza econômica, inspirados na teoria do capital humano. A ênfase recai na análise da educação como investimento, formação de recursos humanos, interação entre formação profissional e mercado de trabalho, denunciando-se a incapacidade do sistema de ensino para qualificar a força de trabalho e responder às demandas do mercado.

Os estudos desenvolvem-se sob a lógica da racionalização empresarial, revelando a crença de que a otimização das ações e resultados educacionais se resolveria pela mudança tecnológica; refletem como preocupação central o planejamento da educação, tomado como instrumento privilegiado para se alcançar a eficiência do sistema educacional.

Delinearam-se, assim, os princípios da pedagogia tecnicista, norteada pelo pressuposto de que a maior produtividade do sistema de ensino seria alcançada pela via da racionalização do trabalho, orientado por uma visão interna da escola. No âmbito da avaliação da aprendizagem, a tendência tecnicista de pensar a educação se faz emergente na produção teórica dos anos finais das décadas de 60 e 70, tendo como referência a concepção de "avaliação por objetivos" desenvolvida por Ralph Tyler.

A concepção de avaliação de Tyler ganhou projeção com a publicação, em 1949, do trabalho intitulado "Basic principles of curriculum and instruction", bastante difundida no Brasil antes mesmo de sua tradução em 1974. Neste trabalho, o autor expressa a concepção de avaliação por objetivos, que se caracteriza como procedimento que permite verificar se os objetivos educacionais estão sendo atingidos pelo programa de ensino. Tem por finalidade fornecer informações quanto ao desempenho dos alunos face aos objetivos esperados, possibilitando que se verifique em que medida as experiências de aprendizagem, tal como previstas e executadas favorecem o alcance dos resultados desejados.

Ao analisar a teoria de Tyler, Giroux comenta que:

> "sua abordagem comportamental da aprendizagem fornece 'passos' muito bem definidos para medir, controlar e avaliar a 'experiência de aprendizagem' em associação com objetivos predefinidos. Nessa perspectiva, não há preocupação com os princípios normativos que governam a seleção, a organização e a distribuição de conhecimento, nem com o modo como o conhecimento se relaciona com o poder e o conflito. Não há qualquer interesse pelas formas através das quais os princípios estruturais do currículo escolar e das práticas sociais de sala de aula articulam-se com aqueles processos sociais capitalistas que caracterizam a sociedade mais ampla" (Giroux, 1983:64).

Na direção concebida por Tyler é que se desenvolveram os estudos referentes à avaliação da aprendizagem, no Brasil, sendo a abordagem tecnicista a dominante na literatura até os anos finais da década de 70.

Em linhas gerais, destaca-se na trajetória teórica referente à avaliação da aprendizagem, das décadas de 30 a 70, a passagem de uma concepção de avaliação enquanto mensuração, por meio de testes voltados para a medida de habilidades e aptidões dos alunos, para uma concepção voltada para a dimensão tecnológica da avaliação, com ênfase em seu caráter cientificista e nos métodos e procedimentos operacionais. Tais concepções, no entanto, não operam uma ruptura entre si, alinham-se na busca da eficiência da avaliação.

Durante os anos 80, é emergente na pesquisa educacional um movimento de valorização do conhecimento sobre o funcionamento interno da escola, procurando-se desvelar mecanismos, regrar relações, verdades rituais, silêncios, enfim , princípios e práticas que ao tempo em que expressam relações de dominação contêm possibilidades emancipadoras.

Esta perspectiva de análise da escola permeou as pesquisas sobre avaliação da aprendizagem desenvolvidas na década de 80. Ou seja, as investigações possibilitaram o conhecimento e compreensão de como tem sido praticada a avaliação escolar, o que tem sido avaliado e para que se faz avaliação, como expressão de movimentos de acomodação e resistência às normas e valores da organização escolar. Possibilitaram desmascarar as ideologias de classe presentes nos discursos e práticas pretensamente neutros, indicando perspectivas para uma avaliação escolar comprometida com a democratização do ensino.

Os estudos evidenciaram as implicações educacionais e sociais da avaliação do rendimento escolar concebida com finalidade essencialmente classificatória, com caráter de controle e adaptação das condutas dos alunos, apontando para a urgência da construção de um novo sentido para a avaliação escolar. Sendo objetivo nuclear da escola o ensino e, portanto, o processo de apropriação e construção do conhecimento pelo aluno, a avaliação tem por função diagnosticar e estimular o avanço do conhecimento. Seus resultados devem servir para orientação da aprendizagem, cumprindo uma função eminentemente educacional; rompendo-se com a falsa dicotomia entre ensino e avaliação.

Se, por um lado, pesquisas realizadas nos anos 80 denunciam os limites de uma visão eminentemente técnica de avaliação, que tem como um de seus reflexos a sobreposição de uma perspectiva classificatória do aluno em detrimento da análise e redirecionamento do trabalho desenvolvido, por outro lado, as iniciativas do poder público relativas à testagem do desempenho escolar desconsideram o que entendo contribuições destas pesquisas.

PARA QUE UM SISTEMA NACIONAL DE AVALIAÇÃO?[2]

O fortalecimento de uma concepção de avaliação do trabalho escolar que tem na verificação do rendimento dos alunos em testes o seu foco, ao deslocar a discussão da produção da qualidade do ensino do âmbito político/público para o âmbito técnico/individual, evidencia uma desconsideração do conhecimento produzido na área da avaliação educacional e, particularmente, da avaliação da aprendizagem.

No Brasil, registra-se, desde a década de 60, a ampliação do uso de testes educacionais[3], no entanto, situa-se nos anos finais da década de 80 a primeira iniciativa de organização de um sistema de avaliação do ensino fundamental, em âmbito nacional, denominada pelo MEC, a partir de 1991, Sistema Nacional de Avaliação da Educação Básica (SAEB).

---

2. Considerações apresentadas neste item integram artigos anteriores: Sousa, S.,1995, e Oliveira, D. e Sousa, S., 1996.

3. Ver artigo de Gatti (1987), Testes e avaliações no Brasil.

Já foram realizadas pelo governo federal três avaliações nacionais, por amostragem, em 1990, 1993[4] e 1995, além de outras iniciativas conduzidas por governos estaduais. No SAEB, a avaliação de rendimento do aluno é um dos indicadores educacionais considerados. Em "Relatório Nacional do Sistema de Avaliação do Ensino Básico de 1990" é indicado que *"com o estudo de rendimento pretende-se detectar, primeiramente, os problemas de ensino-aprendizagem existentes, e, em segundo lugar, determinar em que condições (de gestão, de competência docente, de alternativas curriculares, etc.) são obtidos melhores resultados e que áreas exigem uma intervenção para melhorar as condições de ensino" (p.7).* Tendo como finalidade reverter o quadro de baixa qualidade e produtividade do ensino, caracterizadas, essencialmente, pelos índices de repetência e evasão escolar, define-se o SAEB como um sistema de monitoramento contínuo, capaz de subsidiar as políticas de ensino.

De maneira sintética, reproduzimos aqui algumas das razões que têm sido apontadas na literatura divulgada no Brasil, que visam evidenciar o significado da implantação de sistemas de avaliação de rendimento escolar, como instrumento de gestão educacional. São argumentos que têm tido maior visibilidade, os quais, no limite, expressam uma concepção do papel do Estado na condução das políticas educacionais.

Possibilidade de compreender e intervir na realidade educacional:

> *"A ênfase que começa a ser dada a partir da década de 80 ao problema da qualidade do ensino, tanto por organismos internacionais quanto pelos diversos governos nacionais, provocou uma forte pressão por insumos que permitissem entender as*

---

4. Os artigos de Waiselfisz (1993) e de Pilati (1987) trazem informações sobre o SAEB.

*causas do problema, diagramar alternativas de superação e avaliar se as ações estavam efetivamente levando à melhoria dos resultados do ensino" (*Waiselfisz, 1993: 5-6).

Necessidade de controle de resultados pelo Estado:

*"As políticas de descentralização (implicam) (...) na redefinição do papel do Estado e das funções do poder central (...) e na necessidade de adotar controles mais flexíveis, combinados com um "forte componente de avaliação de produto ou de resultado" (*Waiselfisz, 1993:6).

Estabelecimento de parâmetros para comparação e classificação das escolas:

"Todos falam que a educação está em crise e que sua qualidade é deplorável. Há indicadores muito sugestivos de que isto seja verdade. Mas, são resultados de pesquisas com amostras pequenas e pouco representativas. (...) Tanto no Maranhão como em São Paulo, há escolas melhores ou piores. Mas como cada uma tem o seu próprio termômetro, que não é comparável com o das outras, não ficamos sabendo quais são as melhores, de quanto são melhores e por que são melhores. Sendo assim, fica difícil sugerir providências para melhorar quando o dinheiro é escasso e deveria ser gasto com muito critério" (Castro, 1994: 48).

"O objetivo não é o de avaliar alunos individualmente, (...) mas sim conhecer o rendimento da escola através de testes individuais. Quem faz a prova é o aluno, mas quem está sendo avaliado é a escola. (...) É preciso comparar escolas que sejam semelhantes na composição de seus alunos, ou controlar os efeitos dessas outras variáveis e descontá-los dos resultados que se quer comparar. Se, por exemplo, há uma grande diferença de rendimento entre duas escolas de filhos de operários, pode ser que uma delas não esteja ensinando bem. Mas, por outro lado, é importante aferir as distâncias

entre filhos de operários e filhos de médicos, pois reduzi-las é uma das tarefas mais nobres da educação. Mas só podemos pensar em fazê-lo se tivermos instrumentos calibrados de avaliação" (Instituto Herbert Lewy, 1993: 49).

Estímulo à escola e ao aluno por meio da premiação:

"Vale também mencionar que os testes se constituem em um instrumento que permite criar estímulos para a melhoria do ensino. Aqueles professores ou escolas que conseguissem melhorar o desempenho de seus alunos poderiam ser premiados. As escolas que apresentassem resultados piores deveriam ser alvo de atenções especiais" (Castro, 1995: 50).

"...aprende-se a avaliar e a ser avaliado na escola como ato de cidadania. É na escola que aprendemos a ganhar a recompensa devida. Mais tarde, na vida em sociedade, ninguém garante o pão de nosso dia, a imunidade ou a estabilidade, a não ser através da justa recompensa, dispensada com a periódica prestação de contas em ato público" (Fletcher, 1994: 21-2).

Possibilidade de controle público do desempenho do sistema escolar:

Sistemas de avaliação de desempenho possibilitam *"levantar e tornar público informações sobre o desempenho dos sistemas escolares, contribuindo,* desta *forma, para a melhoria da qualidade e excelência das instituições escolares"* (Waiselfisz, 1993: 6)[5].

---

5. Para se referir a esta finalidade, tem sido utilizado em textos divulgados no Brasil o termo inglês "accountability", usualmente traduzido como "prestar contas". P. R. Fletcher observa que este "é um termo muito mais relacionado com a organização administrativa e política" e diz que "implica em cinco coisas: 1. encargo ou responsabilidade; 2. informações sobre o desempenho realizado; 3. critérios de desempenho esperado; 4. juízo que relaciona informações e critérios num caso particular; e o que distingue a "accountability" da simples prestação de contas" (1994: 21).

Dentre as observações sugeridas por estes argumentos, destacamos, inicialmente, a suposição implícita de que o poder público não dispõe de informações que lhe apoiem a definição de ações, contemplando diversidades regionais e locais. Temos hoje, disponível no Brasil, volume e qualidade de estudos, pesquisas, diagnósticos, dados que se constituem em subsídios para decisões e ações dos gestores educacionais. No entanto, mesmo partindo da constatação de que é necessário compreender os problemas e sucessos que a realidade brasileira apresenta, consideramos temerário um sistema de avaliação cujo indicador nuclear seja o rendimento do aluno.

Ao que parece, a questão central nesta proposta não é a de buscar subsídios para intervenções mais precisas e consistentes do poder público, mas sim instalar mecanismos que estimulem a competição entre as escolas, responsabilizando-as, em última instância, pelo sucesso ou fracasso escolar. A crença subjacente é a de que o aprimoramento das práticas administrativas e pedagógicas da escola se dará em consequência, por um lado, de respostas que a própria escola vier buscar frente aos resultados por ela obtidos quando da comparação de seu desempenho com o de outras e, por outro, de ações diferenciadas que o poder público desencadear nas mesmas, premiando aquelas que apresentem "bons produtos" e, se não punindo, promovendo ações específicas nas que apresentem baixo rendimento, em relação aos critérios de produtividade estabelecidos.

Ao tempo em que se indaga sobre o potencial deste procedimento para gerar o esperado aprimoramento do ensino, alerta-se para o seu potencial de intensificar, sob a classificação aparentemente técnica, a seletividade social na escola. A esperança de premiações e o temor às punições podem resultar em fortalecimento do processo seletivo que já ocorre na escola, levando à "expulsão" dos alunos que não revelam probabilidade de sucesso nos testes, em nome de não comprometer a classificação da escola e, consequentemente, possíveis ganhos decorrentes da obtenção de melhor pontuação.

Da forma como vem sendo tratada a avaliação de rendimento, está pautada na ideia de mérito, não só da escola, mas do aluno individualmente. Aliás, *é na escola que aprendemos a ganhar a recompensa devida*, expressão utilizada em um dos argumentos anteriormente citado. Estimula-se o individualismo nos alunos, com o pressuposto de que o desempenho de cada um, na escola e na vida, é resultado de seu empenho, capacidade ou interesse, sendo o sucesso ou fracasso escolar e social a justa recompensa.

A aferição de mérito, tal como explicitada em um dos argumentos mencionados, deve se dar de modo objetivo, produzindo resultados comparáveis entre si, sendo um dos requisitos levar em conta a origem de classe dos alunos. Ao mesmo tempo que afirma a necessidade de se "descontar" os efeitos das características dos alunos, decorrentes de sua condição social, na análise do rendimento escolar, lembra o nobre papel da educação de redução das desigualdades sociais.

Nas palavras de Costa (1995),

> "a própria ideia de um sentido democratizante que legitime a atividade educacional só se sustenta se for entendida enquanto a velha igualdade de oportunidades do liberalismo clássico. Quando afirmam a educação como instrumento de redução (ou impedimento de ampliação) da desigualdade, os neo-reformadores estão lidando com o princípio da mobilidade social, baseada nos desempenhos individuais. Entretanto, os problemas para os quais buscam soluções não parecem ser individualmente solucionáveis. A menos que construam uma teoria consistente

para resultados agregados de mobilidade indivi-
dual, que produzam no caso de países com patama-
res de desigualdades tão elevados redução global
da desigualdade, estão apenas repetindo falácias do
mercado como solução universal".

Ao desvelar limites e implicações de uma perspectiva individualizada de análise do sucesso ou fracasso dos alunos em testes de rendimento escolar, enquanto mecanismo de gestão, cabe observar que tal procedimento pode significar, no limite, um descompromisso do poder público com suas responsabilidades na área educacional. Ou seja, iniciativas que pretendam incidir sobre a dimensão pedagógica do trabalho escolar, tendo, na concorrência, o mecanismo de promoção de sua melhoria, tendem a secundarizar o papel e a importância das decisões e ações de natureza política que dão suporte a determinados processos e produtos escolares, deixando de ter centralidade as condições estruturais relativas à formulação e à gestão da educação, responsáveis pela ineficiência e ineficácia do sistema de centralidade. Daí ser oportuno insistirmos na necessidade de avaliação do papel e funções que vêm sendo desempenhados pelas instâncias governamentais em direção à construção da escola pública de qualidade. Gerir o sistema público de educação de acordo com a lógica da economia de mercado tende a promover, não a sua democratização, mas o seu desmonte.

REFERÊNCIAS BIBLIOGRÁFICAS

BRASIL. Ministério da Educação e do Desporto. *Relatório Nacional do Sistema de Avaliação do Ensino Básico de 1990.* Brasília, 1991.

COSTA, M. A educação em tempos de conservadorismo. In: GENTILI, P. (org.). *Pedagogia da exclusão: crítica ao neoliberalismo em educação.* Petrópolis: Vozes, 1995.

FLETCHER, P. R. A teoria da resposta ao item: medidas invariantes do desempenho escolar. *Ensaio.* Rio de Janeiro, v. 1, n. 2, jan./mar. 1994.

GATTI, B.A. Testes e avaliações do ensino no Brasil. *Educação e Seleção.* São Paulo, n.16, jul./dez. 1987.

GIROUX, H. *Pedagogia radical: subsídios.* São Paulo: Cortez, 1983.

INSTITUTO HERBERT LEWY. *Ensino fundamental e competitividade empresarial: uma proposta para a ação do governo.* São Paulo, 1992.

OLIVEIRA, D. A. e SOUSA S. M. Z. L. Currículo Nacional e Avaliação: elementos para uma discussão. *Revista de Educação AEC – Neoliberalismo.* Brasília, v. 25, n. 100, jul./set. 1996.

OLIVEIRA, J. B. Avaliação escolar em vários países. *Enfoque.* Rio de Janeiro, ano 4, n.10, set./93.

PESSANHA, J. A. Filosofia e modernidade; racionalidade, imaginação e ética. *Cadernos ANPEd.* Porto Alegre, ANPEd (4):7-36, set.1993.

PILATI, O. Sistema Nacional de Avaliação da Educação Básica. *Ensaio.* Rio de Janeiro, v. 2, n.1, out./dez. 1994.

SANTOS, B. de S. Um discurso sobre as Ciências Sociais na transição para uma ciência pós-moderna. *Estudos Avançados.* São Paulo, v. 2 (2):45-71, 1988.

SAUL, A. M. *Avaliação Emancipatória: desafio à teoria e à prática de avaliação e reformulação de currículo.* São Paulo: Cortez Autores Associados, 1988.

SOUSA, S. M. Z. L. *Avaliação da Aprendizagem: natureza e contribuições da pesquisa no Brasil, no período de 1980 a 1990.* Tese de Doutorado FEUSP, São Paulo, 1994.

SOUSA, S.M.Z.L. O caráter discriminatório da avaliação do rendimento escolar. *Adusp*. São Paulo, ano 1, n. 2, abr./1995.

WAISELFISZ, J. Sistemas de avaliação do desempenho escolar e políticas públicas. *Ensaio*. Rio de Janeiro, v. 1, n.1, out./dez. 1993.

SÉRIE
CADERNOS DE GESTÃO
Heloísa Lück

Volume I
GESTÃO EDUCACIONAL – Uma questão paradigmática

Volume II
CONCEPÇÕES E PROCESSOS DEMOCRÁTICOS DE GESTÃO EDUCACIONAL

Volume III
A GESTÃO PARTICIPATIVA NA ESCOLA

Volume IV
LIDERANÇA EM GESTÃO ESCOLAR

Os **Cadernos de Gestão** foram elaborados e desenvolvidos para que diretores, supervisores, coordenadores e orientadores educacionais reflitam sobre as questões ligadas à gestão educacional e escolar, para o norteamento do seu trabalho, de forma conjunta e integrada, assim como para que profissionais responsáveis pela gestão de sistemas de ensino compreendam os processos da escola e do efeito do seu próprio trabalho sobre a dinâmica dos estabelecimentos de ensino.

CULTURAL

Administração
Antropologia
Biografias
Comunicação
Dinâmicas e Jogos
Ecologia e Meio Ambiente
Educação e Pedagogia
Filosofia
História
Letras e Literatura
Obras de referência
Política
Psicologia
Saúde e Nutrição
Serviço Social e Trabalho
Sociologia

CATEQUÉTICO PASTORAL

Catequese
Geral
Crisma
Primeira Eucaristia

Pastoral
Geral
Sacramental
Familiar
Social
Ensino Religioso Escolar

TEOLÓGICO ESPIRITUAL

Biografias
Devocionários
Espiritualidade e Mística
Espiritualidade Mariana
Franciscanismo
Autoconhecimento
Liturgia
Obras de referência
Sagrada Escritura e Livros Apócrifos

Teologia
Bíblica
Histórica
Prática
Sistemática

REVISTAS

Concilium
Estudos Bíblicos
Grande Sinal
REB (Revista Eclesiástica Brasileira)

VOZES NOBILIS

Uma linha editorial especial, com importantes autores, alto valor agregado e qualidade superior.

VOZES DE BOLSO

Obras clássicas de Ciências Humanas em formato de bolso.

PRODUTOS SAZONAIS

Folhinha do Sagrado Coração de Jesus
Calendário de mesa do Sagrado Coração de Jesus
Agenda do Sagrado Coração de Jesus
Almanaque Santo Antônio
Agendinha
Diário Vozes
Meditações para o dia a dia
Encontro diário com Deus
Guia Litúrgico

CADASTRE-SE
www.vozes.com.br

EDITORA VOZES LTDA.
Rua Frei Luís, 100 – Centro – Cep 25689-900 – Petrópolis, RJ
Tel.: (24) 2233-9000 – Fax: (24) 2231-4676 – E-mail: vendas@vozes.com.br

UNIDADES NO BRASIL: Belo Horizonte, MG – Brasília, DF – Campinas, SP – Cuiabá, MT
Curitiba, PR – Fortaleza, CE – Goiânia, GO – Juiz de Fora, MG
Manaus, AM – Petrópolis, RJ – Porto Alegre, RS – Recife, PE – Rio de Janeiro, RJ
Salvador, BA – São Paulo, SP